本书为国家社会科学基金项目"'三西'地区扶贫移民社区治理经验研究"（18BSH132）成果

扶贫移民社区治理变迁研究

—— 基于『三西地区』的田野调查

郭占锋 著

中国社会科学出版社

图书在版编目（CIP）数据

扶贫移民社区治理变迁研究：基于"三西地区"的田野调查 / 郭占锋著. -- 北京：中国社会科学出版社, 2025. 7. -- ISBN 978-7-5227-4745-3

Ⅰ. D669.3

中国国家版本馆 CIP 数据核字第 2025P8Z237 号

出 版 人	季为民	
责任编辑	单 钊	
责任校对	郝阳洋	
责任印制	李寡寡	

出　　版	中国社会科学出版社	
社　　址	北京鼓楼西大街甲 158 号	
邮　　编	100720	
网　　址	http://www.csspw.cn	
发 行 部	010-84083685	
门 市 部	010-84029450	
经　　销	新华书店及其他书店	
印　　刷	北京明恒达印务有限公司	
装　　订	廊坊市广阳区广增装订厂	
版　　次	2025 年 7 月第 1 版	
印　　次	2025 年 7 月第 1 次印刷	
开　　本	710×1000　1/16	
印　　张	15	
插　　页	2	
字　　数	233 千字	
定　　价	79.00 元	

凡购买中国社会科学出版社图书，如有质量问题请与本社营销中心联系调换

电话：010-84083683

版权所有　侵权必究

目 录

绪 论 …………………………………………………………… (1)
 一 研究背景及意义 ………………………………………… (1)
 二 国内外研究现状 ………………………………………… (4)
 三 研究思路和研究方法 …………………………………… (22)
 四 理论依据及其适用性分析 ……………………………… (24)
 五 创新之处 ………………………………………………… (37)
 六 调查区域及基本情况简介 ……………………………… (37)

第一章 甘肃敦煌 D 村扶贫移民社区治理变迁研究 ………… (44)
 第一节 区域概况和样本简介 ……………………………… (44)
  一 区域概况 ……………………………………………… (44)
  二 样本简介 ……………………………………………… (45)
 第二节 D 村扶贫移民社区治理的历史变迁 ……………… (48)
  一 新村建设阶段 ………………………………………… (49)
  二 新村融合阶段 ………………………………………… (54)
  三 整村发展阶段 ………………………………………… (58)

第二章 甘肃武威 W 村扶贫移民社区治理变迁研究 ………… (74)
 第一节 区域概况和样本简介 ……………………………… (74)
  一 区域概况 ……………………………………………… (74)
  二 样本简介 ……………………………………………… (78)
 第二节 W 村扶贫移民社区治理的历史变迁 ……………… (80)

一　新村建设阶段 …………………………………………… (80)
　　二　新村融合阶段 …………………………………………… (88)
　　三　整村发展阶段 …………………………………………… (96)

第三章　宁夏银川J村扶贫移民社区治理变迁研究 ………… (118)
　第一节　区域概况和样本简介 ………………………………… (118)
　　一　区域概况 ………………………………………………… (118)
　　二　样本简介 ………………………………………………… (122)
　第二节　J村扶贫移民社区治理的历史变迁 ………………… (124)
　　一　新村建设阶段 …………………………………………… (124)
　　二　新村融合阶段 …………………………………………… (134)
　　三　整村发展阶段 …………………………………………… (140)

第四章　扶贫移民社区治理共同体的建构与经验总结 ……… (157)
　第一节　扶贫移民社区治理共同体的建构 …………………… (157)
　　一　环境、移民、社区多维要素互动建构治理共同体 ……… (158)
　　二　共同体与治理之间的关系分析 ………………………… (167)
　第二节　扶贫移民社区治理共同体的经验总结 ……………… (170)
　　一　坚持"分阶段、解难题、多主体"治理思路 ………… (171)
　　二　遵循"生计空间—认同空间—秩序空间"治理逻辑 …… (176)
　　三　充分融合正式制度和非正式制度的交互作用 ………… (182)
　第三节　进一步反思 …………………………………………… (187)

附　录 …………………………………………………………… (190)
　附录一　"三西"地区扶贫移民社区治理经验研究问卷 …… (190)
　附录二　"三西"地区扶贫移民社区治理经验研究访谈提纲 … (215)

参考文献 ………………………………………………………… (222)

致　谢 …………………………………………………………… (236)

绪　　论

一　研究背景及意义

（一）研究背景

1982年12月，国务院办公厅发布《关于成立三西（河西、定西、西海固）地区农业建设领导小组的通知》（国办发〔1982〕85号），"宣布成立'三西'地区农业建设领导小组，力图加快甘肃河西走廊商品粮基地建设，改变甘肃定西、宁夏西海固地区的贫困面貌"[①]，正式启动了三西扶贫开发计划，开创了我国历史上扶贫搬迁的先河。至此，易地搬迁作为破解"贫困陷阱"的扶贫方式进入大众视野。1994年，国务院颁布了《国家八七扶贫攻坚计划（1994—2000年）》，这是中华人民共和国成立以来我国第一个扶贫开发的纲领性文件。该文件明确指出要用七年时间基本解决八千万农村贫困人口的温饱问题，其中"对极少数生存和发展条件特别困难的村庄和农户，实行开发式移民"[②]，即通过挪"穷窝"方式摆脱贫困，获取可持续发展机会。2001年，首次在宁夏、内蒙古、云南、贵州四省（自治区）开展易地扶贫项目试点，正式将国家战略成功落地实施。随之，陆续在陕西、甘肃、宁夏、山西、河北等17个省（自治区、直辖市）进行易地移民搬迁试点工作，这表明易地扶贫搬迁作为我国开发式扶贫的重要措施，已逐渐进入全国推广阶段。2006年，国

[①] 陆汉文、覃志敏：《我国扶贫移民政策的演变与发展趋势》，《贵州社会科学》2015年第5期。

[②] 中国改革信息库：《国家八七扶贫攻坚计划（1994—2000年）》，http：//www.reformdata.org/1994/0425/9448.shtml，1994年4月25日。

家发展改革委颁布了《易地扶贫搬迁"十一五"规划》,这是我国第一个易地扶贫搬迁的纲领性文件,该文件明确提出在2006—2010年搬迁农村贫困人口150万人,标志着我国易地移民搬迁进入了中央统筹、地方推进的阶段[1]。"十一五"期间,国家累计安排易地扶贫搬迁中央预算内投资76亿元,连同地方投资总投资106亿元,共搬迁162.7万人[2]。2015年,中共中央、国务院印发《关于打赢脱贫攻坚战的决定》(以下简称《决定》),精准识别出1000万因"一方水土养不起一方人"而致贫的困难群众,基于该现实,国家进一步将"易地搬迁脱贫一批"作为"五个一批"精准扶贫工程之一,助力该部分群众实现稳定脱贫。《决定》表明易地扶贫搬迁是精准扶贫脱贫战略的重要组成部分,是打赢脱贫攻坚战的"头号工程",也是"五个一批"精准扶贫工程中最难啃的"硬骨头"[3]。2016年,《全国"十三五"易地扶贫搬迁规划》中提出,易地扶贫搬迁要精确瞄准"一方水土养不起一方人"的地区,采取超常规的支持力度,通过"挪穷窝""换穷业""拔穷根",力求从根本上解决贫困问题,切实补齐易地扶贫搬迁这块脱贫攻坚"短板中的短板"[4]。2017年9月,李克强总理在全国易地扶贫搬迁现场会中指出:"易地扶贫搬迁是推进供给侧结构性改革、补齐贫困地区发展短板、打赢脱贫攻坚战的重要抓手。要合理安排搬迁规模和进度,严格抓好工程质量,规范资金项目管理,实现精准搬迁、安全搬迁、阳光搬迁。"[5] 2018年9月,中共中央、国务院印发《乡村振兴战略规划(2018—2022年)》,表明"对位于生存条件恶劣、生态环境脆弱、自然灾害频发等地区的村庄,因重大项目建设需

---

[1] 吴丰华、于重阳:《易地移民搬迁的历史演进与理论逻辑》,《西北大学学报》(哲学社会科学版)2018年第5期。

[2] 国家发展改革委:《易地扶贫搬迁"十二五"规划》,https://zfxxgk.ndrc.gov.cn/web/iteminfo.jsp?id=1506,2012年7月25日。

[3] 新华社:《中共中央 国务院关于打赢脱贫攻坚战的决定》,https://www.gov.cn/xinwen/2015-12/07/content_5020963.htm,2015年12月7日。

[4] 国家发展改革委:《全国"十三五"易地扶贫搬迁规划》,https://www.gov.cn/xinwen/2016-10/31/5126509/files/86e8eb65acf44596bf21b2747aec6b48.pdf,2016年10月31日。

[5] 《李克强对全国易地扶贫搬迁现场会作出重要批示》,https://www.gov.cn/guowuyuan/2017-09/17/content_5225787.htm,2017年9月17日。

要搬迁的村庄,以及人口流失特别严重的村庄,可通过易地扶贫搬迁、生态宜居搬迁、农村集聚发展搬迁等方式,实施村庄搬迁撤并,统筹解决村民生计、生态保护等问题",与此同时,"结合实施乡村振兴战略,压茬推进实施生态宜居搬迁等工程,巩固易地扶贫搬迁成果"[①]。2021年4月,国家发展改革委等20个部委联合印发《关于切实做好易地扶贫搬迁后续扶持工作巩固拓展脱贫攻坚成果的指导意见》,明确了"'十四五'易地扶贫搬迁后续扶持工作的总体要求、主要目标和重点任务,形成了五年'总施工图'"[②]。

上述政策演变历程表明,扶贫移民作为一种以扶贫、脱贫为目标,以帮助贫困人口脱离恶劣生存状态、获得较好发展条件与发展环境的人口迁移活动,是实现"开发式扶贫"的重要举措,也是极具中国特色的减贫方式。历经30余年发展,在党中央统筹、政策引领、政府推动、群众参与以及全社会的共同努力下,截至2020年底,我国累计建成集中安置区3.5万个、安置住房266万套,960多万人告别溜索桥、告别苦咸水、告别四面漏风的泥草屋,通过"挪穷窝"摆脱了闭塞和落后,搬入了新家园,开启了新生活。现如今,"搬得出"任务已圆满完成,如何让扶贫移民群体"稳得住""能致富""可发展"?如何对扶贫移民社区进行有效治理?如何提高扶贫移民群体对新社区生活的满意度、幸福感和获得感?上述问题已成为后易地扶贫时期亟须解决的重点工作。

(二)研究意义

当前,在我国现代化建设的整体进程中,社区治理现代化已经成为其中重要的一环,它立足国家可持续发展战略对我国基层治理作出了重要指示。党的十九大报告明确指出,要加强基层治理建设,建立健全社区治理体系,推动治理重心向基层下移,发挥社会组织作用,以形成政府治理和社会调节、居民自治的良性互动。同时,乡村振兴战略的实施,更是要求创新乡村治理体系,进而推动乡村全面振兴。由此可以看出,

---

① 新华社:《中共中央 国务院印发乡村振兴战略规划(2018—2022年)》,http://www.gov.cn/zhengce/2018-09/26/content_5325534.htm,2018年9月26日。

② 中国发展改革报社:《960多万搬迁群众的幸福感得到全面提升》,https://www.ndrc.gov.cn/wsdwhfz/202204/t20220408_1321745.html,2022年4月8日。

构建基层治理新格局、推动基层治理现代化已成为不可阻挡的发展潮流。自党的十八大以来，我国易地扶贫搬迁了近千万贫困人口，同步新建了约3.5万个安置社区，如何解决好该部分群众的角色转换、社区融入、安居乐业及"三感"提升难题？如何推动扶贫移民社区的治理体系和治理能力现代化建设？这在一定程度上对我国基层社会治理提出了新要求，并带来了新考验。

"三西"扶贫移民社区作为我国最早的易地移民安置社区，是由来自不同地区的扶贫移民群体共同组建形成的新生产生活场所。历经30余年风雨，广大扶贫移民在此地扎根、生根，共同推动着扶贫移民社区的建设、融合、发展与完善。在此过程中，积累了大量宝贵的治理经验，对这些先进经验进行系统总结，既能为我国广大的扶贫移民社区治理提供重要借鉴，也高度符合国家对基层治理的总体要求。由此，本书将立足于扶贫移民社区治理视角，通过建构环境、移民与社区之间多维要素互动的分析框架，深挖扶贫移民社区变迁历程中的共同体及治理共同体的生成逻辑，并对扶贫移民社区治理的共性经验进行系统提炼，以期为扶贫移民社区进一步实现善治提供启示与借鉴。

二 国内外研究现状

面对扶贫移民这一特殊群体和扶贫移民社区这一特殊空间形态，国内外学者从不同视角对其展开了深入研究，涉及扶贫移民政策的演化与发展、扶贫移民群体的社会融入困境、扶贫移民社区的空间转移与变迁、社区治理关系紧张与优化等相关内容。

（一）国际相关研究

易地扶贫搬迁是一次成功的贫困治理尝试且极具中国特色，但在国外是没有易地扶贫搬迁相关概念的。在国外，与之相似的概念只有生态移民（Environmental migration）、环境移民（Ecological migration）或灾害移民（Disaster migration）等，指的是"由于干旱、土壤侵蚀、荒漠化、过度砍伐森林等环境或灾害问题，结合人口压力、贫穷等社会经济问题，从而致使其生计不能得到保障的人"，且大多指"人口的自由迁移"①。但国外生态移民、环境移民等的迁移与中国的易地扶贫搬迁在实施动机、组织方式、政策主张等方面具有高度相似性，因此，总结国外生态移民等的基本经验对于中国开展易地扶贫搬迁安置工作具有一定的借鉴意义。②再者，虽然我国的易地扶贫搬迁是在政府政策引导下进行的，但也是建立在扶贫移民自愿的基础之上，符合自愿移民的特征。因此，西方人口迁移的相关理论也可为我国易地扶贫搬迁研究提供很好的依据，例如，地方效用理论以及"效价—预期"理论等③。其中，地方效用理论关乎扶贫移民对居住地的整体性评价，当扶贫移民个体对当前居住地的整体性环境呈负面评价时，表明他们将会有更强烈的搬迁意愿，更易推动扶贫移民搬迁政策的实施。而"效价—预期"理论则表明扶贫移民会根据预期收入的多少来做出搬迁决策，如果他们预期搬迁后的收入会有所增加，则更愿意加入搬迁行列中。由此可以看出，自然环境改善和收入水平提高始终是影响扶贫移民自愿迁移的重要因素。

1. 关于西方扶贫移民的相关研究

从生态移民视角来看，Cowles 于 1899 年提出"生态移民"的概念，对日后生态移民的研究具有重要启示意义④；在此基础上，部分学者和国际组织对其内涵进行深化，使得学界对"生态移民"这一特殊群体有了更为具体的认识。Brown 等认为，生态移民是"由于环境破坏（自然或人为引起的），威胁到人们的生存或严重影响其生活质量，而被迫临时或永久离开其家园的人们"⑤；国际移民组织（IDM）则将其定义为"由于环境突然或缓慢变化，对人们的生活或生存条件产生不利影响而被迫或主

---

① 王红彦、高春雨、王道龙等：《易地扶贫移民搬迁的国际经验借鉴》，《世界农业》2014年第8期。

② 王红彦、高春雨、王道龙等：《易地扶贫移民搬迁的国际经验借鉴》，《世界农业》2014年第8期。

③ 施国庆、周君璧：《西部山区农民易地扶贫搬迁意愿的影响因素》，《河海大学学报》（哲学社会科学版）2018年第2期。

④ Henry C. Cowles., "The Ecological Relations of the Vegetation on the Sand Dunes of Lake Michigan", Botanical Gazette, 1899, Vol. 27, No. 2, pp. 95 – 117.

⑤ Brown L. R., McGrath P. L., Stokes B., "Twenty – two Dimensions of the Population Problem", Studies in Family Planning, 1976, Vol. 11, pp. 177 – 202.

动、暂时或永久离开其家园的人或人群，他们既可以是国内迁移，也可以是国际迁移"[1]；联合国人口基金会（UNFPA）在2001年的一份报告中，针对在全球范围内环境现状开展的实践研究得出"迁移现象是迁移人员对原居住地的环境严重恶化等状况不满意，进而导致生存难题"这一论断[2]。对生态移民群体的研究重点主要集中在生态移民的可行性和合理性[3]、移民发展生计[4]、生态移民对迁入地和迁出地的影响[5]、生态移民权利保障[6]等方面。在实践层面，各国都形成了适用于本国发展的独特移民经验，苏丹达尔富尔地区通过扩大原有农村社区的规模和安置点重新选择两种方式在已经建成的农村社区进行移民安置[7]；泰国政府的移民经验显示，通过加强基础设施建设、强化产业扶持、加强教育和医疗体系、加强实用农业技术推广、加强农产品营销，有利于保障山民顺利迁移定居[8]。由此可以看出，生态移民兼具保护生态和减贫的双重目的，多数情况下接近于扶贫移民[9]。

从空间贫困视角来看，西方学者借助物理空间概念，逐渐形成"空间地理学""空间贫困"等关注扶贫移民的学科与理论。20世纪50年代，瑞福林和雅兰提出用"地理资本"和"空间贫困陷阱"来解释地理

---

[1] International Organization for Migration, Discussion Note: Migration and the Environment [EB/OL] (2007-11-01), https://www.iom.int/sites/g/files/tmzbdl486/files/jahia/webdav/shared/shared/mainsite/about_iom/en/council/94/MC_INF_288.pdf.

[2] UNFPA, *Population, Environment and Poverty Linkages: Operational Challenges*, New York: UNFPA, 2001.

[3] 杜发春：《国外生态移民研究述评》，《民族研究》2014年第2期。

[4] Agrawal A., Redford K., "Conservation and Displacement: An Overview", *Conservation and Society*, 2009, Vol. 7, No. 1, pp. 1-10.

[5] Schmidt-Soltau K., "Conservation-related Resettlement in Central Africa: Environmental and Social Risks", *Development and Change*, 2003, Vol. 34, No. 3, pp. 525-551.

[6] Michael M. Cernea, "The Risks and Reconstruction Model for Resettling Displaced Populations", *World Development*, 1997, Vol. 25, No. 10, pp. 1569-1587.

[7] Theodore D. Fuller, "Resettlement as a Desertification Control Measure: A Case Study in Darfur Region, Sudan—Part I: Review of the Problem", *Agricultural Administration and Extension*, 1987, Vol. 25, No. 4, pp. 215-234.

[8] 王红彦、高春雨、王道龙等：《易地扶贫移民搬迁的国际经验借鉴》，《世界农业》2014年第8期。

[9] 檀学文：《中国移民扶贫70年变迁研究》，《中国农村经济》2019年第8期。

位置对经济发展的影响，认为空间地理上的不足会表现在生产力上，两者相互作用最终使人们陷入恶性循环[①]。Jalan 和 Ravallion 将空间贫困的特征概括为位置劣势、经济劣势、政治劣势、生态劣势，进一步将空间与地区发展结合起来[②]。20 世纪 60 年代，法国社会学家列斐伏尔运用空间社会学进行社会研究，他将空间与地理分析相结合，提出著名的空间三元辩证概念：空间再现、空间实践与再现空间[③]，用以解释空间变动对人们的影响。Burke 和 Bird 等学者提出的经济、社会、环境三维贫困空间指标扩展了地理资本的内涵，为解释移民现象提供了一种新的理论视角[④][⑤]；莱文斯坦提出"推—拉"理论，认为移民的搬迁动机同时受到迁出地推力以及迁入地拉力的影响，移民会在综合衡量要素后做出选择[⑥]等。

空间迁移与错位在给扶贫移民群体带来生存环境改善的同时，也使得部分扶贫移民群体深陷"贫困陷阱"而无法脱身。搬迁后扶贫移民的生存环境发生改变，割断了他们与迁出地的密切联系，这可能会造成生计资产损失进而产生一系列恶劣影响。对于迁入地而言，移民可能会破坏原有稳定的组织结构，使密切的人际关系变得疏远，稳定的社会秩序受到破坏，加剧当地人们的紧张感与不安感[⑦]；在因工程建设、生态建设

[①] 陈全功、程蹊：《空间贫困及其政策含义》，《贵州社会科学》2010 年第 8 期。

[②] Jalan J., Ravallion M., "Spatial Poverty Traps?" (1997 - 11 - 03), https://www.researchgate.net/publication/23548923_Spatial_poverty_traps/link/5554859408ae6fd2d81f6c78/download?_tp=eyJjb250ZXh0Ijp7ImZpcnN0UGFnZSI6InB1YmxpY2F0aW9uIiwicGFnZSI6InB1YmxpY2F0aW9uIn19.

[③] Lefebvre H., "The Production of Space", 1991, https://philpapers.org/archive/LEFTPO-4.pdf.

[④] William J. Burke, Thom S. Jayne, "Spatial Disadvantages or Spatial Poverty Traps: Household Evidence from Rural Kenya", 2010, https://media.odi.org/documents/5506.pdf.

[⑤] Bird K., McKay A., Shinyekwa I., "Isolation and Poverty: The Relationship between Spatially Differentiated Access to Goods and Services and Poverty", 2010, https://cdn.odi.org/media/documents/5516.pdf.

[⑥] 钱锦：《西方学者关于移民城市适应性研究的理论综述》，《理论界》2010 年第 3 期。

[⑦] [美] 迈克尔·M. 塞尼：《移民与发展——世界银行移民政策与经验研究》，水库移民经济研究中心编译，河海大学出版社 1996 年版。

等大型工程引起的非自愿移民的研究中，著名水库移民专家 Cernea[①] 指出，非自愿移民存在八个方面的风险，并认为移民在迁入地的社会适应至关重要，能否妥善解决移民搬迁后的社会适应问题是移民工程成败的关键。运用空间视角、空间贫困理论来分析移民现象也逐步被引入国内学术界，且广泛应用于我国易地扶贫搬迁的现象分析中。

2. 关于社会融合及移民社区治理方式的研究

扶贫移民群体要想真正"稳得住"，首先要学会适应并融入新社区。Scudder 等[②]认为移民会推进新型社区治理合理化，移民后原有的邻里关系受到破坏，新形成的社区内部之间的互助与合作关系反而变得更加密切，促进社会融合与治理转型，社会融入理论中的社会适应、社会融合、社会整合、文化适应、同化等相关概念，即可用来描述移民群体适应、融入迁入地社会生活的动态过程。国外学者 Robert. E. Park 指出，同化是外来移民进入新的社会环境后，与居住地社会进行互动、竞争、冲突与适应的结果，同化的最终结果是族群间差异的消失，从而实现本土化与同质化[③]。但同时，Stark 和 Bloom[④] 则认为，移民社区独特的社会经济、文化习俗都会对迁入地有重大影响，将成为迁入地社会的组成部分进而丰富了迁入地社会的多样性……这表明扶贫移民群体搬迁的结果不仅是人员的重组与空间的重构，同样也是社会、文化、经济等交融、影响、冲突的过程，更是多方博弈后实现本土化与多样化发展的过程。

"稳得住"后如何实现"扶贫移民社区可持续发展"？邱晨曦认为，从物质环境和非物质环境两个方面进行顶层设计，有助于实现移民社区

[①] Michael M. Cernea, "Risks, Safeguards and Reconstruction: A Model for Population Displacement and Resettlement", *Economic and Political Weekly*, 2000, Vol. 35, No. 41, pp. 3659 – 3678.

[②] Scudder T., Colson E., "From Welfare to Development: A Conceptual Framework for the Analysis of Dislocated People" // "Involuntary Migration And Resettlement: The Problems And Responses of Dislocated People", New York: Routledge, 1982, https://doi.org/10.4324/9780429052293.

[③] [加拿大] 道格·桑德斯：《落脚城市：最后的人类大迁移与我们的未来》，陈信宏译，上海译文出版社 2012 年版。

[④] Stark O., Bloom D., "The New Economics of Labor Migration", *American Economic Review*, 1985, Vol. 75, No. 2, pp. 173 – 178.

的可持续发展①。

其中物质环境主要包括社区发展、邻里规划和建筑设计等要素，而非物质环境则主要包括经济政策、社会参与、环境保护等。美国学者福山持相同观点，他认为要想实现社区的发展，不仅要靠政府和其他类型的非官方机构的合作共治，更要注意在社区管理中吸引公众的参与，提高其参与意识，推崇"地域归属与文化共享"的社区治理模式②。部分学者则着重强调制度和组织在移民社区治理中的重要性。塞缪尔·鲍尔斯和赫伯特·金迪斯提出制度设计与社区治理存在密切的关系，认为合理的制度设计能够协调社区、市场、政府三者的关系③；Cernea 认为有效的组织与制度保障和搬迁居民的社会参与在搬迁后的安置阶段至关重要，因此，需要对移民的组织和制度保障加以完善，提高移民的社会参与感④。

同时，部分学者主张用文化治理的方式强化移民社区治理。莫里斯·哈布瓦赫提出群体会形成文化实践和物质形式的社会记忆，对个人后续生产生活产生持久有效的影响，而移民在地理位置上的变动会受到原有社会记忆的深刻影响，故他主张提取记忆的延续性以保障集体记忆的传承，更好地发挥集体记忆的正面作用⑤；福柯则用反记忆的概念来强调记忆的重要性，他认为控制了人们的记忆就控制了人们的原动力⑥，即在新社区中通过以政府为主、多元主体共同引导原有社会记忆正功能的

---

① 邱晨曦：《澳大利亚悉尼移民社区发展可持续性策略研究》，硕士学位论文，大连理工大学，2011 年。

② [美] 弗朗西斯·福山：《国家构建：21 世纪的国家治理与世界秩序》，黄胜强、许铭原译，中国社会科学出版社 2007 年版。

③ [美] 塞缪尔·鲍尔斯、[美] 赫伯特·金迪斯：《社会资本与社区治理》，载周红云主编《社会资本与民主》，社会科学文献出版社 2011 年版。

④ Cernea M. Social Impacts and Social Risks in Hydropower Programs: Preemptive Planning and Counter – risk Measures (2004 – 10 – 27), https://www.un.org/esa/sustdev/sdissues/energy/op/hydro_cernea_social%20impacts_backgroundpaper.pdf.

⑤ [法] 莫里斯·哈布瓦赫：《论集体记忆》，毕然、郭金华译，上海人民出版社 2002 年版。

⑥ 王汉生、刘亚秋：《社会记忆及其建构——一项关于知青集体记忆的研究》，《社会》2006 年第 3 期。

发挥以及培育适应新时代的社会记忆对于促进移民社区综合发展有着重要的作用。但也有学者持相反意见，认为移民社区治理是一个综合互动的过程，移民社区治理中的政策制定是多个相关政策系统协商的结果，而非纯粹通过自上而下的程序产生，同样，服务由使用者和社区共同提供，而非简单依靠公共机构专家和管理人员供给①。

综上所述，囿于基本国情、发展程度、地理区位和文化传统等异质性条件，国外对扶贫移民的研究与我国相比，存在诸多不同之处。但从其对生态移民、国际移民群体和移民社区治理所积累的理论与经验而言，仍对我国扶贫移民社区治理与发展有重大借鉴意义。因此，在促进我国扶贫移民社区可持续发展的过程中，应当立足于我国国情，充分吸收国外移民社区治理理论与经验，构建具有中国特色的扶贫移民社区发展理论，走一条具有中国特色的扶贫移民社区发展道路。

（二）国内相关研究

在我国，移民扶贫被赋予"以移民方式扶贫"和"扶移民之贫"两层含义，历经移民致贫、开发式移民扶贫、生态移民扶贫和移民脱贫攻坚四个阶段——从早期的地方试验发展到最终实现"应搬尽搬"和移民脱贫的国家战略，成为中国减贫和缓解人民生存与环境条件间矛盾的壮举之一②。然而，"移民外迁并不是一个简单的人口迁移过程，而是原有生产体系、社会秩序、社会网络被破坏之后的艰难适应过程"③，即易地扶贫搬迁是一项长期、复杂的系统工程，不仅包括搬迁阶段的计划、动员、安置地点建设及实施搬迁，还包括安置阶段的环境适应、社区建设与经济发展、社会融合和治理转型④。当前，我们虽已完成"搬得完"任务，但如何让扶贫移民群体吃得饱、穿得暖、住进安乐窝和生活有盼头，

---

① Bovaird T., "Beyond Engagement and Participation: User and Community Coproduction of Public Services", *Public Administration Review*, 2007, Vol. 67, No. 5, pp. 846 – 860.

② 檀学文：《中国移民扶贫70年变迁研究》，《中国农村经济》2019年第8期。

③ [美]迈克尔·M. 塞尼：《移民与发展——世界银行移民政策与经验研究》，水库移民经济研究中心编译，河海大学出版社1996年版。

④ 王蒙：《后搬迁时代易地扶贫搬迁如何实现长效减贫？——基于社区营造视角》，《西北农林科技大学学报》（社会科学版）2019年第6期。

落实扶贫移民"稳得住"？如何让脱离土地资本、背井离乡的他们有钱赚、维持生计的可持续，实现"能致富"？如何让原子化个体凝聚为社区共同体，致力于"可发展"目标的达成？围绕上述问题，国内学术界展开激烈的探讨，既有研究已发现了"扶贫移民社区"中存在的一些问题，但很大程度上忽视了扶贫移民的可持续生计断裂、社区空间碎片化、社区主体多元化、社区秩序混乱及治理结构不完善等属性所导致的社区治理复杂化，尚未形成系统的治理理论及经验，具体内容如下。

1. 扶贫移民搬迁的内涵、对象及目标定位

扶贫移民搬迁是将居住环境恶劣、自然资本匮乏的"一方水土养不起一方人"地区的贫困群众，通过自愿搬迁的方式，迁到条件较为适宜的地区生活，是彻底改变其生存、生产和生活条件，斩断贫困代际传递最直接和最有效的扶贫措施，此方式采用搬迁手段，将脱贫作为目标之一，旨在让贫困群众过上幸福生活①。

为更好、更快地帮助因自然资本匮乏而深陷贫困的群众脱贫、共赴小康，党和国家立足时代背景，根据国情，动态瞄准扶贫移民搬迁对象及目标，将精准贯彻到底，最终帮助1200万名群众完成搬迁，其中包括建档立卡贫困户960万人。其瞄准、演变过程如下：1994年，《国家八七扶贫攻坚计划（1994—2000年）》明确规定要"对极少数生存和发展条件特别困难的村庄和农户"进行移民，以期为"扶持贫困户创造稳定解决温饱的基础条件"②；2006年，《易地扶贫搬迁"十一五"规划》表示当前仍有150万"生活在缺乏基本生存条件地区，且具备搬迁和安置条件的农村贫困人口"，并且倡导要"稳定解决搬迁人口的温饱问题"③。

2012年，《易地扶贫搬迁"十二五"规划》将搬迁对象扩大至"240

---

① 吴尚丽：《易地扶贫搬迁中的文化治理研究——以贵州省黔西南州为例》，《贵州民族研究》2019年第6期。
② 中国改革信息库：《国家八七扶贫攻坚计划（1994—2000年）》，http：//www.reformdata.org/1994/0425/9448.shtml，1994年4月25日。
③ 国家发展改革委：《易地扶贫搬迁"十一五"规划》，https：//www.ndrc.gov.cn/fggz/fzzlgh/gjjzxgh/200804/P020191104623791819632.pdf#：~：text，2008年4月7日。

万生存条件恶劣地区的农村贫困人口",保障"扶贫对象不愁吃、不愁穿,保障其义务教育、基本医疗和住房",以帮助该部分贫困群众"尽快融入当地社会"①。

2016 年,《全国"十三五"易地扶贫搬迁规划》提出到 2020 年,"根本上解决约 1000 万建档立卡贫困人口的稳定脱贫问题",使"搬迁对象住房安全得到有效保障,安全饮水、出行、用电、通讯等基本生活需求得到基本满足,享有便利可及的教育、医疗等基本公共服务,迁出区生态环境明显改善,安置区特色产业加快发展,搬迁对象有稳定的收入渠道,生活水平明显改善,全部实现稳定脱贫,与全国人民一道迈入小康社会"②。2021 年,《关于切实做好易地扶贫搬迁后续扶持工作巩固拓展脱贫攻坚成果的指导意见》进一步指出要"聚焦原集中连片特困地区、原深度贫困地区、乡村振兴重点帮扶县的大中型安置点",通过"强化顶层设计、强化政策落实、强化就业帮扶、强化产业培育、强化配套提升、强化社会管理、促进社会融入、强化权益保障"等方式,帮助搬迁群众实现"稳得住、有就业、逐步能致富"。

由上述扶贫搬迁对象及目标的动态瞄准过程可以看出,我国的扶贫移民搬迁具有以下特点:首先,辐射带动的扶贫移民人数不断增加,资助力度持续加大,惠及越来越多的贫困人口;其次,扶贫移民搬迁实施始终与生态保护相统筹,在实现贫困治理的同时,致力于缓解迁出地生态压力,贯彻"绿水青山就是金山银山"的发展理念;再次,扶贫移民安置从单一开发式转向多元化方式、从非自愿安置向自愿安置转变;最后,从关注扶贫移民群体温饱问题的解决到关注其多方位需求的满足,注重其幸福感、获得感、安全感和满足感的全面提升。

2. 扶贫移民社区的治理困境及优化尝试

我国大多数扶贫移民社区是由行政力量主导的空间迁移,是需要进行生计转型与社会关联重构的非城非乡"过渡型社区",安置之初,由于

---

① 国家发展改革委:《易地扶贫搬迁"十二五"规划》,https://zfxxgk.ndrc.gov.cn/web/iteminfo.jsp?id=1506,2012 年 7 月 25 日。

② 国家发展改革委:《全国"十三五"易地扶贫搬迁规划》,https://www.gov.cn/xinwen/2016-10/31/5126509/files/86e8eb65acf44596bf21b2747aec6b48.pdf,2016 年 10 月 31 日。

贫困移民来源的分散性与异质化、社区生成的行政主导性、移民之间社会关联薄弱、移民定居不稳定性、社区共同体意识缺乏及治理结构不完善等属性[1],亟须进行社区公共体建构和社区治理体系完善。谈及扶贫移民社区的治理,当前学术界多是从经济、社会—文化治理视角,运用移民"再嵌入"理论、社会文化论、多中心治理理论、空间贫困理论和社区营造理论,通过"制度与生活"分析框架和"运动式治理"模式等进行有益探索。

从经济视角来看,学术界多是在探讨扶贫移民的生计获得及其可持续问题。

有学者认为,搬迁意味着原有经济链的断裂,届时扶贫移民将会失去靠山吃山、靠水吃水的优势,由此减少其生计资本存量[2]。此外,社会网络的断裂导致扶贫移民生计能力降低,制度的改变也使其在生计空间中面临社会排斥的危险[3]。加之,扶贫移民的支出水涨船高,收入来源单一化和支出增加容易形成次生贫困和介入型贫困,所以研究认为必须精准识别贫困者生计空间的贫困,通过经济、政治、社会和文化系统的协调改革为扶贫移民创造一个可持续的生计空间,才能从根本上提高其生计行动能力,使扶贫移民彻底摆脱贫困[4]。也有学者指出,不同个体特征的扶贫搬迁移民存在明显的经济适应差异,因此应采取精准的搬迁与安置方式来应对[5]。另有研究表明,在政府扶持政策方面,就业帮扶政策能够显著降低扶贫移民的返迁意愿,同时产业、金融等扶持政策对降低移民返迁意愿也卓有成效,因此需要加强不同政策的供给与需求的衔接,

---

[1] 王蒙:《后搬迁时代易地扶贫搬迁如何实现长效减贫?——基于社区营造视角》,《西北农林科技大学学报》(社会科学版)2019年第6期。

[2] 付少平、赵晓峰:《精准扶贫视角下的移民生计空间再塑造研究》,《南京农业大学学报》(社会科学版)2015年第6期。

[3] 付少平、赵晓峰:《精准扶贫视角下的移民生计空间再塑造研究》,《南京农业大学学报》(社会科学版)2015年第6期。

[4] 付少平、赵晓峰:《精准扶贫视角下的移民生计空间再塑造研究》,《南京农业大学学报》(社会科学版)2015年第6期。

[5] 任新民、马喜梅:《现代化视角下少数民族地区易地搬迁稳定脱贫实证研究——以文山壮族苗族自治州石漠化片区为例》,《云南民族大学学报》(哲学社会科学版)2020年第4期。

注意短期和中长期政策的搭配①。

从社会—文化治理视角来看，现有研究认为"搬不出、稳不住、难发展、难融入"问题主要源于文化。其中，传统文化观念、生产方式改变和社会关系重建是影响搬迁的主要文化因素，因此政府在后续治理与帮扶工作中应借用"社会—文化"手段，从加大教育投入、放缓传统房屋拆迁速度、保存优秀民俗信仰、建构公共文化空间和引入优秀现代文化方面入手，以"柔"施治，节约治理成本；针对少数民族地区的扶贫移民搬迁社区，尤其是涉及少数民族传统文化在搬迁中的保护、迁移、发展以及产业化和品牌化打造等问题时，可结合文化治理理论，探索文化保护的搬迁模式，充分发挥文化治理中的多主体协同治理作用，将文化治理实际运用于搬迁过程的方方面面②；在政策制定、搬迁过程保障、移民安置、少数民族传统文化保护和挖掘特色资源、促进当地产业化发展等过程中切实地体现出来，以期使得迁出地的历史遗迹、传统风俗、手工技艺及艺术留存等民族文化遗产在易地搬迁过程中得到更好的保护、更大的利益增值、更广的传承和弘扬③。

从空间贫困治理视角来看，易地扶贫搬迁是空间贫困理论在实际生活中的正确尝试，全方位改变了扶贫移民群体的地理资源空间构成。首先，扶贫移民群体的社会空间流动必然使原有的社会结构、社会关系与社会秩序受到冲击：一方面，可能会导致社区公共空间缺失、扶贫移民生计空间遭受挤压、社会网络空间断裂和文化心理空间弱化等扶贫移民社区治理困境④；另一方面，空间迁移与流动也会促进新型治理关系、治

---

① 刘升：《城镇集中安置型易地扶贫搬迁社区的社会稳定风险分析》，《华中农业大学学报》（社会科学版）2020年第6期。

② 吴尚丽：《易地扶贫搬迁中的文化治理研究——以贵州省黔西南州为例》，《贵州民族研究》2019年第6期。

③ 吴尚丽：《易地扶贫搬迁中的文化治理研究——以贵州省黔西南州为例》，《贵州民族研究》2019年第6期。

④ 李晗锦、郭占锋：《移民社区空间治理困境及其对策研究》，《人民长江》2018年第17期。

理结构与治理秩序的生成①,部分学者主张通过空间重构策略来拓展移民社区公共空间、拓宽移民生计空间、重建社会网络和强化文化心理空间,从而解决移民社区治理困境,促进移民社区治理现代化②。其次,从单维空间视角来看,搬迁移民扶贫的本质是要实现对贫困人口生计空间的再造和空间资本的重塑③。有学者认为传统的移民研究较少地关注农户生计空间整体的改变与再塑造,导致出现搬迁后移民生计空间的扩展、优化和由于经济空间流失、社会空间断裂、制度空间社会排斥导致的移民生计空间被挤压的状况④。最后,搬迁移民扶贫在本质上体现的是政府权力对空间不平等的一种干预,或者说是对以往政策实施造成的空间发展差异进行矫正,搬迁移民有助于打破空间制约下的贫困固化现象⑤。此外,空间贫困理论对精确识别扶贫对象、寻找致贫原因也大有益处,有助于精准制定反贫困策略。

从"制度—生活"分析视角来看,"制度一经发布和实践就能重塑生活,但是在高度韧性的生活领域面前,正式制度的逻辑与日常生活的逻辑越不匹配,二者之间的关系就越复杂"⑥。扶贫移民社区作为政府制度安排下的产物,其制度创立的逻辑不可避免地同搬迁农民生活实践的逻辑产生不匹配的现象,极可能给扶贫移民安置社区乃至整个社会的安全稳定带来隐患⑦。此外,此种借国家、政府力量强制推行的搬迁制度,贯穿在前期动员、实施建设和后期治理等全过程,如社区空间的规划、公共资源的分配、组织队伍的配备、基础设施建设的完善,以及社区治理

---

① 马良灿、陈淇淇:《易地扶贫搬迁移民社区的治理关系与优化》,《云南大学学报》(社会科学版)2019年第3期。
② 李晗锦、郭占锋:《移民社区空间治理困境及其对策研究》,《人民长江》2018年第17期。
③ 邢成举:《搬迁扶贫与移民生计重塑:陕省证据》,《改革》2016年第11期。
④ 付少平、赵晓峰:《精准扶贫视角下的移民生计空间再塑造研究》,《南京农业大学学报》(社会科学版)2015年第6期。
⑤ 袁媛:《社会空间重构背景下的贫困空间固化研究》,《现代城市研究》2011年第3期。
⑥ 肖瑛:《从"国家与社会"到"制度与生活":中国社会变迁研究的视角转换》,《中国社会科学》2014年第9期。
⑦ 吴新叶、牛晨光:《易地扶贫搬迁安置社区的紧张与化解》,《华南农业大学学报》(社会科学版)2018年第2期。

规则的设立等。但是，这种由政府主导推动下的社区在运行中往往会出现政府的"好意"得不到社区群众"领情"的情况，在此种治理范式下，扶贫移民群众被动地卷入移民搬迁之中，并在新社区中按照政府为其设计的方式而生活，移民原有的生活方式无法得到照顾或体现，因而在多个层面出现新社区治理的紧张与冲突[①]。其中，最为突出的矛盾即在于政府的外在力量与扶贫移民群体内在自主性的冲突。长期生活在乡土场域中自给自足的独立个体，习惯了自由自在、无拘无束的环境，突然因政策鼓励，需要离开故土去适应另一种生活方式。但在新社区，唯一属于自己的只有身处其中的居住空间，无论是在物质生活、文化习俗，还是在社会关系联结方面都与新社区格格不入，较容易产生矛盾冲突，甚至出现"稳不住"，即返乡的情况。要想解决上述冲突与治理问题，一方面，正式制度要在正视扶贫移民合理诉求的基础上，运用法治权威对混乱秩序加以强制约束；另一方面，借用乡规民约、民俗信仰等非正式制度力量，帮助扶贫移民自然完成由"移民"向"新村民"或"新居民"的转变。

从社区营造视角来看，扶贫移民社区在安置之初的发展潜力与凝聚力较弱，难以带动数量多、构成复杂、异质性凸显的个体进行社区治理，为此应进行社区共同体的营造，致力于构建一种社区发展与贫困移民个体能力提升紧密相连、相互促进的发展共同体。可通过"社区主体—社会空间—社会关联""三位一体"的社区营造方式，将扶贫移民社区打造成为社会和心理联结的生活共同体、融入共同性的经济发展与能力建设的发展共同体[②]。

（三）文献述评

国内外关于扶贫移民的研究，内容丰富，视角多元，主要回答了扶贫移民是什么、为什么（搬迁的原因）及怎么办（扶贫移民的政策、实践与机制）等问题，也针对扶贫移民社区的营造及有效治理等进行了深

---

① 吴新叶、牛晨光：《易地扶贫搬迁安置社区的紧张与化解》，《华南农业大学学报》（社会科学版）2018年第2期。

② 王蒙：《后搬迁时代易地扶贫搬迁如何实现长效减贫？——基于社区营造视角》，《西北农林科技大学学报》（社会科学版）2019年第6期。

入探讨。

其中,针对扶贫搬迁原因的研究,主要理论视角包括生态贫困理论、区位理论与"推—拉"理论等;而针对搬迁过程和机制的研究,其理论视角则包括现代化理论、系统理论、结构功能主义与内源式发展理论等[1]。上述研究表明:生态环境问题和贫困问题是当今国际社会普遍关注的问题,二者通常表现为互为因果、相互制约的关系,贫困与生态环境脆弱共生。"发展中国家的贫穷农村人口往往直接依赖自然界提供的生计资源"[2],所以贫困地区因为人力资本的开发程度低、自然生态的天然禀赋低、生态环境退化程度较高、灾害频发且损失较高等,极易陷入环境—贫困的恶性循环中[3]。中国以及众多发展中国家为了破除"贫困—环境退化—进一步贫困"的恶性循环,做出了诸多努力。扶贫移民作为具有积极作用的生存战略,对解决贫困和环境问题发挥着重要作用。世界各国基于自然环境、资源状况、经济水平和人文历史等方面的不同,选择了不同的移民搬迁安置模式。国外虽没有易地扶贫搬迁概念,但与之相似的生态移民搬迁对于中国开展易地扶贫搬迁安置工作具有一定的启发和借鉴意义[4]。

移民扶贫作为扶贫手段的一种,既包括以移民方式扶贫,也包括扶移民之贫[5]。中国的扶贫移民作为国家制度安排和政策实践的产物,旨在解决因"一方水土养不起一方人"所产生的贫困问题,与易地扶贫搬迁政策相伴相生。自20世纪80年代初期开始实施以来,我国扶贫移民政策经历了从针对个别问题、个别区域到在国家层面加以整体设计与全面推进的演变过程,其目标日益多元化[6]。

---

[1] 叶青、苏海:《政策实践与资本重置:贵州易地扶贫搬迁的经验表达》,《中国农业大学学报》(社会科学版) 2016 年第 5 期。

[2] Janet A. Fisher, Genevieve Patenaude, Patrick Meir, et al., "Strengthening Conceptual Foundations: Analysing Frameworks for Ecosystem Services and Poverty Alleviation Research", *Global Environmental Change*, 2013, Vol. 23, No. 5, pp. 1098 – 1111.

[3] 张云飞:《我国生态反贫困的探索和经验》,《城市与环境研究》2021 年第 2 期。

[4] 王红彦、高春雨、王道龙等:《易地扶贫移民搬迁的国际经验借鉴》,《世界农业》2014 年第 8 期。

[5] 檀学文:《中国移民扶贫 70 年变迁研究》,《中国农村经济》2019 年第 8 期。

[6] 陆汉文、覃志敏:《我国扶贫移民政策的演变与发展趋势》,《贵州社会科学》2015 年第 5 期。

中国的扶贫移民始于20世纪70年代后期。当时，宁夏回族自治区为解决部分地区干旱缺水问题而在同心县兴建扬黄灌区工程，并将部分新建灌区土地分配给其他干旱地区群众，帮助他们解决温饱问题[1]。1982年底，国家在"三西"地区（即甘肃省的河西、定西和宁夏回族自治区的西海固地区，前两者又被称为"两西"地区）开始实施以农业建设为主题的扶贫开发计划，"三西"地区的移民既是生态移民，又是扶贫移民，是我国扶贫开发史上第一个有计划、有组织、大规模的区域开发式扶贫行动[2]，也是扶贫移民的早期探索。1994年，《国家八七扶贫攻坚计划（1994—2000年）》在开发式扶贫方针下提出开发式移民思路[3]。1998年，党的十五届三中全会通过的《中共中央关于农业和农村工作若干重大问题的决定》指出，对极少数生存条件极端恶劣的贫困人口可以有计划地实施移民开发[4]。经过20世纪80年代的初步探索，扶贫移民被正式列为我国农村扶贫开发的基本途径之一，成为可以在符合条件的地区加以推行的一种常规手段[5]。21世纪以来，国家更是在顶层设计层面逐步推进扶贫移民政策的整体设计。《中国农村扶贫开发纲要（2001—2010年）》首次提出，结合退耕还林还草，实行自愿移民搬迁[6]。《中国农村扶贫开发纲要（2011—2020年）》进一步提出易地扶贫搬迁，在概念上建立了移民搬迁与扶贫的联系[7]。2016年《全国"十三五"易地扶贫搬迁规划》提出，实现建档立卡贫困人口"应搬尽搬"，扶贫搬迁规模近

---

[1] 黄承伟：《中国农村扶贫自愿移民搬迁的理论与实践》，中国财政经济出版社2004年版。

[2] 回良玉：《继续发扬"三西"精神 加大扶持力度 着力破除制约片区发展的瓶颈》，《甘肃日报》2012年8月24日。

[3] 中国改革信息库：《国家八七扶贫攻坚计划（1994—2000年）》，http://www.reformdata.org/1994/0425/9448.shtml，1994年4月25日。

[4] 中国改革信息库：《中共中央关于农业和农村工作若干重大问题的决定》，http://www.reformdata.org/1998/1014/4577.shtml，1998年10月14日。

[5] 陆汉文、覃志敏：《我国扶贫移民政策的演变与发展趋势》，《贵州社会科学》2015年第5期。

[6] 国务院：《中国农村扶贫开发纲要（2001—2010年）》，http://www.gov.cn/zhengce/content/2016-09/23/content_5111138.htm，2001年6月13日。

[7] 中共中央 国务院：《中国农村扶贫开发纲要（2011—2020年）》，https://www.gov.cn/gongbao/content/2011/content_2020905.htm，2020年9月5日。

1000万人①。我国的扶贫移民政策从初步探索阶段（1982—2000年）到整体布局与推进阶段（2001—2012年）再到政策强化阶段（2013年后），党和国家一直立足于国情民情，与时俱进，由区域性实施向全面实施转变，动态瞄准扶贫移民搬迁对象，惠及越来越多的贫困人口；由模糊施策向精准施策转变，逐步提升目标任务，由满足移民温饱的生存型需求转变到实现移民与社区协同发展的发展型需求②。

改革开放40多年来，扶贫移民政策有力地推进了我国减贫事业的发展，各地也在政策的引导下积极开展实践探索，主要有甘肃和宁夏的"三西"模式、广东北部的喀斯特地区模式、广西的"公司+农户"模式、内蒙古阿拉善的异地转移安置模式等③。扶贫移民实践取得了显著的经济效益、生态效益和民生效益（包括主观满意度），扶贫搬迁使移民获得了更多的人力资本和社会资本，生计模式发生了根本转变，生计资本总量得到了显著提升，收入明显增加④；迁出贫困地区可以减少不合理农耕活动对生态环境的破坏，促进退耕还林以保护迁出地的生态环境⑤；搬迁后显著提升了扶贫搬迁人口所享受的基础设施与公共服务质量，提升了其主观满意度⑥。

"现在搬得出的问题基本解决了，下一步的重点是稳得住、有就业、逐步能致富"⑦，后续社区营造、安置、治理工作和前期搬迁工作同样重要。随着脱贫攻坚战的全面胜利，扶贫移民社区的后续建设与扶贫移民

---

① 国家发展改革委：《全国"十三五"易地扶贫搬迁规划》，https://www.gov.cn/xinwen/2016-10/31/5126509/files/86e8eb65acf44596bf21b2747aec6b48.pdf，2016年10月31日。

② 郭占锋、张森、李轶星：《中国扶贫移民40年：轨迹、经验与展望》，《西北农林科技大学学报》（社会科学版）2020年第5期。

③ 施国庆、郑瑞强：《扶贫移民：一种扶贫工作新思路》，《甘肃行政学院学报》2010年第4期。

④ 徐爽、胡业翠：《农户生计资本与生计稳定性耦合协调分析——以广西金桥村移民安置区为例》，《经济地理》2018年第3期。

⑤ 秦博：《"增减挂钩"如何实现易地扶贫》，《中国土地》2015年第7期。

⑥ 肖菊、梁恒贵：《贵州易地扶贫搬迁安置点教育保障研究》，《贵州社会科学》2019年第7期。

⑦ 求是网：《习近平：在决战决胜脱贫攻坚座谈会上的讲话》，http://www.qstheory.cn/yaowen/2020-03/06/c_1125674761.htm，2020年3月6日。

的后续发展成为国内外学者的关注焦点。与自主移民"插花式"迁入新社区不同,扶贫移民社区作为扶贫搬迁实践的产物,是指贫困居民在政策推动或引导下主动、被动或半被动地集中迁入新居住地,所形成的兼具城镇与农村特征,却又异于城镇与农村的城乡融合型社区。扶贫移民社区的城镇特征表现在社区面貌与基础设施上,而农村特征主要表现在文化、习俗与认知等精神层面上[①]。这一类型的社区不是自发形成的,并不是滕尼斯描述的那种"拥有一种亲密无间、守望相助,服从权威并具有共同信仰和共同风俗习惯的人际关系,由传统的血缘、地域和文化等自然因素产生的社区"[②],其共同体的属性并不显著。且因为扶贫移民"农民"与"移民"的双重身份,极易出现"双重脱嵌"特征:"身体立场"导致原有的生产生活发生改变,社交关系疏离、文化传统消解;"身份缺场"使其面临现代化和发展困境,移民同时脱嵌于城镇社区与乡村社会[③]。所以扶贫移民在迁出故土后,融入社区环境、营造新的生产生活共同体是当务之急与长远之计。

如何加强扶贫移民社区共同体建设,增强搬迁人口适应度、提高搬迁人口对搬迁社区的归属感和对搬迁后生活的幸福感,激发移民的内生动力,是巩固脱贫攻坚成效、推进乡村振兴战略实施和新型城镇化建设的必然要求[④]。有学者提出,有效的社区治理体系、繁荣的本土产业与稳定的就业、完善的公共空间和地标性建筑、密切的人际交往网络、融洽的文化环境是扶贫移民社区共同体建设的目标[⑤]。但因为社区生成的行政主导性,搬迁人口由传统分散式的乡村居民转变为聚集型的城区居民后,

---

① 杨智、杨定玉、陈亦桥:《城乡融合视域下易地扶贫搬迁移民社区教育发展探究》,《现代远程教育研究》2021年第1期。

② [德]斐迪南·滕尼斯:《共同体与社会:纯粹社会学的基本概念》,林荣远译,商务印书馆1999年版。

③ 张磊、伏绍宏:《移民再嵌入与后扶贫时代搬迁社区治理》,《农村经济》2021年第9期。

④ 王蒙:《搬迁时代易地扶贫搬迁如何实现长效减贫?——基于社区营造视角》,《西北农林科技大学学报》(社会科学版)2019年第6期。

⑤ 杜志章、汪建辉:《乡村振兴视域下易地扶贫搬迁中的社区共同体建设研究——基于贵州毕节市碧海阳光城调研》,《决策与信息》2021年第9期。

传统乡村"差序格局"式的熟人社会被消解，社区居民整体分布呈现原子化分散状态；较差的综合素质和扶贫移民生计方式的变迁导致移民生计空间被挤压；空间格局变化、社会关联薄弱以及文化脱嵌使得扶贫移民易出现适应性低、对社区的归属感弱等问题，治理的复杂性为社区和居民的协同发展带来了困难。其中，空间再造与扶贫搬迁人口的社会适应，扶贫移民的生计转型与发展、社会关系的重构，以及治理共同体的重构是营造社区共同体和提高扶贫移民发展能力的关键。

针对当前的治理困境，诸多学者从不同角度提出了对策建议。具体包括：从经济角度提高移民生计行动能力[1]，培养其可持续生计的累积能力[2]；从"制度—生活"视角强调制度、文化等宏观因素对移民生活的影响：一方面，移民应该主动接纳习得迁入地社会制度，使其最终能够适应迁入地的行为模式和价值观念；另一方面，制度与迁入地也要积极满足移民的需求，探寻扶贫移民从"脱嵌"到"深嵌"、从"工具性融入"到"价值性融入"的实现路径，重构社区生活共同体[3]。

再者，移民的迁移行为作为一种典型的空间变动，也引发国内部分学者对移民背后空间隐喻的关注，他们基于空间贫困治理、空间正义以及空间再造等视角进行探索，希望通过多元主体的空间实践来助推空间的合理重塑，提高移民的自我发展能力[4]，实现居民个体和社区整体的协同发展。对于移民和迁入地居民来说，社区共同体的构建是一个不断认识、了解、适应、接纳和融入的过程，需要从生活方式、宗教信仰以及身份多方面进行文化适应，逐步融入社区[5]。并在融入的基础上通过扶贫

---

[1] 付少平、赵晓峰：《精准扶贫视角下的移民生计空间再塑造研究》，《南京农业大学学报》（社会科学版）2015年第6期。

[2] 徐锡广、申鹏：《易地扶贫搬迁移民的可持续性生计研究——基于贵州省的调查分析》，《贵州财经大学学报》2018年第1期。

[3] 卢爱国：《制度重塑生活：民族地区扶贫移民融入城市社区的制度分析》，《湘湘论坛》2022年第1期。

[4] 王寓凡、江立华：《空间再造与易地搬迁贫困户的社会适应——基于江西省X县的调查》，《社会科学研究》2020年第1期。

[5] 杨甫旺：《异地扶贫搬迁与文化适应——以云南省永仁县异地扶贫搬迁移民为例》，《贵州民族研究》2008年第6期。

移民、社区、政府等多个主体之间的相互配合，在扶贫移民社区参与、社区服务供给及社区资源配备等方面形成良性互动，共同打造治理共同体。

综上所述，易地扶贫搬迁是我国为解决集中连片地区的深度贫困难题，帮助因受自然环境制约而深陷"贫困陷阱"的群众摆脱贫困束缚、共享小康成果的战略性选择，是极具中国特色的成功尝试。在愈加完善的政策指导下，易地扶贫搬迁工作逐渐完成，也取得了显著的成效。但扶贫移民社区的后续治理问题、可持续发展问题以及治理共同体打造问题等仍需持续关注。

三 研究思路和研究方法

（一）研究思路

本书将扶贫移民社区的治理置于环境、移民与社区多维要素互动的分析框架之中，首先从治理基础入手，深入剖析3个扶贫移民社区在不同阶段的治理特征、治理困境及其不同的治理策略选择。在对3个扶贫移民社区30余年治理实践深入剖析的基础上，挖掘在相同的治理背景（政府推动扶贫移民政策实施）下相异的治理主体（3个扶贫移民社区原迁入移民因地域限制具有不同的生活习惯）如何适应搬迁后新的社区环境？如何逐步建立社区共同体意识，形成具有共同的治理主体、治理空间、治理规则以及治理目标的扶贫移民社区治理共同体？并进一步凝练形成具有普适性的扶贫移民社区治理经验，为后期扶贫移民搬迁和扶贫移民社区治理提供经验借鉴。本书的逻辑结构如图0-1所示。

（二）研究方法

1. 文献研究法

本书主要对国内外移民理论、共同体理论、易地扶贫搬迁社区治理等方面的文献进行梳理，了解扶贫移民社区的基本特点。选取典型且具有代表性的村庄，查阅该村庄历史发展资料，即政策文件、村庄移民史、村庄发展规划等地方档案，以提高后续研究开展的可行性，积累丰富的文献资料。

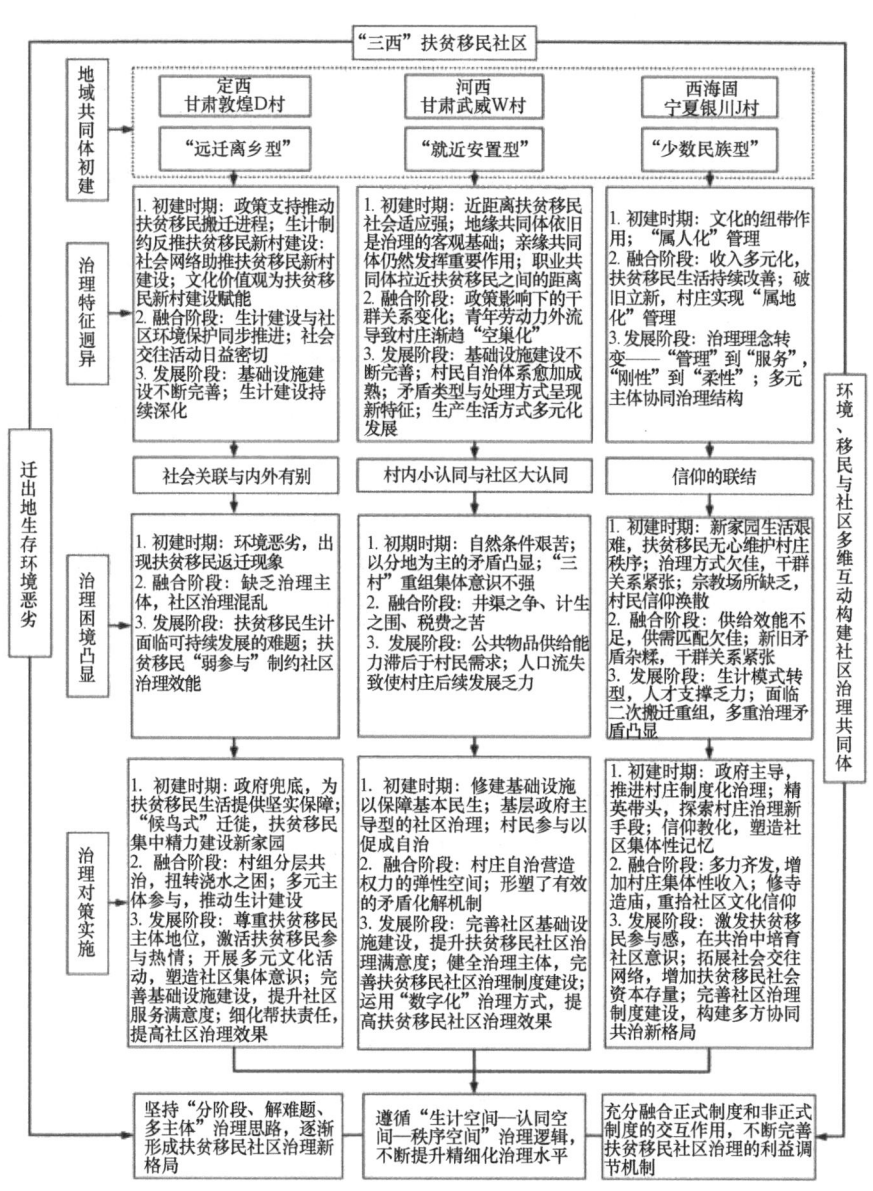

图 0-1 研究逻辑结构

2. 个案访谈法

通过对村民和村干部进行个案访谈，寻找典型的扶贫移民家庭案例，捕捉扶贫移民社区30余年治理过程中的标志性事件。同时，对扶贫移民群体之间发生的故事进行"深描"，从而把握扶贫移民社区共同体及治理共同体建构过程中的细节，补充问卷无法获取的重要资料。

3. 生活史研究法

生活史研究法注重对研究对象日常生活的关注，一方面通过实地调查引导当事人讲述自己的生活经历进而获取经验资料；另一方面通过收集历史文献（包括日记、信件、报纸等书面文档或影像资料），获取与研究对象相关的资料。生活史研究法在资料分析阶段采取"深描"的办法，对所收集资料进行质性分析，旨在把握历史过程中细节性的因果关系，在外在行为研究的基础上，洞察研究对象的情感变化，深入全面地揭示个体在社会发展过程中的自我塑造与社会塑造过程。本书对扶贫移民所讲述的扶贫移民故事进行深入剖析，从而把握扶贫移民在扶贫移民社区内的真实生活感受，讲述有温度的学理性故事。

4. 问卷调查法

问卷调查主要考察扶贫移民家庭基本情况、社会关系情况、社区事务的参与程度、对扶贫移民社区治理的认可度，以及扶贫移民在搬迁前后的工作类型、收入结构、消费结构等可测量的指标，通过量化数据来展现扶贫移民群体在社区生活中的总体样貌。

四 理论依据及其适用性分析

（一）共同体理论

19世纪上半叶，滕尼斯首先将共同体（Community）与社会（Society）的概念进行区分，认为共同体和社会是两种不同的社会生活方式。共同体的本质是人类血缘、感情、伦理等的结合，其基本特征是人类之间拥有一种淳朴、亲密的自然感情，相互之间不存在利益关系，是一种有机的联系；而社会则建立在成员之间的利益关系之上，形成了一种有目的的联合体。滕尼斯认为"共同体"是人类关系的真正本质，"社会"只是这一本质属性的表现方式[1]。同样，涂尔干以及韦伯等古典社会学家也对共同体展开了相关研究，涂尔干所提出的"机械团结""有机团结"以及"职业团体"等概念都是针对共同体的理想类型进行的分析。

韦伯所提出的经济共同体则指向的是资本主义社会经济在理性化进程中逐渐暴露的工具化倾向[2]。围绕滕尼斯提出的共同体思想，有学者对共同体发展的历史脉络进行分析，发现其是沿着欧洲—美洲—日本的方向发展的，在学术领域上是从人类社会—科学社会—水利、村落的流变[3]。另有学者提炼出滕尼斯关于共同体论述的三个面向：情感面向、经济面向和政治面向。其中情感面向就是通常所理解的共同体内部休戚与共、守望相助的情感联结纽带；经济面向是指共同体的经济是一种严格管制的经济，而只有这种严格管制的经济，才能在共同体内部建立持续的稳定关系并赋予其成员各自的地位和身份，以营造一种安全与舒适的生活环境；政治面向是指在共同体内部，其实是一个不平等的结构，而这种不平等通过与家庭式经济和亲密情感关系的融合，造就了一个看似温馨实则压抑的共同体[4]。

从国外对共同体理论的研究来看，已涌现出一大批研究成果。齐格蒙特·鲍曼将共同体比喻为"一种我们将热切希望栖息、希望重新拥有的世界"[5]。他认为共同体是一个"温馨"的地方，一个温暖而又舒适的场所[6]。在共同体与自由之间，鲍曼认为"失去共同体，意味着失去安全感；得到共同体，意味着将很快失去自由"[7]。这两者成为共同体理论诞生以来的最大悖论，引发无尽的反思。

---

[1] 朱丽君：《共同体理论的传播、流变及影响》，《山西大学学报》（哲学社会科学版）2019年第3期。

[2] ［德］马克斯·韦伯：《经济与社会》，林荣远译，商务印书馆1999年版。

[3] 朱丽君：《共同体理论的传播、流变及影响》，《山西大学学报》（哲学社会科学版）2019年第3期。

[4] 彭宗峰：《共同体想象力的历史反思》，《天府新论》2015年第1期。

[5] ［英］齐格蒙特·鲍曼：《共同体：在一个不确定的世界中寻找安全》，欧阳景根译，江苏人民出版社2003年版。

[6] ［英］齐格蒙特·鲍曼：《共同体：在一个不确定的世界中寻找安全》，欧阳景根译，江苏人民出版社2003年版。

[7] ［英］齐格蒙特·鲍曼：《共同体：在一个不确定的世界中寻找安全》，欧阳景根译，江苏人民出版社2003年版。

美国学者安德森从民族主义入手，认为民族是一种想象的政治共同体，并且它是被想象为本质上有限的，同时也享有主权的共同体①。除了宏观的研究视角，相对中观的研究典型则是日本一些学者基于满铁调查资料，对中国是否存在农村共同体进行的初步研判，如平野义太郎和清水盛光就分别从原则、规范、血缘，以及地缘等多方面论证了中国传统乡村的共同体性质。印度裔美国学者杜赞奇在《文化、权力与国家》一书中谈道，华北地区乡村政权结构及其与地方性文化的相互嵌构、乡村地方权威的生成，都体现着传统乡土社会所具有的共同体属性。

国内学者对共同体的研究，可追溯至费孝通对"共同体"概念的引介。1933年，费孝通为了区分"Society"与"Community"，将"Community"译为"社区"，认为社会是泛指任何人经营共同体生活时所发生的关系，社区则是在一定地域里经营集体生活的共同体②，开启了国内对于"社区"研究的先河。关于社区与共同体概念的区分，黄杰对"Gemeinschaft"语词历程进行文本解读，以廓清其在外语与汉语中的不同概念内涵，准确把握和捕捉"Gemeinschaft"语词隐含的丰富文化讯息，并联系到当下"人类命运共同体"的现实意义③。但两个概念的区分也常会被混淆，陈社英认为二者争论的焦点就在于"地缘因素"的加入，即共同体可以是去地缘特征的团结形式，但社区必须有明确的地理空间边界，相较而言，共同体概念更侧重于一般范畴，可以用来指人们由于各种共同的社会经济因素而组成的整体，社区则是一种特殊的共同体形式④。就共同体的形式而言，秦晖指出滕尼斯讲的是小的（以直接的人际交往与口耳相传的地方性知识为半径的）、"自然形成的"（一般主要是血缘、地缘性的）共同体⑤。以滕尼斯所提出的共同体思想为基础，中观层面的"社

---

① ［美］本尼迪克特·安德森：《想象的共同体——民族主义的起源与散布》，吴叡人译，上海人民出版社2005年版。

② 费孝通：《费孝通文集》，群言出版社1999年版。

③ 黄杰：《"共同体"，还是"社区"？——对"Gemeinschaft"语词历程的文本解读》，《学海》2019年第5期。

④ 陈社英：《社会续论》，《社会》1989年第7期。

⑤ 秦晖：《共同体·社会·大共同体——评滕尼斯〈共同体与社会〉》，《书屋》2000年第2期。

区共同体"的传统定义在理论上表征了一种较为简单的地方社会关系，以利益和价值的共享为基础，落脚在初级关系的互动，在传统社区共同体的理论想象中，它被描述为个体所嵌入的同质性、封闭性以及聚丛性的集体形式，并且呈现出和谐的社会秩序①。

然而，随着现代性的逐渐深入，流动的现代性摧毁了传统坚固的东西，共同体也逐渐走向解体。人们渐渐失去这个曾经给予他们庇护和安全感的共同体，独自面对风险社会所带来的极大的不确定性。正如鲍曼所说，流动性的现代社会中原有的村落也开始走向了终结，个体被强行从传统的共同体中"脱域"出来，成为现代社会的"完美的观光者"和"不可救药的流浪者"②。面对现代性带来的问题，社会学对共同体的研究一般基于结构主义理论与实质性理论两种视角，前者从地方性视角出发，侧重地理要素的考量，后者则更侧重文化意义，立足于共享道德精神规范和团结纽带③。此外，共同体理论也成为解释个人与社会关系、维系社会团结和道德整合的主要理论支撑。一些学者认为中国现代社会随着"村落行政化"共同体和"单位"共同体的解体，个体从原有共同体中游离出来，原子化、多元化社会开始出现，因此亟须建构一种新型现代共同体来吸纳原子化个体④。尤其是共同体中的生活方式、生活节奏被现代社会的交换特征以及现代社会的流动性所打破，人们面对不确定性的社会，失去了安全感；有学者认为在新的社会条件下，再次激发共同体的想象力，需要从消费和分配关系的表象深入生产关系之中，需要从对个体和共同体的内在性的实体化思考走向一种相互沟通的关系性思考⑤。此外，还有学者从吉登斯现代性思想出发，认为现代社会实现了从传统共同体向脱域共同体的转型，而传统共同体的某些永恒功能会在现代社会

---

① 吴越菲：《"共同体"的想象与当代中国社区的塑造》，《浙江学刊》2018年第6期。
② ［英］齐格蒙·鲍曼：《后现代性及其缺憾》，郇建立、李静韬译，学林出版社2002年版。
③ 周梦、卢小丽、李星明等：《乡村振兴视域下旅游驱动民族地区文化空间重构：一个四维分析框架》，《农业经济问题》2021年第9期。
④ 尹广文：《共同体理论的语义谱系学研究》，《学术界》2019年第8期。
⑤ 彭宗峰：《共同体想象力的历史反思》，《天府新论》2015年第1期。

新形式的共同体中找到其生存的母体①。在诸多学者对共同体的思考中，可以看出其对建立新型共同体的孜孜以求，传统共同体已经一去不复返，建构新的社区共同体有着现实基础和理想追求。在不同的地理文化因素影响下，当下的中国农村有着丰富的结构类型，其共同体的建构路径也充满了特殊性。黄锐、文军等人提出"转型社区"共同体论，他们将此定义为新型都市共同体，这也是近郊农村在城市化进程中的生存样态，不管是融入城市社会的都市共同体，还是发展为另一种新型的社区类型，其本质所在皆是依赖自身的经济、历史、文化和社会心理等凝聚为一个共同体②。贺雪峰等以社会结构作为划分依据，区分了南方团结型村庄、华北分裂型村庄以及中部原子化村庄等不同类型的乡村共同体③。

从类型学上进行划分来研究村庄共同体对当前转型时期中国农村社会的研究具有重要意义。基于以上学者的理论研究以及现实情况，本书也将从类型学的角度出发，沿历史发展脉络，关注扶贫移民社区共同体的形成过程，结合社会治理共同体理论，探析"三西"扶贫移民社区在30余年的治理过程中，是如何形塑了社区共同体，并在此基础上形成了社区治理共同体。通过深入总结其治理经验，为后续乡村振兴战略在扶贫移民社区的顺利推进提供较好的经验与借鉴。

（二）社区治理共同体理论

1. 共同体理论与社区治理共同体理论的逻辑关联

首先，社区治理共同体与社会治理共同体息息相关。社区治理共同体是社会治理共同体的基础单元，社区治理共同体建设的制度化程度直接关乎社会治理现代化的制度化水平和总体质量④。有学者认为社会治理共同体应该是具体的、特殊的，以一定的治理空间为载体，比如家庭、

---

① 张云昊：《从前现代到现代——共同体变迁的内在逻辑及其启示》，《北京航空航天大学学报》（社会科学版）2006年第2期。

② 黄锐、文军：《从传统村落到新型都市共同体：转型社区的形成及其基本特质》，《学习与实践》2012年第4期。

③ 贺雪峰等：《南北中国：中国农村区域差异研究》，社会科学文献出版社2017年版。

④ 曹海军、鲍操：《社区治理共同体建设——新时代社区治理制度化的理论逻辑与实现路径》，《理论探讨》2020年第1期。

组织，更常见的是村和社区①。扶贫移民社区毋庸置疑就是空间载体的一种类型，因而，对扶贫移民社区的研究具有很强的理论适用性。此外，范逢春等人认为从理论的历史谱系来看，当前中国场域中社会治理共同体的理论之根是中国传统共同体思想，理论之本是马克思共同体思想，理论之用是西方共同体思想②。张贤明等人从理论逻辑入手，认为社会治理共同体以"共同体"的理念为原点，融合了"共同生活""责任分工""自由发展"的理论内涵，将共同体视为社会治理的目标与手段，点明了社会治理是一项"共同事业"③。有学者以共同体理论为分析视角，离析出相互的情感、彼此的依存和共同的行动这几个核心要素，将研究的观察点聚焦于社会治理中共同体及其开展的社会治理行动，以此来尝试赋予社会治理话语体系以新的阐释力④。社区治理共同体在丰厚的理论积淀与时代背景下，日益成为学界的重要议题之一，社区治理共同体的核心是实现社区治理，落脚点是共同体。本书将社区治理融入社区共同体形塑过程之中，并在建构社区共同体的基础上探讨社区治理共同体的形成，以此凸显社区共同体与社区治理共同体之间的逻辑关联。

2. 关于社区治理共同体理论的研究

已有研究主要是对社区治理共同体的内涵进行解读，对其动力机制、建构困境以及优化路径等进行研究。有学者认为"共同体"是"治理共同体"的源头，社会性是治理共同体的基本属性，它是多元合作共治的生命有机体⑤。任克强等人站在整体的视角上对社区治理共同体作出如下界定："所谓的社区治理共同体，即在社区内部通过坚持党建引领、政府主导的基础上，充分调动各方利益主体参与到社区治理之中，遵循平等协商原则，通过社会化、法治化、智能化、专业化的手段和机制，实现

---

① 郁建兴、任杰：《社会治理共同体及其实现机制》，《政治学研究》2020年第1期。
② 范逢春、张天：《国家治理场域中的社会治理共同体：理论谱系、建构逻辑与实现机制》，《上海行政学院学报》2020年第6期。
③ 张贤明、张力伟：《社会治理共同体：理论逻辑、价值目标与实践路径》，《理论月刊》2021年第1期。
④ 王亚婷、孔繁斌：《用共同体理论重构社会治理话语体系》，《河南社会科学》2019年第3期。
⑤ 张国磊、马丽：《新时代构建社会治理共同体的内涵、目标与取向——基于党的十九届四中全会〈决定〉的解读》，《宁夏社会科学》2020年第1期。

治理过程服务化和治理机制精细化，从而打造'人人有责、人人尽责、人人享有'的共同体。"① 此外，有学者从构成要素的角度出发来界定治理共同体，认为治理共同体主要是指多元治理主体之间依照民主治理与公共性规范而建立起来的一个具有共同价值、目标和利益的共同体②。张艳、曹海林等人将社区治理共同体的建构划分为利益、情感与文化三个方面③。总的来说，"共同体"既是社会治理的工具，也是社会治理的目标。公维友认为治理主体、治理空间、治理规则和治理目标是治理共同体的组成部分，四者缺一不可④。本书将采取这一治理共同体的概念界定，对经验材料展开理论分析。此外，对于共同体建构的具体实践，江小莉、王凌宇等人构建了社区治理共同体的动力逻辑，并从可能影响社区治理共同体构建的三大元素（制度环境元素、治理能力元素和成员理性元素）中建构本土化模型⑤。在社区治理共同体建构的过程中，治理制约因素多样化，而社区成员的弱参与是阻碍基层社区治理共同体构建的重要因素⑥。对于社区治理共同体的建构困境，有学者认为实现社会治理共同体需要政府与国家党建引领⑦⑧。同时，还需要从结构性、程序性两方面进一步完善跨部门协同机制，加速推进社会治理共同体建设的进程⑨。还有学者从治理主体角度，对社会治理共同体提出实现路径⑩。英

---

① 任克强、胡鹏辉：《社会治理共同体视角下社区治理体系的建构》，《河海大学学报》（哲学社会科学版）2020 年第 5 期。
② 冯文静：《治理共同体视角下民主行政社会建构思考》，《人民论坛》2014 年第 35 期。
③ 张艳、曹海林：《社区治理共同体建设的内在机理及其实践路径》，《中州学刊》2021 年第 11 期。
④ 公维友：《我国民主行政的社会建构研究》，博士学位论文，山东大学，2014 年。
⑤ 江小莉、王凌宇、许安心：《社区治理共同体的动力机制构建及路径——破解"奥尔森困境"的视角》，《东南学术》2021 年第 3 期。
⑥ 顾东辉：《从"区而不社"到共同体：社区治理的多维审视》，《西北师大学报》（社会科学版）2021 年第 6 期。
⑦ 公维友、刘云：《当代中国政府主导下的社会治理共同体建构理路探析》，《山东大学学报》（哲学社会科学版）2014 年第 3 期。
⑧ 侯寓栋、徐淑华：《激活社区治理共同体的路径分析》，《人民论坛》2020 年第 21 期。
⑨ 刘培功：《社会治理共同体何以可能：跨部门协同机制的意义与建构》，《河南社会科学》2020 年第 9 期。
⑩ 郁建兴：《社会治理共同体及其建设路径》，《公共管理评论》2019 年第 3 期。

明、田鹏颖对新时代社会治理共同体建设的方法论进行思考，从国家治理现代化的视角提出了制度保障、思维方式、多元主体、治理工具等社会治理共同体建设的路径①。

据已有的社区治理共同体研究可知，"社区被称为国家治理的'神经末梢'，是国家推动治理体系和治理能力现代化的重要场域"②。目前对社区治理共同体的建构还处于起步阶段，学界相关的分析还多集中于现实问题的理论分析以及对社区治理共同体建构的设想方面③。在社区治理共同体不断建构的过程中，已有研究则是将建构的动力机制、面临的困境进行了深入解剖，并对社区治理共同体建构的优化路径进行积极探寻。综观已有的研究，虽在多方面取得了显著成果，但将扶贫移民社区与治理共同体结合的研究还比较少。"移民搬迁是一个物质空间变更的过程，也是移民适应新的文化生活方式的过程，更是重建新型农村社区共同体的过程"④。郑娜娜等认为，应按照精准扶贫的目标识别移民在社区空间再造过程中的区隔，以空间正义为价值诉求，通过多维空间的形塑与协调，构建移民社区共同体⑤。此外，"在政策层面上应充分考虑群体、环境以及政策之间的融合，从而引导移民建立新的生活共同体，实现长效减贫和地区综合发展"⑥。已有的社区治理共同体与扶贫移民的相关研究为本书提供了诸多借鉴与思路，从而能够深入探讨扶贫移民社区治理共同体建构的过程以及存在的问题等。

---

① 英明、田鹏颖：《新时代社会治理共同体建设的方法论思考》，《思想教育研究》2020年第3期。
② 陈友华、夏梦凡：《社区治理现代化：概念、问题与路径选择》，《学习与探索》2020年第6期。
③ 卢宪英：《紧密利益共同体自治：基层社区治理的另一种思路——来自H省移民新村社会治理机制创新效果的启示》，《中国农村观察》2018年第6期。
④ 何得桂、党国英、张正芳：《精准扶贫与基层治理：移民搬迁中的非结构性制约》，《西北人口》2016年第6期。
⑤ 郑娜娜、许佳君：《易地搬迁移民社区文化治理的实践逻辑——以陕南G社区为例》，《云南大学学报》（社会科学版）2020年第1期。
⑥ 郭占锋、张森、李轶星：《中国扶贫移民40年：轨迹、经验与展望》，《西北农林科技大学学报》（社会科学版）2020年第5期。

（三）二者的适用性分析

1. 共同体理论的适用性分析

本书所研究的共同体并非完全是基于想象的共同体，而是基于现实的共同体，是扶贫移民社区在30余年的治理实践中不断形塑和完善的一种社区形态。基于滕尼斯的共同体理论，扶贫移民社区共同体亦可以由经济面向、政治面向和情感面向3个方面构成。其中经济面向是基础，政治面向是保障，情感面向是纽带，共同体的形成也代表着扶贫移民社区"搬得出、稳得住、能致富"等目标的实现。

在本书所选取的3个典型扶贫移民社区中，从类型学角度来看，D村是"远迁离乡型"扶贫移民社区，W村是"就近安置型"扶贫移民社区，J村是"少数民族型"扶贫移民社区。3个扶贫移民社区都是在政策驱动的因素下形成的，先有地缘共同体，然后才逐渐形成情感共同体。

D村的扶贫移民群体在政策的支持下跨越千山万水，进入新的场域，迁入地自然生态环境较为恶劣，生计维艰。这样的环境让很多人有了返迁的想法与行动，但大多数人选择留下来，愿意将这片新土地开拓出来。在当地政府与扶贫移民群体的共同努力下，扶贫移民的土地被开垦了出来，房屋和水源设施也渐渐建设起来，一个地域共同体粗具雏形，社区也有了基本的形态。在扶贫移民生计逐渐稳定下来之后，治理问题也逐渐被提上日程，尤其是在新村融合阶段，治理主体的缺位和治理责任的模糊造成了扶贫移民社区的治理困境。但通过村组分层共治解决灌溉难题、多元主体协同推动生计建设等治理措施，村庄治理逐渐走向民主化，扶贫移民自治制度亦日臻完善，在一次次化解矛盾的过程中、在不断交流互动中，扶贫移民之间、扶贫移民与当地村民之间的情感联结纽带也日益完善。在村庄的发展阶段，扶贫移民早已实现了向当地村民的角色转换，在日常生产生活中的交流互动，加之政府投入大量资源，对社区的基础设施进行完善，使得扶贫移民群体有了公共空间开展社区文化活动，农家书屋、技能培训班以及广场舞都将扶贫移民有效地组织起来，使其积极参与社区各项活动，也将其吸纳进社区治理体系之中，在提高村庄整体治理能力的同时，也促成了社区情感共同体的形成。

W村扶贫移民社区由就近搬迁而来的3个村组成。受自然条件限制，

3个村庄搬迁前都面临着严峻的生存困境。在国家政策的驱动下，三村村民背井离乡，在 W 村落地生根。W 村属于"就近安置型"扶贫移民社区，凡是符合搬迁条件的村民大多搬到了新村，3 个村汇聚于一处，加之政府力量的推动与整合，促成地域共同体的建构。在村庄的初建与融合阶段，W 村面临着分地、浇水以及三村整合所带来的集体意识不强等矛盾，村庄的规则在一次次矛盾解决的过程中逐渐确立起来，尤其是融合阶段所面临的井渠之争、计生之围以及税费之苦等困境，村庄内部逐渐通过民主自治以及公共性的培育形成治理对策，村民之间联系的纽带也在此过程中日益强化。到村庄的后续发展阶段，基础设施的完善和治理主体的多元化，再加上现代化治理技术的运用，不仅为村民们提供了较好的公共交流平台，还提高了村民多渠道参与村庄公共事务的积极性。与此同时，持续性的交流互动也推动着村庄情感共同体的形成。

J 村属于"少数民族型"扶贫移民社区，原住地自然条件极其恶劣，在国家政策和当地政府的大力支持下进行了搬迁。历经重建、融合与发展 3 个阶段，重塑起新的社区共同体。在此过程中，政策帮扶与当地的文化信仰都发挥了重要的作用。J 村村民基于共同的文化信仰，在打造地域共同体的基础上，在传统宗教仪式、文化活动以及地方权威等的协同作用下，村民凝聚力显著增强，在新的地域空间重塑起新的集体记忆，并最终推动情感共同体的形成。

传统农村社区的村民长期居住在一个共同的场域之中，通过血缘、亲缘等天然关系纽带联系在一起，拥有相似的生计方式与价值观念，村规民约对共同体中的村民行为进行约束与指引。相较而言，扶贫移民社区则是在国家政策干预下被重建的生活共同体，是一个缺乏传统社会关系联结的扶贫移民生活共同体。对于"三西"地区三村的扶贫移民来说，其居住的地理空间发生了巨大转变，原有的社会资本发生断裂，社会关系网络也需要进行重组。从初建时期到发展时期，扶贫移民面临居住环境恶劣、生计条件严重落后的状况，价值共识指引扶贫移民结成互惠团结的关系，共同努力改善居住空间的质量，不断重构断裂的社会关系。在此过程中，扶贫移民的身份也在发生着转变，逐渐被周边村民接受，并融入其中，促使新的社会关系网络的生成。扶贫移民之间和睦相处，良好稳定的社会秩序也不断被建立起来,这不仅保障了扶贫移民社区产业的发展,也使扶贫移民的生活质量得以提升(见图0-2)。"三西"地区三村历经30余年的重整与磨合,从"打破"到"重构",由"外来"到"融入",在新环境中构造出了新的生活共同体。

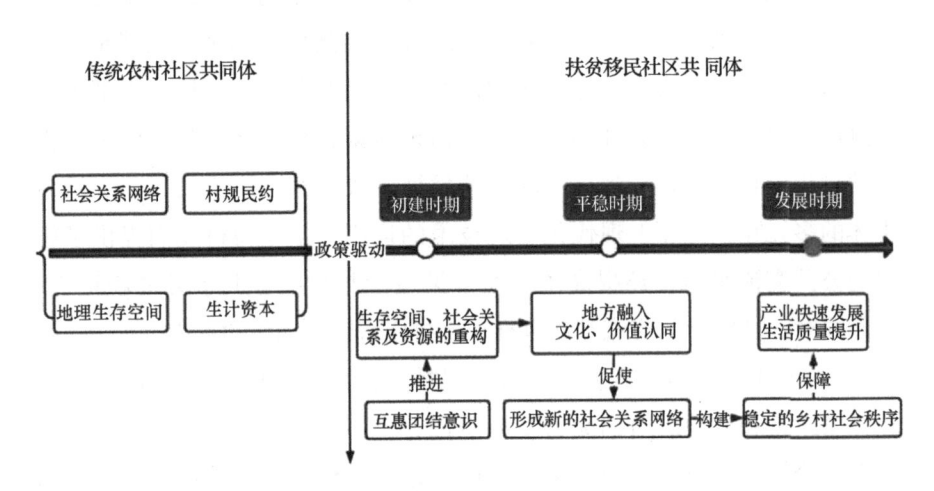

图0-2 传统农村社区共同体与扶贫移民社区共同体的联系

2. 社区治理共同体理论的适用性分析

首先,本书采用公维友对治理共同体概念的界定,认为治理主体、治理空间、治理规则和治理目标是治理共同体的组成部分,四者缺一不可。将3个扶贫移民社区作为研究对象,其中,甘肃敦煌D村属于"远迁离乡型"扶贫移民社区;甘肃武威W村属于"就近安置型"扶贫移民社区;宁夏银川J村属于"少数民族型"扶贫移民社区。这3个社区都是在政府扶贫政策的倡导与推动下通过易地搬迁从而被形塑的扶贫移民社区,但3个社区又各有其特殊性。因此,要深入探讨扶贫移民社区治理共同体形塑的过程。在扶贫移民政策与当地政府的大力推动下,扶贫移民实现了易地搬迁,地域(物理)空间也得以重构,扶贫移民与地域空间共同组建了扶贫移民社区的初级形态,亦可将此称为社区的机械形态。

其次,从历史变迁的视角来看,本书建构了扶贫移民、环境以及初级社区多维要素互动的分析框架,探讨了3个要素之间的关系,以及3个要素在扶贫移民社区不同历史阶段中所扮演的角色类型。就前者而言，扶贫移民组建了初级社区，初级社区容纳并服务于扶贫移民。初级社区管理营造了环境，环境则是初级社区形成的基础。环境影响着扶贫移民群体，扶贫移民群体反过来又治理并改造着环境。于后者而言，在扶贫移民社区的不同历史发展阶段，各要素之间的互动形成了不同的侧重类型。具体来看，早期初建阶段，呈现出环境主导型的社区治理样态；融合阶段，呈现出多元治理主体相互博弈的治理格局；发展阶段，呈现出扶贫移民本位型的社区治理样态。由此，这3个要素之间形成多维互动，推动着治理共同体的形成。

D村是"远迁离乡型"扶贫移民社区，迁出地生态环境恶劣，严重威胁着农民的生计，即使在跨越千里搬迁到D村之后，其自然生态环境困境依然没有改善。在搬迁初期，自然环境主导了扶贫移民群体的生产生活轨迹，扶贫移民群体与环境之间经历了"被支配—改造—融合"的艰辛历程，并最终在这片从无到有的土地上扎下根来。W村是"就近安置型"扶贫移民社区，同样在搬迁初期，环境的适应性对扶贫移民提出了较高的要求：一是物理空间的重构；二是社会文化环境的微调——尽管迁入地与迁出地文化相似，但细微差异仍需移民主动适应。J村属于"少数民族型"扶贫移民社区，迁入地社会文化环境的包容与开放增强了扶贫移民群体的适应性，村民的共同信仰促进了搬迁后社区凝聚力的形成，这种凝聚力对应对生计适应、文化适应等挑战发挥了重要作用。

在扶贫移民社区的融合阶段，村民自治制度的完善和权力的下沉，推动着社区本位型治理样态的形成，主要体现在社区环境的改善、社区基础设施的完善和社区内部公共事务的协调等。社区治理内容、治理对象以及治理主体都在社区场域内不断变化，扶贫移民群体与当地人之间、与扶贫移民群体之间都形成了较好的认同。此外，社区正式规则与非正式规则的不断形塑与调整进一步约束了扶贫移民群体的行为，推动着社区秩序空间的重构，使社区治理逐渐有序。同时，在这一过程中，社区共同体也得以完善。以W村为例，W村是由3个村庄合并形成的搬迁社区，其融合问题一直是社区治理的重点。3个村庄之间的关系，外显为扶贫移民群体之间的关系，通过日常的邻里互动、婚丧嫁娶以及新社区公共事务的参与，潜移默化地形成了村庄的公共规则，促进了3个村庄的扶贫移民实现更好的融合。

在扶贫移民社区的发展阶段，扶贫移民的核心地位日益凸显。扶贫移民群体已经认同了自己的社区居民身份，社区所面临的不仅仅是环境适应、社区融合问题，还有社区整体的发展问题，以及社区服务供给与居民多样化需求之间相互平衡的问题。扶贫移民本位成为这一时期社区治理的新样态。一方面，精准扶贫等多项支农惠农的国家政策在扶贫移民社区落地生根，为社区注入了大量的资源，社区内部的职能设置、责任分工也更加规范与合理，为社区公共服务的供给提供基础。另一方面，历经30余年的社区治理变迁，扶贫移民逐渐认同了自身居民角色的转换，加之对现代农业技术和精神文化等的多元需求，构成了社区内在的发展动力。在W村，社区农家书屋的设立与农民技能培训班的设置等都是社区内部发展需求的体现；在D村，多种经济作物的种植与对生产生活环境的改造，都体现了以人为本的发展观念；而在J村，文化的包容与交流也体现着移民本位的发展理念。

从扶贫移民社区空间重构的视角来看，以地域空间重构为基点，相应的生计空间、认同空间以及秩序空间也有序形成。其中，历史视角下不同阶段各要素的多维互动和空间视角下社区各个空间的有序形塑，二者一起推动着社区治理共同体的形成。这一过程实质上是融治理于共同体的形成过程，共同体在其中既扮演了手段的角色，又扮演了目标的角色。作为一种手段，通过设置共同治理目标、整合治理资源以及黏合碎片化网络，促进了社区的有效治理；作为一种目标，社区因时因地地调整治理策略，破解治理困境，推动了具有"共同生活、责任分工以及自由发展"等特征的社区共同体的完善和成熟，并最终形成具有治理主体、治理空间、治理规则以及治理目标的治理共同体。

在建构社区治理共同体的过程中，3个村庄所实施的路径各有侧重、各具特色。本书要尽可能地去总结与反思其中的共性经验，并进行凝练与推广。同时，在系统总结扶贫移民社区的建设及治理经验中，积极探索推动乡村振兴战略在扶贫移民社区有序开展的路径，以期为中国后续的扶贫移民社区治理提供宝贵意见。

五　创新之处

（一）学术思想上的创新

搬迁是一种人们生活的物理空间发生改变的过程，扶贫移民社区作为搬迁后产生的一种复合型、杂糅型社区，不但涉及空间特征的重大变化，而且社会性的生活秩序也被重新调整。这种新型聚落形态的治理模式与传统治理模式有着根本区别。在空间变迁的动态实践过程中，传统村落"熟人社会"的治理基础瓦解，扶贫移民社区的社会关系、社区秩序、公共规则被重新建构，治理单元逐渐从村庄集体转向新的社区组织。本书突破以往仅关注"个人"的研究范式，转而关注"规划性变迁"下的扶贫移民社区治理的过程以及社区治理共同体建构的多维度互动，探索其治理变迁的总体特征与经验，是打破传统扶贫移民研究束缚的一种新探索。

（二）研究方法上的创新

在类型比较视野下，本书综合运用典型个案访谈法、问卷调查法和生活史研究法进行研究。首先，采用个案访谈法，从整体上把握"三西"地区扶贫移民社区治理变迁概况和一般特征；其次，基于问卷调查获取的相关数据，以定量的方式开展关于扶贫移民社区治理中各要素之间的数量关系研究，剖析其治理的社会基础及结构，为治理过程梳理和因果分析提供论证依据；最后，结合生活史研究法，通过移民口述史了解扶贫移民社区30余年的变迁，为总结"三西"地区扶贫移民社区治理经验提供印证性资料。

六　调查区域及基本情况简介

（一）调查区域

本书以"三西"地区扶贫移民社区为研究对象，共选取3个典型的易地扶贫搬迁社区作为调研地点，分别是甘肃省敦煌市D村、甘肃省武威市古浪县W村以及宁夏回族自治区金凤区J村。上述3个扶贫移民社区在地理位置、历史文化传统以及社区发展变迁等方面皆有一定的代表性，加之30余年扶贫移民安置的特殊经历使其在社区治理方面产生了丰富的经验，也能较大程度地凸显"三西"地区扶贫移民社区治理的普遍特点。

（二）基本情况简介

1. 甘肃省敦煌市 D 村

D 村位于敦煌市最北端，距离敦煌市区 25 公里，是省、市"两西"建设移民基地，大部分扶贫移民原迁地为甘肃省定西市。20 世纪 90 年代，受地理环境和气候的影响，扶贫移民原住地干旱多灾且水土流失严重，人民生活极度穷苦，只能依靠国家每年大量补贴的回销粮和经济救援勉强度日。为破解这一地区的发展困境，1982 年，甘肃省政府因地制宜提出"兴河西之利，济定西之贫"的区域性移民工作思路，开启了中华人民共和国成立以来规模最大的农业建设和区域性扶贫开发工作[①]。1990 年，敦煌市响应国家号召，有序开展"两西移民工作建设"，动员 2600 名甘肃省定西市定西县（今定西市安定区）和白银市会宁县等地区的农民参与到移民工程中，将农民迁移至距迁出地 1000 公里的河西走廊西端的敦煌市[②]。截至 2000 年，累计安置甘肃省以定西为代表的中部干旱贫困地区 4 个市 12 个县（区），扶贫移民共 563 户 2325 人（其中定西市 1628 人、白银市 654 人、天水市 28 人、兰州市 15 人）。目前，全村共有 9 个村民小组，共 643 户 2633 人，男女比例相对平衡，耕地面积 5681 亩，人均耕地面积 2.2 亩[③]。当前，村庄已形成种养结合的产业发展模式，村民主要种植棉花、苜蓿、葡萄和甜瓜等当地特色农作物，并逐步发展起羔羊养殖。

2. 甘肃省武威市古浪县 W 村

W 村建立于 1990 年，由 3 个村庄组成，分别为西岭村、朱家湾村和宽沟村，当时共搬迁 1200 余人。现在的 W 村共有 10 个村民小组，由朱家湾村（包括三道沟村、白崖村等）组成 1—3 组，宽沟村组成 4—7 组，

---

① 郭占锋、王懿凡、张森：《集体记忆视角下移民村落共同体的形成过程》，《中国名城》2021 年第 4 期。

② 郭占锋、王懿凡、张森：《集体记忆视角下移民村落共同体的形成过程》，《中国名城》2021 年第 4 期。

③ 郭占锋、王懿凡、张森：《集体记忆视角下移民村落共同体的形成过程》，《中国名城》2021 年第 4 期。

西岭村（包括双沟村等）组成9—10组，8组为"干部队"，主要由乡、镇干部的亲戚朋友组成，其中宽沟村人数最多，均属于易地扶贫搬迁村落。W村现有256户，约1110人。现村两委共有8名工作人员，其中有2名女性。村支书、村主任和村文书由西岭村、朱家湾村和宽沟村各推选一人担任，村委会和党委会成员交叉任职，全村共有党员35名，同时村庄每个小组都设组长，组长兼任网格员。W村村委会领导班子已经历3次换届，第一任支书是由宽沟村的原支书担任，任期至1993年；1993—1999年为第二任支书，担任者为原支书的表弟；1999年至今由现任支书连任，任期19年。2014—2018年，全村建档立卡贫困户有136户，目前已经实现全部脱贫。社区建设发展过程中最大的变化主要表现在居住环境的优化、绿化设施的完善、经济发展水平的显著提高以及村民收入的显著提升。

3. 宁夏回族自治区金凤区J村

1980年，J村成为扶贫移民搬迁的规划地之一。1980—1987年，国家投资对J村进行初步建设规划，如初步平整土地及硬化主要道路。经过3年的准备工作，J村于1983年正式开始接收扶贫移民，在1991年达到搬迁高峰，目前J村的大部分村民均为此阶段从泾源县迁移而来。1993年，搬迁工作基本完成。在政府搬迁名额之外，鼓励有搬迁意愿的扶贫移民以自发形式进行迁移，如召开村民大会统一登记户口转移。1997年，扶贫移民搬迁工作转入收尾阶段，J村的空间形态与人口分布基本确定。尤其是在2000年前后，J村的宅基地与耕地处于饱和状态，其后的零散移民只能自行解决居住与耕地问题，不在国家优惠政策的覆盖范围内。总体而言，从搬迁时间与搬迁动机来看，J村大部分村民于1991年因水灾被迫离开原居住地泾源县，1993年之后的扶贫移民则出于南部山地土地生产力低下、生活用水紧缺、用工机会少等考虑陆续搬迁至J村。J村现有村民5000余人，10个村民小组，辖区占地面积9平方公里。村中有工作人员共12名，包括9名村干部及3名公益性岗位工作人员。建有6座清真寺，各寺均设有寺管会，由村委和党委进行领导。J村如今通电通水，基础设施建设基本完备。

当前村中的主要农产品有土豆、玉米、小麦、枸杞、西瓜、葡萄等。

此外，村中还设有两间诊所及矛盾调解委员会等组织，基本能满足村民需求。

（三）3个村庄的典型性分析

在费孝通看来，要想正确认知整个中国"全盘社会结构的格式"，社区研究是一种有效的途径，而且社区研究也是当代社会学的一个研究趋势。费孝通认为社区研究的第一阶段，就是从特定的空间和时间上，描绘出当地居民赖以生存的社会结构。社区研究的第二阶段是比较研究，通过对各个社区的社会结构进行对比。可以发现，各个社会结构都有其原则，原则不同，就会呈现不同的结构形式。中国幅员辽阔，历史悠久，民族错综复杂，农村数以百万计，且正在发生变化，没有哪个研究人员和组织能对此进行彻底的调查，因而，基于个案的比较式研究方法较为合适。但也要看到，中国的乡村并非千篇一律，而是各有特色。费孝通由此展开了对"类型"和"模式"的构建，并将其称为"类型比较法"[①]。这种类型的比较方法的应用在费孝通和张之毅的《云南三村》中表现得最为清楚。

《云南三村》包括"禄村农田""易村手工业""玉村农业和商业"，这3个村庄分别来自禄丰、易门、玉溪。在《云南三村》中，费孝通认为，"我们可以逐步地扩大实地观察的范围，按照已有类型去寻找条件不同的具体社区，进行比较分析，逐步识别出中国农村的各种类型。也就是由一点到多点、由多点到更大的面、由局部接近全体。类型本身也可以由粗到细，有纲有目，分出层次，这样积以时日，即使我们不可能一下认识清楚千千万万的中国农村，但是可以逐步增加我们对不同类型农村的知识，步步综合，接近认识中国农村的基本面貌"[②]。由此可以得出，费孝通所言的类型比较法是指在研究中国社会的问题中，寻找一个特定的样本，观察它的运行过程，就像是解剖一只麻雀，了解它的结构，然后在此基础上，把相同的、相似的归在一起，把不同的区分开来，形成不同的类型或模式，进行类型的对比。"通过对单个样本点

---

① 费孝通：《乡土中国》，上海人民出版社2006年版。
② 费孝通、张之毅：《云南三村》，社会科学文献出版社2006年版。

的研究，由一点到多点、由多点到面，最终达到由特殊接近一般，局部接近全面的认识。"①

本书的研究范围主要限于"三西"地区，"三西"移民作为我国扶贫移民的第一次尝试，改善了近45万名贫困群众的生活状况，对于改变甘肃、宁夏部分地区贫困落后的面貌，促进河西地区和中部灌溉区的开发具有重要意义，为后续扶贫移民工作积累了宝贵的经验②。本书所选取的3个调研地点，均属于"三西"易地扶贫搬迁工程中的典范。这一选择受到类型比较法的启示，各村庄的类型各有不同，均有其自身的特点（见表0-1）。这对了解"三西"地区扶贫移民社区有着极大的帮助，也为后续研究"三西"地区扶贫移民社区的学者提供了丰富的基础数据和经验参考。

表0-1　　　　　　　　"三西"地区扶贫移民社区

地域	地点	扶贫移民社区类型	特点
定西	甘肃敦煌D村	远迁离乡型	千里搬迁 原子化、分散化严重
河西	甘肃武威W村	就近安置型	县内移民 整村搬迁
西海固	宁夏银川J村	少数民族型	吊庄安置 文化认同

"三西"地区扶贫移民社区中的D村，隶属河西地区，因其迁入地和迁出地定西距离较远，属于典型的"远迁离乡型"扶贫移民社区。其特点表现为千里搬迁和原子化、分散化严重。"远迁离乡型"扶贫移民社区能在更大区域内选择迁入地新址，空间移动范围较大，不但能够满足扶贫移民生产生活发展的需要，而且对改善迁出地生态环境有一定的效果。但是，D村作为远距离扶贫搬迁社区也有其特殊性，其扶贫移民自身资

---

① 申珍珍：《费孝通类型比较法的形成与发展》，《泉州师范学院学报》2018年第5期。
② 郭占锋、张森、李轶星：《中国扶贫移民40年：轨迹、经验与展望》，《西北农林科技大学学报》（社会科学版）2020年第5期。

本断裂程度相较于近距离易地扶贫移民更高，扶贫移民初期重建难度更大。扶贫移民在长期的磨合与发展中逐步摆脱因扶贫搬迁而滋生的种种问题，并促成移民身份向村民身份的转化，短短几十年间便从断裂的状态走向重构。

"三西"地区扶贫移民社区中的W村，隶属河西地区，由于迁入地和迁出地的距离较近，属于典型的"就近安置型"扶贫移民社区。其特点表现为整村搬迁、县内移民。地方政府选择就近安置，多出于以下三点考虑：第一，相比"远迁离乡型"扶贫移民，"就近安置型"的实现难度小，成本低，后续安置更为简单，也可在一定程度上减轻地方财政压力和脱贫压力，政府在小范围内调配资源的能力要强于跨区域统筹资源的能力。第二，出于对扶贫移民主体的人文主义关怀，"远迁离乡型"扶贫移民因原住地和迁入地的自然条件、风俗文化、生活方式等差异较大，扶贫移民的社会融入难度更大；同时，对于扶贫移民本人而言，没有搬离到远离故土的地方，仍然生活在自己熟悉的文化圈中，更容易接受政策安排。第三，出于对现实情况的考虑，远迁安置更适宜解决集中连片特困地区的贫困问题，此类致贫原因归根结底是人口数量超出了环境承载力，因此要将贫困人口迁移出连片特困地区就必须要在空间距离上将人口与恶劣环境分离[①]。

"三西"地区扶贫移民社区中的J村，隶属西海固地区，是典型的"少数民族型"扶贫移民社区，特点表现为吊庄安置、文化认同。J村主要采用县外"吊庄式"移民安置办法进行搬迁工作，通过在引黄灌溉区域内集中连片开发土地资源，建设专门的安置基地，以打造扶贫移民社区的物理空间。J村的扶贫移民虽然来自不同的地域，缺乏传统血缘、地缘等的相互联结，但在社区建设的初期也能够彼此认同，这主要是因为他们中的绝大多数（98%）来自同一个民族——回族，共同的文化信仰是村民们凝聚团结的精神支柱。而信仰的软约束及教规教义的硬约束，在其中发挥着消解矛盾、化解纠纷的重要作用。

---

① 郭占锋、张森、李轶星：《中国扶贫移民40年：轨迹、经验与展望》，《西北农林科技大学学报》（社会科学版）2020年第5期。

由此看来，上述3个扶贫移民社区虽然有着地理位置、传统文化等方面的差异性特征，但在30余年的治理过程中均形成了情感交织的村落共同体，存在明显的共性。虽然这3个村庄只是"三西"地区扶贫移民社区众多类型中的一种或几种，不能完全代表"三西"地区全部扶贫移民社区，但至少是"三西"地区扶贫移民社区的缩影，能最大限度地体现"三西"地区扶贫移民社区治理的普遍特点。本书通过对这3个村庄的跟踪研究，在深入了解"三西"地区扶贫移民社区治理变迁历程的基础上凝练共性经验，一方面可为当前扶贫移民社区出现的共性问题提供解决思路；另一方面可丰富"三西"地区扶贫移民社区治理的相关研究。

第 一 章

甘肃敦煌 D 村扶贫移民社区治理变迁研究

第一节 区域概况和样本简介

一 区域概况

位于甘肃省定西市定西县（今定西市安定区）和白银市会宁县等地区的农民所居住的生态环境十分恶劣，属于典型的深度贫困地区。为追求更好的生活质量，在甘肃省"两西移民工作建设"的号召下，自1990年起，先后有2600余人搬迁至敦煌市。D村位于敦煌市最北端，距离敦煌市区25公里，从搬迁距离上看属于"远距离移民搬迁"，从迁入形式上看属于"集中安置型"，即将原迁地移民成批迁入并固定安置于水土资源较好的区域①。当时的搬迁对象主要涵盖两类人群：一是温饱问题尚未解决、居住地抗御自然灾害能力差，以及生产力水平低下的贫困户；二是年人均粮食不足200公斤、人均年纯收入不足1067元，水资源严重污染且资源贫乏地区的农民。在完成搬迁对象的识别之后，敦煌市随之确定了五个搬迁基本原则：一是统一规划，分步实施；二是有土安置、积极稳妥、农户自愿、政府引导；三是坚持自力更生为主，国家扶持为辅；四是坚持乡、村自我安置与异地安置相结合，以乡、村自我安置为主；五是坚持分散安置与整体安置相结合，以分散安置为主。当时的政策进一步明确规定搬迁补贴为每人300元，由县扶贫办直接交付到扶贫移民手

---

① 王胜临：《甘肃两西地区移民初探》，《西北人口》1991年第1期。

中。此外，为了防止资金在层级间发生截留情况，政策明文规定"严禁通过乡（镇）、村组兑付，或以实物等其他形式抵扣，绝不能将移民扶贫补助资金截留于移民新村基础设施建设，要确保资金全额兑付到户"。在较为完备的政策激励下，敦煌市的扶贫移民工程有序展开。

最初 D 村属于敦煌市农建指挥部管辖，后于 1996 年 11 月移交转渠口镇管理。扶贫移民初期，分配给 D 村扶贫移民的建设用地是连片戈壁滩，搬迁至敦煌的扶贫移民，短期内并没有实现生活水平的大幅度提升。但从长远来看，D 村扶贫移民的生活还是发生了极大的变化。得益于当地政府的帮助，D 村扶贫移民于 30 余年间实现"从无到有"，共同建设了新社区。目前，村内共有 9 个扶贫移民小组，643 户 2633 人，人均耕地面积 2.2 亩。在土地种植作物方面，农作物品种逐渐丰富，引进了棉花、葡萄、甜瓜等特色经济作物。得益于此，D 村人均年纯收入由最初的 650 元跃升至现如今的 14300 元，从远近闻名的贫困村发展成为当地有名的富裕村。

二 样本简介

研究小组向甘肃省敦煌市 D 村扶贫移民随机发放问卷 270 份，收回 270 份，回收率为 100%，其中有效问卷 264 份，有效率为 97.8%。样本基本情况如表 1-1 所示。

表 1-1　　　　　　　　　　样本基本情况表

项目		频率/人	有效百分比/%
性别	男	132	48.9
	女	138	51.1
出生年份/年	1990—1999	6	2.2
	1980—1989	19	7.0
	1970—1979	81	30.0
	1960—1969	84	31.1
	1950—1959	40	14.8
	1940—1949	36	13.3
	其他	4	1.5

续表

项目		频率/人	有效百分比/%
受教育程度	小学及以下	157	58.1
	初中	77	28.5
	高中或中专	27	10.0
	大专	1	0.4
	本科	4	1.5
	缺失	4	1.5
目前身份	公职人员	3	1.1
	工人	35	13.0
	农民	227	84.1
	学生	2	0.7
	无业	2	0.7
	其他从业者	1	0.4
家庭年纯收入/元	(0, 10000]	44	16.3
	(10000, 20000]	83	30.7
	(20000, 30000]	100	37.0
	(30000, 40000]	19	7.0
	(40000, 50000]	2	0.7
	>50000	22	8.1

通过对D村扶贫移民的调查研究发现，村内扶贫移民主要存在以下特征。

第一，从性别分布来看，男女比例较为均衡。男性共132人，女性共138人。目前D村留守的女性较多，男性大多外出务工，仅在农忙时回家帮忙。在被调查的样本中，男性比例为48.9%，女性比例为51.1%。在农忙结束后，不仅村庄整体人数会减少，男性人数更是会大幅度减少。

第二，从年龄分布来看，村庄中年人居多，老年人次之，年轻人所占比重偏低。样本统计结果显示，年龄在39—48岁（1970—1979年出生）的扶贫移民占比为30.0%；在49—58岁（1960—1969年出生）的扶贫移民占比为31.1%，两者共计61.1%。因为该村扶贫移民迁入后需要进行大规模的村庄建设，如房屋建造和土地修整，所以当时大多是青壮年群体选择移民。经过 30 余年的岁月变迁,当初移民的青壮年都已步入中年,成为该村的主要劳动力。该村 39 岁以下的人口比例只有 9.2%,主要是因为该村年轻人向往城市生活,务农意愿低,大多选择外出务工。该村 58 岁以上的扶贫移民占比共计 28.1%,在搬迁之初,一些年龄较大的村民出于家庭、观念、生活习惯等方面的考虑不愿意进行迁移,老年人大多为后迁而来的。

第三,从受教育程度来看,受初等、中等教育者占据绝大多数。从样本数据获悉,D 村扶贫移民群体受教育程度为小学及以下学历占比为 58.1%,超过调查人数的一半;初中学历占比为 28.5%,多为中老年人。受地理位置和经济发展等因素限制,D 村教育资源极为有限,整体受教育水平较低。较低的文化程度使得外出务工的扶贫移民被置于次要劳动力市场上,具体表现在两个方面:一是扶贫移民知识水平受限,对新技术、新思想接受度不高,学习能力不强。近年来政府在 D 村推行的新种植技术、生产技术往往因扶贫移民知识水平限制难以在全村范围内大面积展开,最终导致整个村庄的发展受限。二是外出打工的扶贫移民大多集中于建筑工地等体力劳动场所,工作环境和待遇不佳,处境较为艰难。

第四,从家庭收入来看,农业收入和外出务工收入成为 D 村家庭收入的两大主要来源。受收入方式的影响,D 村扶贫移民家庭年均纯收入集中在(10000,30000〕元的家庭,占比 67.7%(见表 1-1)。同时,据调查样本(见表 1-2)显示,除国家统一补贴以及村内集体经济统一分红两项普遍性收入外,种植业、畜牧业和工资性收入成为扶贫移民收入的主要来源,其占比分别为 95.2%、79.3% 和 70.4%。同时,农民占据扶贫移民群体的绝大多数,占比为 84.1%,半工半耕是村庄多数家庭的基本生活样态。

表 1-2　　　　　　　　　　家庭主要收入来源

收入来源	是否为收入来源	频率/人	有效百分比/%
种植业收入	是	257	95.2
	否	13	4.8

续表

收入来源	是否为收入来源	频率/人	有效百分比/%
畜牧业收入	是	214	79.3
	否	56	20.7
工资性收入	是	190	70.4
	否	80	29.6
经营性收入	是	9	3.3
	否	261	96.7
财产性收入	否	270	100.0
政府征地收入	否	270	100.0
转移性收入	是	7	2.6
	否	263	97.4
其他收入	缺失	270	/

第五，D村普遍存在贷款现象。在既有生计模式难以维持生活开支的情况下，贷款成为大部分扶贫移民保证生活正常运转的重要支撑。据了解，D村扶贫移民在不同的生活阶段，迫于房屋建设、土地修整、种养殖业发展以及身体疾病等方面的压力，通常会选择贷款来缓解家庭短期内的经济窘境。"敦煌的水费太贵，浇一亩地得交100多块钱的水费，再加上敦煌常年不下雨，种地只能买水灌溉，成本很高，一般农民都负担不起，所以村庄农民经常会去银行贷款。"（D村，案例20，王某）随着生活的好转，贷款也会被扶贫移民用作家庭生活各方面的周转。"因为自己和老伴身体不好，在医院看病花了很多钱，医保报销了一部分，剩下的一部分主要是靠银行贷款支付。目前在银行的贷款共计有10万元，主要用于看病，还有一些是种葡萄的时候买葡萄籽和葡萄架，还有地里的化肥的花费。"（D村，案例28，董某）总之，贷款已经成为弥补当地扶贫移民资金短缺的重要手段之一。

第二节 D村扶贫移民社区治理的历史变迁

易地扶贫搬迁是解决"一方水土养不好一方人"问题，实现贫困群众跨越式发展的根本途径,也是打赢脱贫攻坚战的重要途径①。在政府的支持与引导下,扶贫移民带着复杂的情绪离别故土,热切期盼在 D 村开启新生活。但初来乍到,人地生疏,新社区环境百废待兴,扶贫移民在建设过程中遇到了许多困难:土地需要开垦、房屋需要修建,迁入地恶劣的自然环境和浓厚的思乡之情使得少数扶贫移民毅然决定返回迁出地,余下的扶贫移民群体则在政府扶持下进行房屋建设、土地改良以及不断学习新的生存技能,逐步适应由于地域变迁带来的自然环境、社会关系、文化习俗等变化。历经 30 余年的发展,扶贫移民的生计得到切实保障,对新社区的归属感越发强烈,"搬得出、稳得住、能发展、可致富"的目标正在一步步实现,扶贫移民社区共同体也在这一过程中逐渐形塑起来。

一 新村建设阶段

1990—1993 年,是 D 村建设的第一阶段,集中精力完成扶贫移民搬迁是这一阶段的主要任务。陌生的人际关系、恶劣的自然环境对此阶段的新村建设提出了重重挑战,如何使扶贫移民"搬得出"成为这一时期的重点任务。

(一)治理特征

1. 政策支持推动扶贫移民搬迁进程

搬迁之前,政府给每户每人发放 300 元补贴,包含路费和建房费用,作为创建新家园的启动资金;抵达敦煌之后,政府又给扶贫移民提供平价粮食。通过"扶贫移民出钱—国家供应",即"农委"将粮食给粮站,农民拿钱到粮站去买的方式,扶贫移民生计才得以维持。但是,作为具有独立思考能力和行为选择的个体,扶贫移民对搬迁有着不同的想法,对未来既有希冀也有担忧。离别故土,对每一个安土重迁的定西人来说都极为不易,但为了生存,他们选择了"远方"。

---

① 刘润:《"十三五"易地扶贫搬迁任务全面完成 以后续扶持为重心的新阶段开局良好》,《中国经济导报》2020 年 10 月 15 日。

2. 生计制约反推扶贫移民新村建设

定西地处深山，交通不便，扶贫移民大多靠山吃山，生存无保障、生计不稳定。因此，选择搬迁的扶贫移民不在少数，加之敦煌的扶贫移民政策较为完备，吸引了更多的扶贫移民搬迁至此。"定西那边山高路陡，交通不便，劳动比较吃力，干活费劲。同时，定西老家很穷，人多地少，靠天吃饭，经济发展不起来，收入太低，生活得不到保障。而敦煌政策好，第一，人少地多，搬过来能分到更多的土地。第二，环境卫生好，政府会不定时检查卫生，每家每户都有自己负责打扫的区域，不定时检查，不合格会罚钱，所以环境卫生很不错。第三，管理非常严格，有明确的村规民约，村庄民风淳朴，服从管理，村庄被治理得很不错，移民的个人行为也非常规范。而且最重要的是，老家上学比较偏僻，为了孩子的前途考虑，所以选择搬迁来敦煌。"（D村，案例20，王某）少部分扶贫移民则是来到定西打工，希望获得稳定收入。"搬来敦煌是因为了解到敦煌这里政策好，政府有扶贫移民项目，有很多补助，打工的收入也比定西高，而且还比较方便，所以就搬了过来。"（D村，案例24，梁某）

3. 社会网络助推扶贫移民新村建设

在 D 村，一些扶贫移民看到亲属、朋友搬迁至 D 村后获得了较好的发展，因而选择投靠亲属或朋友，成为后续几批搬迁者。"最早来到敦煌是 1992 年，当时和大哥跟随父亲率先来到敦煌开垦土地、修建房屋。土地开垦好，种上小麦之后，1993 年初回定西老家接上母亲和妹妹过来居住。"（D村，案例11，李某）"定西地势不平，难以灌溉，维持温饱就成了首先要解决的问题。因为是长兄，为了减轻两位兄弟的负担，丈夫就打算搬迁讨生活。当时搬迁过来的时候是丈夫先到敦煌，主要原因是要种出一点口粮才能让全家搬迁，否则生活就没有着落。第一年种出的麦子收成很不好，难以养活全家人，三年左右，地里长出来的作物就能够维持全家人的生活，后来全家人都跟随着丈夫来到了敦煌。"（D村，案例33，姬某）还有一些人则是因为社会关系网络的拓展来到敦煌。"我们是 1995 年跟随父亲从定西迁移到敦煌。父亲的同学早在 1990 年就举家搬迁到敦煌来，1994 年温饱问题解决之后，在父亲老同学的极力邀请下，父亲来到敦煌,被当地的生产生活景象所吸引,遂在1995年全家搬到敦煌来。"(D村,案例7,赵某)与此相类似的还有同村的其他扶贫移民,这些扶贫移民都是因同学或朋友先移民至敦煌D村,通过书信往来和走访,并到D村参观体验,了解实情后带着家人一起搬迁至敦煌定居,即随着关系网络的迁移而选择扶贫移民搬迁。

4. 文化价值观为扶贫移民新村建设赋能

调研过程中发现,少部分扶贫移民因父辈工作派遣或个人工作等搬迁至D村,大多是村庄早期的建设工作者,为村庄发展做出了诸多贡献。"当时是跟随父亲来到敦煌的,父亲被政府派过来进行相关移民安置工作,经过土地开垦,艰苦奋斗,农民温饱问题解决了,农民生活越来越好了。"(D村,案例4,孙某)还有一些扶贫移民怀着一腔建设敦煌的热血,在这样一种精神指引下,踏上了西行的道路,力图为建设敦煌贡献自己的力量。"当完兵之后就响应政策来到敦煌,建设敦煌。由于当时生活艰苦,我的妻子白天在地里干活,脚上和腿上都被刺牙子扎得血淋淋,天天晚上哭着要回定西,都被我劝阻了。"(D村,案例2,何某)"刚开始宣传移民的时候,我刚中专毕业,看到政府说敦煌一所小学急缺老师,我就不顾父母的挽留报名来到敦煌,并扎根敦煌。"(D村,案例25,杨某)"当时响应国家号召来到敦煌当老师,同时来的还有三个兄弟,都在敦煌落户。"(D村,案例3,金某)

(二)治理困境:环境恶劣,出现扶贫移民返迁现象

迁入地生态环境恶劣,异地重建新家园困难重重。大多数村民从未去过千里之外的敦煌,原以为其应是环境宜人、交通便利、粮食富足的一片"桃花源"。然而初到敦煌的扶贫移民却一下"寒了心",他们并没有进入梦中的"富窝窝",反而是"一脚踏进了荒滩"。"刚过来时生活比较苦,还是比较荒凉的戈壁滩,只有依靠人工和机器进行戈壁滩的开垦,才能够拥有建房用地和田地。那会儿白天在林场干活,下工就开始在戈壁滩里推地,整天被蚊子咬得一身红包,奇痒无比;而且风沙也大,刺牙子也扎人,感觉没有办法生活下去。"(D村,巩某,案例10)"家里刚搬来那会儿,敦煌很穷,住的土坯房,他们睡觉没铺的也没盖的,就用洋灰砖铺在地上,把地里的秸秆和麦叶收起来盖到砖上当褥子用,

吃饭也吃不起，就跟原来村里一起搬来认识的人合起来吃大锅饭。"（D村，梁某，案例22）"刚搬来敦煌D村那会儿啥也没有，也没有粮食吃，一天只吃一顿饭，当时自己盖房子，拉的土块，土块盖房不结实，盖好后出现过很多问题，又修了三四次，才修成了现在的水泥房。"（D村，梁某，案例24）戈壁滩的沙土不能直接种植粮食，只能先依靠人工和机器进行开垦，在此基础上获得建设用地和耕地。恶劣的自然环境虽然让刚搬迁来的村民一时打起了退堂鼓，但真正引起"返乡潮"的是1992年的那场沙尘暴。在风沙影响下，D村昏天暗地数日，扶贫移民心惊胆战，二三百人立即做出了重回定西老家的决定，随后不少人找关系把户口重新迁回定西。"大概在1992年，敦煌刮了一场风，沙尘暴把土地都盖住了，120多人（大部分是定西的）就走了。"（D村，案例15，姬某）持续不稳定的气候使大部分扶贫移民多次产生了诸如"回定西再也不回敦煌""风沙大，蚊子咬，房子也是破的，亲人都不在这里，一个人感觉在敦煌实在无法生存，都是受穷，还不如在定西继续受穷"等消极的想法。这让建设基础本就薄弱的D村雪上加霜——不仅使原本正在修建的房屋受损，还给扶贫移民的生存带来巨大威胁。

（三）治理策略

1. 政府兜底，为扶贫移民生活提供坚实保障

为了缓解扶贫移民的生存压力，当地政府高度重视，并在各个方面给予帮助，如发放补贴、分发米面肉油等生活用品、免费提供灌溉用水等，为扶贫移民初期的社区生活保驾护航，让"远道而来"的扶贫移民们安心居住，落地生根。"每逢过年时候，敦煌市政府都会给D村的移民分发肉、面、油等生活物资，基本上是每家一块肉、一袋面、一壶油。同时，市里的工人、领导干部等捐献衣服，并多次去移民村发放。此外，1993年之前浇地的水，都由敦煌市免费提供，'明浇夜退'，即白天浇地，晚上不浇，主要是担心晚上水大把人给冲走。"（D村，案例15，姬某）

为了养家糊口，不少扶贫移民在农忙之余还会到附近打工。此外，在满足扶贫移民衣食住行的基础上，D村发扬"领导苦抓、社会苦帮、群众苦干"的精神，向提升小麦产量的更高目标迈进。"刚来时家庭条件不太好，经常吃不饱饭，全家一起搬过来经常饿肚子，搬来半年以后政

府(移民办事处)和敦煌市农委开始向移民供粮,给条条打粮吃,当时村庄里都是荒地,种不了地,政府拉着拖拉机把地推平,移民才开始种地,刚开始1991年那会儿种了些庄稼,收成还不是很好,因为地不行,庄稼不长,后面政府想了些办法翻地,慢慢地地才肥了起来,农民收成开始变好。"(D村,案例28,董某)

2."候鸟式迁徙",扶贫移民集中精力建设新家园

虽然初期生活艰难,但为了糊口生存,一部分坚强勇敢的扶贫移民选择坚守在D村,努力适应艰苦的生活环境并积极改善生存环境。最先参与敦煌开垦的扶贫移民群体,一般由每家每户出一人集结而成,彼此相识的几家人合力先建一个房子,住在一起,用麦秸秆当席,洋灰砖铺在地上,铺上一层稻草,解决"住"的问题,再合伙吃大锅饭填饱肚子。"1990年响应国家号召最先来到敦煌,开始修建房屋和改良土壤,房屋建成之后,家人才于次年全部过来,逐渐过上全家团聚的正常家庭生活。"(D村,案例1,马某)"父亲早在1990年就和3个叔叔伯伯带着16岁的哥哥一起来敦煌盖房子了,4家的房子先后盖了2年,都是土坯房,由于房子简陋再加上敦煌比较冷,那时妹妹也比较小,家里其他成员一直到1992年才过来。还有就是当时的粮食产量问题,产量特别低,我们一家5口过来的话,粮食肯定不够吃,所以直到1992年粮食产量上来之后我父亲才接上我们来敦煌,之前都是两地跑。"(D村,案例11,李某)这种往返式的生活方式被形象地称为"候鸟式"的生活。历经3年多的艰苦建设,D村才粗具雏形。

坚持下来的扶贫移民充分发扬"肯吃苦、能吃苦、爱学习"的精神,并把艰苦奋斗精神发扬到极致。"1993年之后,随着扶贫移民数量和粮食产量的逐渐增多,温饱问题逐渐解决,很少有人重回定西老家了,甚至还会给老家人写信让他们也过来这边生活。"(D村,案例2,何某)随着一批又一批移民搬迁至此,D村的扶贫移民开始集中力量建设新家园,定西人"两地跑"的局面也基本结束,扶贫移民开始融入新的生活环境。刚到D村时,扶贫移民原有的生活空间、生计方式以及所拥有的社会网络被迫发生了改变,积累多年的社会资本也出现了断裂。因此,此阶段最紧迫的任务则是重建生活与生计空间,重构社会网络。扶贫移民不断

建立新的社交圈子，积极地规划新的生活目标，D村也逐渐形成一个新的地域共同体。

二　新村融合阶段

在集中精力解决"搬得出"难题后，"稳得住"成为D村的主要发展目标。扶贫移民在政府的带领和支持下集中平整土地，改良土壤，修建灌溉水渠，发展种植业，进行生计建设。1993—2000年，在当地政府、扶贫移民群体等的共同努力下，D村土地产值明显提高，农作物产量稳步上升，真正实现了从食不果腹到家家有余粮的阶段性转变，村庄至此开启了全新的发展局面。

（一）治理特征

1. 生计建设与社区环境保护同步推进

据现任村委会书记姬某回忆，当时D村是敦煌市唯一建制移民村，也是全市最贫困的村。全村有耕地5813亩，但发展不足、条件落后。针对这一情况，当地政府以生态环境保护为重点，鼓励大家在田间地头、房前屋后兴建防风林，从而遏制了风沙，有效地保护了耕地。此外，D村扶贫移民还在当地技术人员的指导下，学习使用药物改良土壤，有效降低了土壤的盐碱化程度，为粮食增产奠定了初步基础。当然，解决土地问题仅仅是改善D村扶贫移民生活质量的第一步。

随后，D村扶贫移民还在当地政府的指导下学习新的浇地方法，合理开挖渠口，对土地进行合理灌溉，既避免了水资源浪费，又有效提高了土壤质量[①]。"有一次我们在浇渠，河里面的大水浇灌黄土地，形成了一个大口子，怕人掉下去，不敢堵大口子，时任敦煌市市长恰好来村里考察，看到这种情况，亲自下地，帮助移民填住了口子，并教会移民新的打渠方法。"（D村，案例15，姬某）

以上问题得到改善后，由农业委员会与牧业委员会分别牵头，协助扶贫移民发展种植业和畜牧业，扶贫移民的粮食产量获得保障。"刚来那

[①] 郭占锋、王懿凡、张淼：《集体记忆视角下移民村落共同体的形成过程》，《中国名城》2021年第4期。

会儿村庄全是戈壁沙子和土，于是政府就领导大家种树，政府带头每个部门栽一部分，栽树的钱没有让移民出，而是由政府拨款。当时的农业委员会负责土地种植，牧业委员会负责鸡羊养殖，现在已经合并了，统称农牧局，负责移民的种植业和畜牧业的发展。"（D村，案例25，杨某）

在政府的指导下，D村产业快速发展，有效解决了扶贫移民的生计问题，进一步使定西扶贫移民在敦煌的生活逐渐稳定下来，心态也渐趋平稳。随着生活条件逐渐好转，扶贫移民开始探索学习修渠、种棉花等更多生存技能。"我们到这边后，修渠和种棉花的技术都是现学的，我们很快掌握这些技术并在地里开始实践，仅仅三年粮食产量就可以解决温饱了。温饱问题解决后，逐渐开始思考富裕的问题，于是借助当地独特的气候条件开始大面积种植棉花以及后面发展的葡萄、哈密瓜，还有养殖等产业。"（D村，案例2，何某）

2. 社会交往活动日益密切

在此阶段，扶贫移民在生活习惯以及文化习俗等方面慢慢适应着敦煌的生活，尤其是在房屋修建、饮食文化以及婚丧嫁娶方面逐渐向当地的风俗靠拢。"当时修房子的时候我要按定西老家房子的样子修，我的丈夫非要按照敦煌这边的样子修，说是敦煌样式的房子有特殊作用，把院子全部封闭起来之后可以防风、防沙、防蚊子，冬天还可以保暖。后来我们家的房子就结合了定西和敦煌房子的样式，不过后来也证明丈夫是对的，村庄里有一开始没有封闭院子的，后来也都封闭了院子。"（D村，案例12，刘某）"房子由最初的土坯房修建成如今的砖瓦房经历了三次修建，对于别人来说可能是平常的，但是对于我们这些定西人来说，每次修房子都代表着我们正在被这里接受，我们也在适应着这里，在这里真正活出了样子。"（D村，案例1，马某）除了在房屋修建的样式上融入敦煌风格，扶贫移民的饮食习惯也逐渐融入当地。"定西那边和D村在饮食和起居上都存在着一些差异，比如敦煌人不吃浆水面、喝水喝自来水，敦煌打井得打100多米，而定西人喝井水，这种情况在现在有了一定的改善，大家都吃浆水面，都开始喝自来水。"（D村，案例18，刘某）

此外，婚姻观念的改变使得扶贫移民与敦煌本地人的通婚率显著提高，这也标志着扶贫移民在 D 村的适应性不断提升。"这些从定西嫁过来的媳妇基本上都是经过留在定西的亲戚介绍到敦煌 D 村的。因为敦煌的生活条件相对于现在的定西仍较好，所以定西那边的女性也愿意嫁到敦煌这里，家里人也不表示反对。这几年 D 村人和周围老敦煌人结婚的多了，最近两三年逐渐增多，上一代定西人与老敦煌人结婚的少，因为刚搬迁到敦煌，周围村庄的村民和 D 村的人都不熟悉，语言和风俗习惯都不太相同，这几年都熟悉和了解了。"（D 村，案例 32，席某）

扶贫移民通婚圈的不断扩大，对饮食、风俗习惯的不断适应，都表明其扶贫移民身份向当地人的成功转变，开始真正融入当地的生活之中，也慢慢有了因风俗习惯和文化认同等联系纽带而产生的结合感与归属感。

（二）治理困境：缺乏治理主体，社区治理混乱

D 村迁入地与迁出地相距 1200 公里，长距离的地域变迁使得扶贫移民难以在短时间内形成强有力的社区认同。尤其在搬迁初期，扶贫移民群体因忙于改善生计、修建家园，无暇进行自治，使得 D 村地域空间整合困境凸显；与此同时，因完全脱离原生产生活空间，与原社会关系网络割裂，扶贫移民群体内部不仅在生活习惯和交往方式等方面存有差异，还面临与迁入地的文化习俗及生活方式等相适应的难题，致使其对内缺乏整合凝聚力，对外缺乏环境适应力。不稳定成为该阶段扶贫移民在敦煌生活的常态，因粮食生产、土地分配及浇水等琐事引发的矛盾频仍。"在 20 世纪 90 年代，因为搬迁到敦煌的定西人生活比较困难，所以上访的人比较多。当时移民的土地并非来到时就可以耕种，水渠正在修建并且地也需要平整。敦煌的荒滩难以进行耕种和灌溉，所以需要推土机进行平整。推土机是手扶作业，工作效率低，即使开足马力每天也只能平整一亩多地。因为土地基本都是荒滩，有许多土丘，所以需要平整的土地非常多，因此有些人的土地迟迟没有确定下来。几个人一起去上访的有，一个人去上访的也有。"（D 村，案例 42，何某）其中影响较大的上访事件发生在 1998—2000 年，因为村内唯一的河流水源供给不足，扶贫移民浇水困难，经济发展陷入窘境。加之当时村内尚未建立起正式的村庄管理组织，一些村民大事小事都习惯上访。

对扶贫移民社区治理而言,这种混乱、不稳定、不确定无疑会引致动荡与冲突,加之当时缺乏基层组织管理,使得上述矛盾与冲突不能被及时调解,继而引发社区治理危机。

(三)治理策略

1. 村组分层共治,扭转浇水之困

浇水与扶贫移民的粮食生产息息相关,是稳定扶贫移民生活的保障。当时敦煌市市长亲自着手,在充分了解扶贫移民诉求后,协调相关单位在D村给各组打井专供农业灌溉,有效解决了农业灌溉用水难题。与此同时,为了适应当地的地势差异以及满足多元产业发展的需求,时任领导班子做出了错峰浇水的灌溉策略,即先将水渠进行编号,然后按照上下游之分抓闸浇水,浇水从上游开始逐步向下游推进,在确定村组间浇水顺序的同时避免了下游无水可用的现象,组间农户的灌溉顺序则在小组内自行协商解决。至此,浇水矛盾从"规划—建设—实行"3个层面得以有效化解,针对性地解决了D村土地灌溉难题,为后续村庄农业发展带来了极大便利。在此过程中,大范围的村组间协调由时任领导班子负责,小范围的组内协调由扶贫移民自行解决,其中组内协调在扩大扶贫移民交往空间、丰富扶贫移民社会网络等方面发挥了巨大作用。

2. 多元主体参与,推动生计建设

易地扶贫搬迁不仅仅指地理空间的更换,还指扶贫移民生活方式乃至思想观念的转变。旧有的人际关系、生计方式被迫改变,新的地方惯例与习俗尚未可知[1]。若扶贫移民想要彻底在他乡站稳脚跟,使"他乡"成为"新家乡",解决可持续生计问题就显得格外重要。在国家、省、市(区)三级政府的大力扶持下,村干部发挥积极带头作用,扶贫移民发扬"三苦精神",积极开展土地改良与粮食种植运动,不仅解决了温饱问题,还收获了部分剩余农产品。随之,村干部带领村民继续探索棉花、葡萄、甜瓜等高效经济作物的种植。在此过程中,县农业局给予扶贫移民技术指导,以村委会为组织中介向扶贫移民普及种植技术和经验,此外,及

---

[1] 张森:《共同体的形成——对一个陇西移民村庄的社会学考察》,硕士学位论文,西北农林科技大学,2021年。

时就种植作物选择、销售及种植结构调整等同扶贫移民探讨、协商。在当地政府、村委会以及扶贫移民的共同努力下，D村扶贫移民有了稳定的收入来源，其生产生活重心逐渐向敦煌转移。与此同时，扶贫移民开始融入新的生活环境，尝试恢复旧的关系网络、建立新的社交圈子并积极规划新的生活目标，这也为接下来的有序治理提供了较为稳固的治理基础。

D村多样化产业的发展，既得益于村委领导班子的有效引导以及相关农科技术部门的专业支持，也离不开扶贫移民群众的积极响应。随着家庭经济收入的逐步增加和生活水平的稳步提升，扶贫移民在生活和心理上渐渐安定下来，对村庄的认同感和归属感也有所增加。

三　整村发展阶段

在成功解决扶贫移民"稳得住"的前提下，如何实现整村可持续发展成为D村接下来的发展任务。2000年以后，在地方政府的大力支持下，社会多元主体积极助力D村发展与完善，使村庄实现了在基础设施建设、公共服务供给、扶贫移民生计提升、生态环境改善等多方面的综合整治，村庄面貌也焕然一新。

（一）治理特征

1.基础设施建设不断完善

首先，全面加强基础设施建设。2014年之前，农户用水主要靠国家出资建设的压井压水；2014年之后，按照"国家投资一部分，农户自筹一部分"的方式，每户出750元修建自来水管道，全村用上自来水。其次，D村前后三次投资翻修道路，实现了整村道路硬化。"D村最大的变化应该是路的变化，路面被硬化之前，敦煌一下雨，地上的泥很深，移民出门十分不便。记得当年领导过来检查工作，来的时候皮鞋和车都是干干净净的，走的时候皮鞋和车上全部是泥巴，后来就争取项目修路，以前的土路变成了柏油马路，全部都通了，交通十分便利。"（D村，案例15，姬某）2000年，省扶贫办（前"两西办"）投资60余万元将D村主干道土路修成砂石路，有五六十公里。2003年，镇上多方筹资为D村新修了6.2公里的柏油路。2006年，镇村筹资40余万元对移民街道进行了砂石铺设。2007年，通过自筹与向上级农建部门争取资金21万元硬化了村组道路8公里。2000年至今，敦煌市政府等单位先后投资，将全部道路铺成柏油路，全长约40公里。"原来D村的路都是土路、砖路，村委会主任姬某给村庄铺上了柏油马路，使村庄面貌焕然一新。而且之后柏油马路出现损坏情况，也是姬某联系政府来修，一共修了3次，这些换路的钱和修路的钱，移民都没有出钱，都是姬某联系政府批的经费。"（D村，案例21，李某）D村扶贫移民刚刚迁入时，经济条件差，住房建筑标准不高，多为土木结构。近年来，在各级政府与农建指挥部门的扶持下，村中的老旧房屋得以改造升级，扶贫移民的居住环境大大改善，其生活水平有了显著提升。"2012年，D村的房屋修建工作还没有展开，很多房屋都是土坯房，十分影响移民的生产生活，于是我们村党支部书记姬某联系政府批款，对村中的土坯危房进行改造，将房屋上的土块全部换成了砖，也没有让移民出钱。"（D村，案例21，李某）截至2018年底，D村先后修建高标准小康住宅共107户，一些住户将过去的土木房逐步改造成砖混房，甚至改造成二层小楼房。"现在D村和之前刚搬来那会儿最大的区别就是村中的道路铺上了柏油，水渠修到了地头，自来水通到了厨房，70户移民修建了小康住房，全村还新植了1000亩葡萄和红枣。"（D村，案例17，董某）村内自来水、硬化路、水渠、太阳能和路灯等设施基本实现全覆盖，扶贫移民的生产生活需要基本得到满足，村小学、农家书屋等文化设施也日益完善，村庄人居环境发生了翻天覆地的变化。

2. 生计建设持续深化

D村在增收致富的道路上进行创新性探索，全面推进村庄的整体发展。"村里面2008年开始种葡萄，当时是省政府给D村批的葡萄苗子，因为之前移民种农作物种得多，没有种过葡萄，大家都不敢种，葡萄成本太高，害怕赔钱，于是村里面就动员大家，让村里面的干部带头种，种了以后赚钱了，大家看着行情挺好，也有成功先例，就都开始种葡萄，慢慢地村庄里的葡萄产业规模越来越大。"（D村，案例28，董某）"经历了修渠、修路、通自来水等村庄发展大事，大家心齐了，都积极支持，移民按照村委会的自律要求认真采摘葡萄；村干部们的工作比以前更热情更扎实，按照客商对葡萄的标准严格验收；葡萄大户也有更多精力从外地引进有实力的葡萄经销商，积极打通村庄的葡萄销路。因此，D村的葡萄收购顺利完成，葡萄平均收购价也高出了全市的均价。"（D村，案例17，董某）2007年，D村村委会制定了村庄5年发展规划，计划人均种植1.5亩红枣、1亩葡萄，人均年收入达到1万元。与此同时，积极建设扶贫移民增收工程"千亩林果示范区"。此外，D村被敦煌市委确定为"飞天先锋富民基地"，市内9家单位对其进行帮扶，此举更是加快了村庄的脱贫致富进程。

在国家、当地政府以及村领导班子的共同努力下，D村从自行车都没有的落后村庄变成了现在60%—70%农户拥有私家车、在镇上拥有商品房的富裕村，其发展实现了质的飞跃。

（二）治理困境：扶贫移民主体缺失，社区治理效能受阻

1. 扶贫移民生计面临可持续发展的难题

扶贫移民生活趋于平稳后，随之而来的是可持续发展的难题。当前留在D村的扶贫移民群体多以种田、饲养牲畜及打工兼职等方式维持生计，种田仍然是主业。然而，敦煌的土地多为盐碱地，粮食产量不高，加之水费、化肥价格攀升，农产品价格降低，使之出现投入越大、收入越少的"内卷化"现象。再者，因扶贫移民群体普遍受教育水平不高，缺少自己的主观判断，较为依赖政府。前几年听从政府建议种植经济附加值较高的葡萄，但种植葡萄投入比较大，仅依靠个人投资难以完成农田设施建设。于是大部分扶贫移民都倾尽家产甚至向信用社和邮储银行借贷来响应政府号召，一起种植葡萄。结果近年来葡萄销路受限、价格低迷，扶贫移民群体无法实现盈利，甚至背上巨额贷款，令本就不富裕的家庭雪上加霜。如今，为了还清外债和维持生计，有劳动能力的扶贫移民家庭都选择留一人在家照顾田地，其余人外出打工。若想继续靠种地维持生计，只能不断扩大种植面积，但也要承担更大的风险。

2. 扶贫移民"弱参与"制约社区治理效能

随着网络技术的发展和普及，该村扶贫移民主要通过网络（QQ、微信群）、电话、短信和广播通知等渠道来了解本村的公共事务信息，跨时

空的"互联网+"治理成为D村社区治理的主要方式。但受扶贫移民文化水平较低、信息获取渠道不流畅、村庄年轻群体外流等因素限制,扶贫移民群体很少主动参与社区治理。调研过程中发现:多数村民表示自己虽参加过村民大会,但受文化水平、家庭事务等因素所累,根本没有时间和精力参与到村庄治理过程中,并表示"只要不影响自身利益,就不愿意主动参与到社区公共事务中去"。虽然村庄领导班子从调整人员内部结构、提升工作人员待遇和增加社区活动频次等多方面发力,但由于社区成员的"消极参与",社区治理面临主体缺位的发展困境。

(三) 社区治理满意度及其影响因素研究

1. 变量设置

社区治理是指一定地域范围内,各治理主体围绕社区发展目标,形成治理关系和互动网络,共同管理社区公共事务的活动[1]。社区治理既是社会治理的载体,也是国家治理的基础和抓手,健全社区治理体系对提升扶贫移民幸福感、夯实基层社会治理基础、建设社会治理共同体以及构建"共建共治共享"的社会治理新格局意义深远。扶贫移民社区作为集国家人力、物力和财力共同建设的结果,其建设成效直接关系到我国脱贫攻坚的实际效果,关系到我国乡村振兴战略的实施。因此,研究扶贫移民社区治理效果对巩固拓展脱贫攻坚成果、实现乡村振兴意义深远。

社区治理满意度为扶贫移民对社区治理行为和效果的主观性评价,包括对社区公共产品、公共服务及建设管理等的满意程度,综合反映了扶贫移民对社区治理的获得感、幸福感以及社区治理的精细化供给水平。社区治理涵盖生计资本建设、社区意识培育、基础设施提供、公共服务供给、治理体制构建等方面,因此,社区治理满意度既与扶贫移民自身个人特征、生计资本、社区意识等内源性维度有关,还受社区基础设施、公共服务、治理体制等外源性维度的影响。

综合已有研究、数据客观性、代表性及可操作性等原则,本书将社区治理满意度分为社区服务满意度、社区建设满意度、社区管理满意

---

[1] 参见郭小建主编《社区治理》,西南交通大学出版社2018年版。

度。其中，社区服务满意度为扶贫移民对公共服务与公共文化活动的满意程度，社区公共服务与居民的生活满意度和扶贫移民获得感存在正向关系。社区建设满意度指居民对社区基础设施的满意程度，社区基础设施建设是承载社区办公服务、居民活动养老等多种功能的硬件载体，社区基础设施的质量与服务水平对增强扶贫移民的获得感、幸福感、安全感具有重要意义。社区管理满意度指扶贫移民对社区组织、制度等的满意程度，侧重于群众性的自我管理和自我服务，强调满足扶贫移民需求。社区治理满意度影响因素共包括6类17个变量，包括扶贫移民个人特征、生计资本、社区意识、基础设施、公共服务、治理体制。详见表1-3。

表1-3　　　　　　　　　　变量信息描述

维度	变量名称	变量含义与赋值	均值	标准差
因变量				
社区治理满意度	社区服务满意度	不满意=0；满意=1	0.785	0.411
	社区建设满意度	不满意=0；满意=1	0.807	0.395
	社区管理满意度	不满意=0；满意=1	0.837	0.370
控制变量				
个人特征	年龄	≤40=1；41—60=2；>60=3	2.192	0.587
	性别	女=0；男=1	0.487	0.501
	受教育程度	初中及以下=0；高中及以上=1	0.120	0.326
自变量				
生计资本	社会资本	不熟悉=1；一般=2；熟悉=3	2.989	0.136
	人力资本	劳动力占比	0.402	0.259
	金融资本	Ln（人均净收入）	8.228	0.645
社区意识	社区参与感	低=1；一般=2；高=3	2.011	0.793
	社区归属感	低=1；一般=2；高=3	1.033	0.234
基础设施	基础设施充足度	不充足=0；充足=1	0.237	0.426
	公共物品满足感	不满足=1；一般=2；满足=3	2.722	0.546
	基础设施稳定度	不稳定=0；稳定=1	0.874	0.332

续表

维度	变量名称	变量含义与赋值	均值	标准差
公共服务	公共福利分配公平度	不公平＝0；公平＝1	0.385	0.488
	公共服务满足度	不满足＝0；满足＝1	0.348	0.477
治理体制	社区制度完善程度	低＝1；一般＝2；高＝3	1.322	0.555
	基层组织作用效果	无效果＝0；有效果＝1	0.967	0.180
	社区制度适配度	不适应＝1；一般＝2；适应＝3	2.565	0.718
	社区制度效果	效果不好＝1；一般＝2；效果好＝3	2.238	0.735

一是个人特征。本书所指的个人特征泛指人口的社会属性，如年龄、性别和受教育程度等。不同年龄层级的扶贫移民对社区治理的关注度和侧重点存在差异，相较于青壮年，老年人的生活重心仍在社区，对社区公共服务如医疗、养老、交通等的需求相对较高。社区留守女性比例较高，不仅需要承担赡养父母和养育子女的责任，而且仍要工作满足生计需要，精神和身体的双重压力促使女性对社区治理要求较高。教育作为提高人力资本存量的有效途径，对改善扶贫移民的社区治理观念和提高收入水平意义重大，但扶贫移民社区的移民受经济条件及思想观念等的综合影响，受教育程度普遍偏低。

二是生计资本。扶贫搬迁不只是简单的人口迁移，更是一种政治、经济以及社会系统剧烈变迁的过程，移民的生产生活方式被改变，原有的社会组织结构和社会网络在一定程度上解体，进而导致某些移民的生计资本发生断裂[1]。生计资本包括社会资本、人力资本、金融资本、物质资本和自然资本[2]，结合扶贫移民社区的实际情况，本书采用社会资本、人力资本和金融资本综合衡量。居民社会资源的质量与数量影响其主观幸福感，社会资本较高的居民更容易获得经济及其他方面的支持。人力

---

[1] 李聪、王磊、李明来：《鱼和熊掌不可兼得？易地搬迁、家庭贫困与收入分异》，《中国人口·资源与环境》2020年第7期。

[2] 杨云彦、赵锋：《可持续生计分析框架下农户生计资本的调查与分析——以南水北调（中线）工程库区为例》，《农业经济问题》2009年第3期。

资本是居民的知识水平、技术水平以及工作能力等价值的总和[①]，人力资本不但影响扶贫移民经济适应，也影响扶贫移民的心理适应、生活适应和环境适应。金融资本是扶贫移民的资金存量，包括有形资产和无形资产，比如存款、工资等。金融资本越高则生计策略越丰富，抗风险能力越强，对社区治理内容的要求越高。

三是社区意识。社区意识是以共同居住特定空间为前提的社会认同，包含地缘感和群体感，一个社区赖以存在的社会基础，是指居住在同一社区的扶贫移民普遍具有的地缘群体认同感。社区意识包括了社区参与感和社区归属感。移民参与的过程是塑造其社区身份的过程，也是社区意识觉醒的过程，扶贫移民的社区参与被证明是一种能够促进个人和社区福利的重要方式，能形成一种更强烈的社区意识，帮助促进更安全、更健康和更宜居的社区。社区归属感是扶贫移民将自身归入某一地域人群集合体的心理状态，其既有对自身社区身份的认同，也包括对社区的投入、喜爱和依恋等在内的个体情感。扶贫移民对社区归属感程度越高，越会对社区产生浓厚的感情，从而产生强烈的认同感与参与感。

四是基础设施。社区基础设施建设是承载社区办公服务、文娱活动、养老等多种功能的硬件载体，用于保障扶贫移民日常生活与活动所必需的基本建筑和设备的总称。本书关于社区基础设施建设侧重于分析扶贫移民对基础设施和公共物品的满足感，基础设施配备不完善则不能满足扶贫移民的生活需求。因此，在治理过程中，应精准对接扶贫移民需求，完善社区基础设施，提升社区治理满意度。社区公共物品是指在社区这一地域范围内，与居民生活密切相关的公共物品，即居民在社区生活中所需的公共物品的总和[②]。依据扶贫移民的需求，选择合适的公共物品和服务，提高公共物品的供给水平、保障供给的充足性与有效性，提高社区治理满意度。

---

① 李聪、柳玮、冯伟林等：《移民搬迁对农户生计策略的影响——基于陕南安康地区的调查》，《中国农村观察》2013年第6期。

② 参见李雪萍《城市社区公共产品供给研究》，中国社会科学出版社2008年版。

五是公共服务。社区作为公共服务的载体,在政府与基层群众之间发挥中介和桥梁作用,一方面自上而下贯彻执行上级政策,另一方面自下而上反映民众现实需求。社区通过制度设定、组织管理和资源配置等丰富扶贫移民的公共服务内容体系和服务质量,以此满足扶贫移民公共服务需求,实现以多元治理为导向的社区公共服务全面化。扶贫移民社区生产生活基础相对薄弱,由于社区制度和机制相对缺失,以及参与社区治理的程度不同、资源分配不均、信息不对称等诸多原因,可能导致扶贫移民内部分配不公平。因此社区在提供公共服务过程中,应注意公共服务的客体需求,合理配置资源,维持社区的和谐稳定。

六是治理体制。社区治理体制是社区治理主体构建治理组织、治理结构、治理方式等相关内容的总和①。实现社区善治,需丰富社区治理资源、重构社区治理结构、建立社区参与机制、加强社区组织保障等,以此促进社区治理的创新发展和扶贫移民社区治理提质增效。合理配置基层组织人员数量,保证社区治理组织以适当的规模在制度框架下运行。相较于普通社区而言,扶贫移民社区在心理健康、关系重组、利益诉求以及政策依赖等方面差异显著,由此引发的文化冲突、空间冲突以及社会矛盾等问题也具有其特殊性,需正式制度与非正式制度等相结合,以此完善相互配套的衔接制度,形成扶贫移民权益保障的长效机制。

2. 研究方法

Logistic 回归是一种广义的线性回归分析,能够显著区分因变量的指标。本书解释变量为社区治理满意度,且移民满意度只有满意和不满意两种,属于 [0,1] 二分类变量,二元 Logistic 回归模型是对解释变量为二分类变量进行多元回归分析的有效模型。

本书利用 Logistic 回归模型分析扶贫移民对社区治理满意度的影响因素及其影响程度,设扶贫移民对社区治理满意(是 =1)的概率为 p,那么不满意(否 =0)的概率为 $(1-p)$,其建模表述如下:

---

① 周雅馨:《走向善治:社区治理体制创新研究——以合肥市 F 社区"大共治"模式为例》,硕士学位论文,安徽大学,2019 年。

假设影响因变量的因素有 k 个，分别记为 X_1，X_2，…，X_k，则可建立如下 Logistic 回归模型：

$$\ln\frac{p}{1-p} = \beta_0 + \beta_1 X_1 + \beta_2 X_2 + \cdots + \beta_k X_k + \varepsilon \qquad (1-1)$$

其中，β_0，β_1，…，β_k 为回归系数，ε 为随机误差。利用样本对模型参数进行估计，可得概率 p 的估计值。

$$\ln\frac{\hat{p}}{1-\hat{p}} = \hat{\beta}_0 + \hat{\beta}_1 X_1 + \hat{\beta}_2 X_2 + \cdots + \hat{\beta}_k X_k \qquad (1-2)$$

$$\frac{\hat{p}}{1-\hat{p}} = e^{\hat{\beta}_0 + \hat{\beta}_1 X_1 + \hat{\beta}_2 X_2 + \cdots + \hat{\beta}_k X_k} \qquad (1-3)$$

$$\hat{p} = \frac{e^{\hat{\beta}_0 + \hat{\beta}_1 X_1 + \hat{\beta}_2 X_2 + \cdots + \hat{\beta}_k X_k}}{1 + e^{\hat{\beta}_0 + \hat{\beta}_1 X_1 + \hat{\beta}_2 X_2 + \cdots + \hat{\beta}_k X_k}} \qquad (1-4)$$

3. 描述性分析

表 1-3 为扶贫移民社区治理满意度及其影响因素的描述性信息。有 78.5% 的扶贫移民对社区服务满意度较高，80.7% 的扶贫移民对社区建设满意度较高，83.7% 的扶贫移民对社区管理满意度较高。社区服务满意度、社区建设满意度以及社区管理满意度的比例，在一定程度上可以反映出扶贫移民的社区治理满意度较高，社区治理效果显著。

内源性维度结果显示，从个人特征来看，社区多为 40—60 岁扶贫移民，60 岁以上扶贫移民次之。随着社会现代化进程的加快，年轻扶贫移民多向城镇转移，农村空壳化和老龄化现象日趋严重。社区男性为 48.7%，男女比例较为均衡。调查发现，有 86.6% 的扶贫移民受教育程度在初中及以下，受教育程度普遍偏低。从生计资本来看，扶贫移民对本街道的邻居较为熟悉，社会资本较为丰富；社区家庭的劳动力占比为 40.2%，家庭人力资本一般，仍有待加强；人均净收入水平相对较低，大多数扶贫移民家庭人均年收入低于 2019 年国家贫困线标准（3747 元），金融资本相对较低。从社区意识来看，扶贫移民大多愿意主动参与社区公共性事务，但参与度不高；且扶贫移民认为其参与社区公共事务的决策重要性较低，社区归属感不强。

外源性维度结果显示，从基础设施建设来看，76.3%的扶贫移民认为社区基础设施建设不充足，不能满足基本需要，这与扶贫移民社区的特殊性相关，基础设施建设还不完善；但社区公共物品大多能满足居民日常生活需要，满足感相对较高，且基础设施的日常维修工作也相对及时，稳定度较高。从公共服务来看，61.5%的扶贫移民认为在社区公共福利的分配中存在较多的不公平现象，这可能与社区资源分配不均、信息不对称等有关；34.8%的扶贫移民认为社区公共服务能满足其基本需求。从治理体制来看，社区制度完善程度较低，但目前已有的社区制度的适配程度以及制度效果较为明显。

4. 社区治理满意度影响因素分析

表1-4为扶贫移民对社区治理满意度的Logistic回归结果。

从社区服务满意度来看，个人特征和生计资本对社区服务满意度呈负向影响，社区意识、基础设施、公共服务和治理体制呈正向影响。从社区建设满意度来看，个人特征和生计资本对社区建设满意度呈负向影响，基础设施、公共服务和治理体制呈正向影响。从社区管理满意度来看，公共服务和治理体制呈正向影响。具体表现如下。

从个人特征看，性别和年龄对社区治理的满意度呈负向影响，即女性、中青年对社区治理的满意度更高，受教育程度对扶贫移民社区治理满意度无显著影响。在基层社会治理的实践中，女性是社区治理的中坚力量。女性的社区服务治理满意度水平高于男性，这可能因为女性相较于男性有更多的机会参加社区的文化活动，且大多数的扶贫移民女性留守社区，外出务工机会较少，因此其精神和身体的双重压力促使女性对社区空间、社区服务治理要求更高。老年群体更加关注社区治理带来的养老安全感，由于社区基础设施建设不充足，不能充分满足老年人的生活照料、医疗保障、老年教育、心理慰藉等社区居家养老服务需求，因此老年人的社区建设服务满意度相对较低。由于扶贫移民的受教育水平整体偏低，因此受教育程度对社区治理满意度不存在显著影响。

表1-4　扶贫移民对社区治理满意度的 Logistic 回归结果

变量		社区服务满意度 B	Exp (B)	社区建设满意度 B	Exp (B)	社区管理满意度 B	Exp (B)
控制变量							
个人特征	年龄	-0.291	0.747	-1.071*	0.014	0.340	1.406
	性别	-1.048**	0.351	-0.071	0.932	-0.133	0.876
	受教育程度	0.398	0.256	-2.156	0.115	0.398	1.489
自变量							
生计资本	社会资本	1.075	0.058	1.657	0.537	1.526	0.156
	人力资本	-1.368*	0.091	0.756	2.131	-1.077	0.341
	金融资本	0.088	1.092	-0.546*	0.579	-0.056	0.946
社区意识	社区参与感	0.741*	2.097	0.520	1.682	0.316	1.372
	社区归属感	-0.091	0.913	1.126	3.083	1.552	4.721
基础设施	基础设施充足度	-18.414	0.001	-16.586	0.001	-36.232	0.001
	公共物品满足感	0.042	10.430	1.468***	2.587	-0.615	0.540
	基础设施稳定度	1.378**	0.252	-0.108	0.897	-0.951	0.386
公共服务	公共福利分配公平度	0.271	1.311	-0.385	0.680	-0.636	0.529
	公共服务满足度	3.969***	1.285	5.468***	3.587	4.585***	2.784
治理体制	社区制度完善程度	1.131	3.100	0.004	1.004	0.608	1.836
	基层组织作用效果	1.123**	0.016	-1.992	0.136	-0.647	0.524
	社区制度适配度	1.466***	0.231	1.823***	0.162	1.727***	0.178
	社区制度效果	1.667**	0.189	2.009***	0.134	2.456***	0.086
常量		33.903	0.001	38.286	0.001	50.822	0.001

注：*** 表示 $p<0.01$，** 表示 $p<0.05$，* 表示 $p<0.1$。

从生计资本看，人力资本对社区服务满意度呈负向影响，金融资本对社区建设满意度呈负向影响，社会资本对社区管理满意度无显著影响。大多数扶贫搬迁以整体迁出为主，扶贫移民的社会关系网络仍有所保留，对本街道邻居熟悉程度均相对较高，对其社区的融入度也较高，社会资本无明显差距，因此其对社区治理的满意程度无显著差异。搬迁后，大部分劳动力仍然选择外出务工，人力资本的减少也会降低其他生计资本，缩小扶贫移民生计策略选择，因此，家庭劳动力越少对社区公共服务的需求度越高。而家庭人均年收入越高则对社区治理的满意度越低，社区的基础设施建设难以满足其更高层次的生活需求。

从社区意识看，社区参与感对社区服务满意度呈正向影响，社区归属感对社区治理满意度均无显著影响。社区参与感较高的居民对社区建设、社区文化、社区经济以及社区制度的感知度较高，能够增强对社区的信任度和行为意向，因此其对社区服务的满意度越高。扶贫移民社区归属感受社会适应、邻里关系、社会交往等因素的影响，且决定扶贫移民社区归属感的最终力量是社区质量，扶贫移民无法适应社区化管理，自治积极性不高。同时，搬迁政策对社区归属感的影响较为复杂，比如搬迁补偿一方面可能改善扶贫移民的生活质量，从而提升了归属感；另一方面经济改善的同时也改变了扶贫移民的生活方式，从而削减了归属感，因此扶贫移民的社区归属感整体不高，对社区治理的满意度无明显影响。

从基础设施看，公共物品满足感对社区建设满意度呈正向影响，基础设施稳定度对社区服务满意度呈正向影响，基础设施充足度对社区治理满意度无显著影响。社区治理是构建"社区公共性"的本源，社区公共性是扶贫移民获得社区归属感、增强社区内聚力的精神文化元素，体现了社区治理能力现代化的价值导向。扶贫移民社区公共物品需求度和满足度越高，表明社区公共物品建设越多元化和均等化，因此，扶贫移民对社区建设治理满足度越高。社区基础设施的稳定性越高，表明社区应急治理能力越高，能充分解决基础设施存在的滞后性和脆弱性问题，因此，基础设施韧性越高，扶贫移民的生活幸福指数和安全指数越高，对社区服务治理的满意度越高。由于社区基础设施充足度偏低，因此对社区治理满意度无明显影响。

从公共服务看，公共服务满足度对社区治理满意度呈正向影响，公共福利分配公平度对社区治理满意度无显著影响。扶贫移民对社区公共服务资源充足性、分布均衡性、获取便利性和普惠性的评价，直接影响移民对社区治理的满意度。社区公共服务水平越高，扶贫移民在教育、卫生、文化、就业及社会保障等方面满足感越高，扶贫移民的社区意识及社区认同感越强，对社区治理满意度越高。公共福利分配公平度影响扶贫移民对社区的信任感，公共福利分配不公平现象增多会降低扶贫移民参与社区治理的信心与主动性，进而对社区治理满意度较低。而扶贫移民普遍感到福利分配不公平，因此整体对社区治理满意度无明显差异。

从治理体制看，基层组织作用效果、社区制度适配度和社区制度效果对社区治理满意度呈正向影响，社区制度完善程度则无明显作用。基层组织通过构建网格化管理、精细化服务、信息化支撑等基层管理服务平台，能够有效推动就业社保、养老托育、扶残助残、医疗卫生、治安执法、纠纷调处、心理援助等便民服务场景有机集成和精准对接[①]，提升和完善了公共服务政策保障体系，因此，扶贫移民社会服务治理满意度相对较高。正式制度与非正式制度对社区管理的适配度越高，有利于健全覆盖全民、公平统一、可持续的多层次社会保障体系，凝聚社区信任，增强扶贫移民的社区融入，扶贫移民对社区治理的满意度越高。

（四）治理策略

1. 尊重扶贫移民主体地位，激发扶贫移民参与热情

扶贫移民社区治理的目标是提高扶贫移民的自治能力，推动村庄整体进步，最终实现扶贫移民与社区的协同发展。首先，村内围绕"如何致富增收"这一扶贫移民最关心的问题入手，充分借用村民大会平台，在充分尊重村民需求和意见的基础上，制定协同治理与服务方案。如在种植业方面，村委会积极与村民进行商讨，在征询村民意见的基础上考察经济作物发展较好的地区，从而吸取经验、指导村民种植；在棉花和其他农产品价格低迷的时候，村委会也会多方考察学习，同时积极召开村民大会，讨论下一步种植方案应该如何调整。村内扶贫移民和村委会在此过程中共同参与互动，协同推动扶贫移民家庭增收与社区治理持续向好。其次，村干部通过做好社区文化建设，增强扶贫移民的社区认同感，从而调动起其参与社区治理的主动性、积极性和创造性。D村利用耍社火等传统文化习俗，积极营造公共空间，发挥文化与情感的整合凝

---

① 新华社：《中华人民共和国国民经济和社会发展第十四个五年规划和2035年远景目标纲要》，http://www.gov.cn/xinwen/2021-03/13/content_5592681.htm，2021年3月13日。

聚作用,以培育扶贫移民共同体精神,使得该村扶贫移民充分融入社区新生活。最后,搭建扶贫移民自治参与平台,推动村内治理模式逐步由政府主导型向社区自治型转变。目前 D 村涌现出各类专业型、合作型组织,这类组织利用现代科技手段,建立"微信号、公众号、小程序",为扶贫移民搭建自治参与平台,不断培养其合作意识与参与意识。在此过程中,要充分借助线上治理平台,通过意见采纳、线上投票等多种方式将外出务工群体纳入村庄治理的范畴,不断提升该群体的社区参与感。

2. 开展多元文化活动,塑造社区集体意识

文化活动具有凝聚集体意识、整合村庄资源、规范群体行为的作用。为了促进社会交往,提升村庄凝聚力,D 村在农闲时会举办各种活动。例如耍社火,这是逢年过节之际参加人数最多、规模最大的公共活动之一,是随着扶贫移民的搬迁而被引入 D 村,无论是年轻人还是老年人都会积极参加。"耍社火是我们定西老家的风俗之一,一直保留到敦煌。"(D 村,案例 10,巩某)此外,村内妇女主任经常在农闲时组织各类休闲活动,妇女的农闲时间亦被充分利用起来。"农闲时候,在妇女主任的带领下,各个小队的妇女组长都会和村庄妇女跳广场舞,锻炼身体的同时也加深了各个小组妇女之间的联系,增加了大家的联系程度,减少了日常矛盾的发生。这也成为减少村庄矛盾的一个办法。"(D 村,案例 46,贾某)耍社火、跳广场舞等村庄公共活动将村民凝聚、团结在一起,增强了扶贫移民群体对于村庄的认同感以及村庄的集体意识。

3. 完善基础设施建设,提升社区服务满意度

在基础设施建设方面,近年来在当地政府的协助下,D 村的基础设施得到进一步完善。十多年来共计获得农田水利、道路修缮、电力通信、教育卫生等各类专项扶贫资金达 580 万元,村庄面貌焕然一新。2006 年至 2007 年,D 村先后在 1 组和 8 组投资 29 万元实施滴灌工程 382 亩,又投资建设水利工程和节水工程,缓解了农业生产用水压力,为全村产业增收奠定了坚实的基础。2010 年以来,D 村又加大力度建设水利基础设施,以项目建设为支撑争取专项资金 160 余万元,自筹资金 200 余万元,衬砌支斗农渠 22 公里,开挖斗农渠 25 公里,新打农用机井 15 眼,彻底

实现了农业灌溉中河水不足井水补，河水、井水"双保险"①；在公共服务供给方面，D村在村内新建村小学、农家书屋等教育设施，普及义务教育，实行好"三免一补"政策，使D村的适龄儿童都能在村内获得基本的教育资源②。与此同时，不少扶贫移民还表示希望加强村庄在公共厕所、残疾人服务、老年人服务、停车场、防火消防等方面的设施建设，优化服务，不断满足其高质量生活需求。

4. 细化帮扶责任，提高社区治理效果

2012年初，根据村庄实际情况和扶贫移民意愿，帮扶单位、转渠口镇和D村村委会议定了"兴办10件实事、缩小10年差距"的帮扶目标，实施项目帮扶、科技帮扶，专门安排青海油田公司、市交通局、市旅游局等9家实力雄厚的单位帮扶D村，时间期限为3年③。通过"五个结合"丰富"双联"行动载体，创新"双联"措施，从五个方面切实开展帮扶计划：一是结合"飞天先锋"抓引领，开展"五争创"活动，给"双联"活动加油鼓劲；二是结合"效能风暴"抓落实，转变作风提效率，统筹协调业务工作与帮扶活动两不误；三是结合基层组织建设抓管理，推广村务小报，积极推进村务党务公开，确保社会事务管理达到一定的水平；四是结合全民创业抓服务，把妇女小额贷款作为推进创业致富的推手，调动创业积极性；五是结合项目建设强基础，争项目引资金，基础优先增实力④。同时，考虑到村庄面积较大，村庄年轻发展主体流失严重等情况，村委会充分利用线上渠道——微信，作为参与村庄日常管理工作的重要渠道。此外，村委会还在9个小组分别设置了小组长和妇女组长，按照"小事不出组、大事不出村"的工作要求，推动村庄网格化治理。但问卷结果显示，作为村庄主要留守群体之一的老年群体参与

---

① 郭军：《定西村的新变化》，《酒泉日报》2008年11月21日。
② 罗博文：《对一个移民社区发展状况的调查和思考——以甘肃省D村为例》，《农村经济与科技》2019年第19期。
③ 罗博文：《对一个移民社区发展状况的调查和思考——以甘肃省D村为例》，《农村经济与科技》2019年第19期。
④ 贾兆杰：《扎实开展"双联"行动 努力实现移民脱贫致富——敦煌市转渠口镇"双联"行动纪实》，《发展》2013年第2期。

社区治理的意愿不强烈，同时对于社区治理的满意度较低。"老年人作为村庄中负担不重、较为稳定的群体，如何发挥'余热'，将他们吸纳到村庄治理中来，在目前国家资源下乡和乡村振兴战略背景下无疑具有十分重要的意义。"① 因此，在社区活动中，可以通过成立老年服务志愿队、理事会等，在充分借助老年群体人脉、权威、关系、时间和才能的基础上，以较低的成本完成村庄治理任务和村庄自治任务，借此不断丰富老年群体的社会价值②。

"搬得出"是基础，"稳得住"是核心，"可持续"才是关键。D村30余年的发展历程展现了该村从"搬得出"到"稳得住"再到"可持续"3个阶段的变迁。在此过程中，不仅通过地域变迁推动扶贫移民精神共同体再造，彻底扭转了扶贫移民前期的代际性贫困难题，更开了中国扶贫史上远距离扶贫移民搬迁的先河。其治理经验对于推动后续扶贫移民搬迁及扶贫移民社区可持续发展等方面意义重大。从重建到融合再到发展，D村在变迁过程中，形塑出一套有序且有效的治理体系，整个村庄也逐渐由地域共同体向情感共同体靠拢，扶贫移民社区共同体渐具雏形。

---

① 尹秋玲：《老人治村：将老人动员到村庄治理中来——以鲁西南一镇三村的调研为基础》，《湖北行政学院学报》2019年第6期。
② 尹秋玲：《老人治村：将老人动员到村庄治理中来——以鲁西南一镇三村的调研为基础》，《湖北行政学院学报》2019年第6期。

第二章

甘肃武威 W 村扶贫移民社区治理变迁研究

第一节 区域概况和样本简介

一 区域概况

"三西"地区包括甘肃的河西、定西和宁夏的西海固，1982 年成为我国第一个区域性的扶贫开发实验地。调研区域甘肃省武威市古浪县大靖镇，位于古浪县城以东 80 公里处，南依祁连山余脉，北临腾格里沙漠，是典型的农业集镇，是古浪县城东部山川 12 个乡镇的经济、文化、商贸中心，也是 1983 年实施"三西"计划搬迁的重点区域。本次研究选取 W 村进行田野调查，深入了解该易地扶贫搬迁村落 30 余年的历史变迁历程。

(一) W 村搬迁历程

在搬迁之前，西靖乡的村民们基本上都住在山上，居住分散，居住地气候干燥，降水量少，并且无固定灌溉水源，土壤肥力不足，因此村中全是旱作农业，且当地村民以传统粗放的经营方式为主，农业收益甚微。降水量多的年份他们可以勉强维持生活，降水量少的年份则解决不了温饱问题，只有靠政府救济返销粮过活，属于"靠天吃饭"的类型。此外，道路和水利等设施十分落后，饮用水需要从 30 里外的地方背来，自家需要挖地窖用来存水。为此，村民们在农闲时节大多外出打工，以副补农，但基本生活还是得不到保障，人均年粮食产量只有 100 公斤，人均年收入仅100多元。总体而言,干旱缺水是造成古浪地区农民贫困的关键因素。随着全球气候变暖,干旱呈日趋加剧之势,旱灾有增无减,一方水土不仅养活不了一方人,还使当地村民陷入了难以为继的贫困境地。

面对这样的发展困境,当地政府在充分调研论证的基础上指出,只有从黄河调水、开发荒地、搬迁贫困群众,才能从根本上缓和古浪地区干旱缺水的局面,从而尽快解决全县人民的温饱问题。中共甘肃省委体察民情、顺应民意,在继1974年全面完成景泰川电力提灌一期工程后,决定兴建二期工程,从景泰境内提引黄河水到古浪,综合开发古浪东北部荒原,建设一个新型高标准灌区,从根本上解决古浪地区30多万人民的温饱问题,进而加快各项事业发展步伐。1976年10月,遵照省上"先开工、边设计、边开挖、边兴建"的指示,工程破土动工,并于1977年上半年建成第一泵站水下工程;1977年10月,因建设资金筹措困难,项目保留,暂时停工缓建;1983年,借"三西"(甘肃定西、河西和宁夏西海固)地区建设机遇,经多方努力和争取,中华人民共和国国家计划委员会正式批准,并于1984年7月5日重新开工建设;1988年11月"上水十泵站,送水到古浪";1990年10月15日总干渠全线通水;1993年10月输水到最后一个泵站,实现景电古浪灌区全面通水;1999年11月通过竣工验收,在古浪发展史上写下了浓墨重彩的一笔。[①]

为改善生产生活状况,村民们纷纷产生了搬迁的念头。当然,自然条件恶劣是促使村民搬迁的原因之一,另一原因则是政府提供的优厚搬迁补贴。W村搬迁时政府所给出的经费补贴政策如下:甘肃省"两西"建设指挥部规定,1989年底前,就地移民人均补助经费90元(补给个人50元,用于公益事业40元),并从1990年起人均补助资金增长到100元(补给个人60元,用于公益事业40元)。根据古浪县实际情况,对迁移距离较近的裴家营、大靖、民权3个乡镇的移民个人补助标准定为30元,其他乡移民个人补助标准均为60元,短距离移民人均补助核减为30元,其余30元作为公益事业经费。补助经费的管理及发放坚持"定居一户、补助一户"的原则,严格按照登记卡签章,执行手续不全不拨款、卡片

[①] 银守钰主编:《古浪灌区志》,甘肃人民出版社2001年版。

项目填写不全不拨款、迁入落户人口不实不拨款、落户人口不属规定享受补助年限范围不拨款、不到灌区定居不拨款的"五不拨款"规定。具体发放工作由迁入乡镇负责实施。土地方面的政策如下：古浪灌区土地分配坚持"统一规划、统一开发、统一标准、统一分配"的原则，彻底打破原乡、村、组之间的界限，对土地进行重新分配，分配标准为每人2.2亩，并妥善处理了搬迁户与原籍土地及时脱钩的问题。根据中共古浪县委、古浪县人民政府关于景点灌区移民安置工作的有关规定，迁入灌区后耕地面积基本达到标准，当年由可耕种耕地受益的农户原则上只允许经营灌区的耕地。在搬迁的第一年，原籍的土地既可由原籍村、组确定合理的分成比例，承包给留居的农户耕种分成一年；也可由迁出户自行耕种经营一年。从第二年起，迁出户与原籍彻底脱钩，耕地由原籍乡村收回另行发包，以便宽松迁出乡村土地，并尽快解决留居群众的温饱问题。搬迁户在原籍的集体财产、债权、债务等，在办理准迁手续时对旧贷款和各种欠款原则上全部还清，对确实无偿还能力的填表造册，移交迁入乡村。在税费规定方面，移民的农业税及合同公购粮负担，暂时采取负担转移的办法，即从灌区开始收益算起，在正式确定灌区合同公购粮基数前，负担原乡村的人均数量标准，由原乡村报经古浪县人民政府核准备案后转到迁入乡村负责收缴；原乡村负担的合同公购粮数，除已批准核减退耕还林、还牧耕地的负担数外，其余的一律不变，如数上缴；迁入地当年集体所需要的公积金、公益金、统筹费提留，具体数额由迁入乡村统一确定；对灌区农业税、合同定购粮基数的正式确定，由县人民政府根据需要和有关政策在适当时候调整核定。搬迁移民经统一规划无法避免在耕地中作宅基地的，可以享受免征土地占用税的待遇。[①]

（二）新村发展历程

W村的搬迁项目是在政府统一规划下开展的。其中，1990—1995年属于搬迁的过渡阶段，搬迁初始为800人左右；1995年基本完成搬迁，政府将宅基地和耕地统一分配到个人，人均2亩耕地，同时联合村民共同将灌溉水渠、耕地以及主干道进行修整。在挖渠、修路、修建小学等

---

① 银守钰主编：《古浪灌区志》，甘肃人民出版社2001年版。

村内公共事务方面，每家每户都出资出力，共同修建新村。如图2-1所示，W村的村庄基础设施建设发展情况大致如下：1991年修建了机井，2008年关停了机井。1992年，W村实现通电，但一直不太稳定，2000年前后翻修后基本稳定，并在2016年换上了智能电表。2003年5月全村通了自来水，但由于水管太细、水源不稳定和铁管生锈等问题，自来水断断续续，直至2016年才实现自来水的稳定供给。因此，在自来水通村之前，政府只能在村中打机井，一村一个机井，自来水接通之后，机井成为备用水源。2009年村委会成立了农家书屋，书籍由政府提供，但受村民文化水平和空闲时间的制约，农家书屋发挥的作用起初并不明显。2013年，村庄通过政府项目资金与招标工程来完成了第一批道路硬化。2015年村中修建了活动广场，同样是政府出资，工程队修建，村民出钱出力，广场建成后村民的活动场所增加，每天都会有人在广场上开展娱乐休闲活动。2017年政府对全村自来水管进行翻修，自来水覆盖全村并能够正常使用，至此全村的饮用水问题得到完全解决。在村庄教育方面，1994年W村初步建成时，全村共同修建了W村完全小学，当时村中整体还较为贫困，村民只能出人出力，村委会要求每户交2个椽子，还有一些土块。

2016年实行撤点并校，完全小学现在只保留学前班、一年级和二年级，教师是村中返聘的老教师，一个年级仅有一个班。另外，在日常活动方面，村委会和妇联组织村民于节假日时在文化广场举办集体活动，资金主要由财政部的"一事一议"[①]项目出资支持。由于W村李姓居多，其余的姓氏较杂，村中在节假日时一般会举办祭祀等公共活动。在村庄经济建设方面，W村有3个合作社正在兴办之中，分别为种植业专业合作社、养殖业专业合作社以及农牧专业合作社。2017年，村庄要求贫困户全部加入合作社，但由于合作社仍然处于起步阶段，暂无盈利。在村庄公共服务方面，目前村中提供的公共服务项目包括文化娱乐服务和环

---

① "一事一议"制度：指在农村税费改革这项系统工程中，取消了乡统筹和改革村提留后，原先从乡统筹和村提留中开支的农田水利基本建设、道路修建、植树造林、农业综合开发有关的土地治理项目和村民认为需要兴办的集体生产生活等其他公益事业项目所需资金，不再固定向农民收取，而是采取"一事一议"的筹集办法。

境绿化服务。政府为每户提供树苗种植在家门口，增加绿化的同时起到防风固沙的功效。此外，政府招募了6名保洁员，分别负责村庄不同公共区域的卫生工作，工资由政府发放，每月500元。

```
1991年    1992年    1994年    2003年    2009年    2013年    2015年
  │         │         │         │         │         │         │
机井      首次通电    建小学    通自来水   农家书屋   道路硬化   活动广场
(2008年  (2000年             (2017年
 关闭)    翻修)               翻修)
  │         │         │         │         │         │         │
              W村基础设施建设历程
```

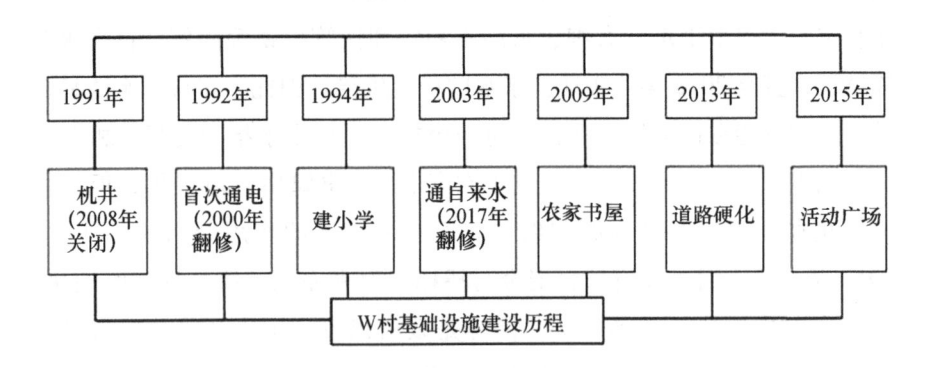

图 2-1　W村基础设施完善图

二　样本简介

研究团队于2018年7月赴W村进行田野调查，主要采用问卷法和访谈法获取第一手资料，样本的基本情况如表2-1所示。W村86.8%的扶贫移民已有20年至30余年不等的搬迁历史，5.2%的扶贫移民已搬来30余年，仅有3.1%的少数移民为近10年搬迁而来。从性别分布看，W村男性有271人，占比为56.0%；女性有213人，占比为44.0%。出生在1960—1969年的人数最多，有147人，占比为30.4%。受教育程度方面，其中有252人的受教育程度为小学及以下，占比为52.1%，大专及以上学历的仅有35人。关于家庭年收支情况，家庭年纯收入在（20000，30000］元的人数最多，有133人，占比为27.5%；家庭年支出在（15000，20000］元的人数最多，有108人，占比为22.3%。

表 2-1　　　　　　　　　W村样本基本情况

基本信息	类别	频数/人	有效百分比/%
性别	男	271	56.0
	女	213	44.0

续表

基本信息	类别	频数/人	有效百分比/%
出生年份/年	1990—1999	64	13.2
	1980—1989	59	12.2
	1970—1979	84	17.4
	1960—1969	147	30.4
	1950—1959	80	16.5
	1940—1949	37	7.6
	其他	13	2.7
搬入年限/年	(0, 10]	15	3.1
	(10, 20]	24	5.0
	(20, 30]	420	86.8
	>30	25	5.2
受教育程度	小学及以下	252	52.1
	初中	138	28.5
	高中或者中专	59	12.2
	大专	17	3.5
	本科	16	3.3
	研究生及以上	2	0.4
家庭年纯收入/年	(0, 10000]	96	19.8
	(10000, 20000]	119	24.6
	(20000, 30000]	133	27.5
	(30000, 40000]	73	15.1
	(40000, 50000]	24	5.0
	>50000	39	8.1
家庭年支出/年	(0, 5000]	36	7.4
	(5000, 10000]	97	20.0
	(10000, 15000]	47	9.7
	(15000, 20000]	108	22.3
	(20000, 25000]	74	15.3
	(25000, 30000]	64	13.2
	>30000	58	12.0
总计		484	100.0

在甘肃省河西地区 W 村共收回问卷 484 份，缺失问卷 187 份，占比为 38.6%；最终有效问卷 297 份，占比为 61.4%。问卷有效率不高的主要原因是大部分研究对象年龄偏大以及受教育程度偏低。

第二节　W 村扶贫移民社区治理的历史变迁

W 村自 1990 年开始搬迁，社区建设与发展距今已有 30 余年历史。据统计，在此时间段内，西靖乡扶贫移民共搬出 680 户 3039 人，其中搬到 W 村共计 247 户 1114 人[①]。W 村扶贫移民社区共同体的形成经历了 3 个阶段，自 1990 年开始搬离原乡，重建新村；第二个阶段为 2001—2012 年前后，村庄冲突与调和并行，新村不断融合发展；第三个阶段从 2013 年开始，精准扶贫政策开始实施，国家和农民的关系拉近，村委会对基层政府的依附性增强，扶贫资源向扶贫移民社区的大量输入，推动着社区治理能力的不断提升。

一　新村建设阶段

1990—2000 年是 W 村扶贫移民社区共同体形成的初始阶段。自 1990 年开始，在移民搬迁政策的引导下，W 村用了近 5 年时间才初步建成一个由扶贫移民组成的新社区。因为新的扶贫移民社区与移民原居住地的气候、土壤等条件差异不大，初来乍到的扶贫移民在生产生活以及文化习俗等方面表现出良好的适应性。然而在这样一个由散到聚的社区建设初始阶段，新的移民生活也产生了一些内在的矛盾，其中土地分配不均和基于水资源不足产生的灌溉冲突是两个主要矛盾，还有一些是村民之间的小纠纷。这些矛盾和纠纷，给村庄初期整合与重建带来了挑战，是初期村庄治理的难点所在，这也迫使 W 村探索更完善的村庄治理对策。

（一）治理特征

1. 近距离扶贫移民社会适应性强

搬迁后的社会适应是关乎移民工程最终成效的重要评判指标。移民

---

① 银守钰主编：《古浪灌区志》，甘肃人民出版社 2001 年版。

在移民社区的生产生活情况与其社会适应呈正相关关系，因此，应对移民生存困境的关键途径在于社会适应[1]。对于移民的社会适应性，学者们认为应当从生产适应、生活适应和文化适应等方面进行分析[2]。

W村的扶贫移民在生产方面具有很高的适应性，这主要源于搬迁前后居住地气候、土壤等条件变化较小。W村扶贫移民依然保留了原来种植的农作物种类和耕种习惯，并在原本以种植业养家糊口的基础上发展了畜牧业。在生活适应性和文化适应性方面，W村是县内移民组成的扶贫移民社区，所有扶贫移民均是从同一迁入地迁移而来，加之基本都是汉族，因此，在生活习惯、习俗文化等方面也具有很高的适应性。村民谈到，在W村成立之初，村干部也意识到扶贫移民适应性的问题，并为扶贫移民融合和适应作出了很多努力。从1990年搬迁至W村以来，村委会经常组织集体活动，如春节的篝火晚会、三八妇女节活动等。这些活动在一定程度上促进了扶贫移民之间的沟通和来往，也使扶贫移民在参与集体活动中更好地融入村庄。

2. 地缘共同体依旧是治理的客观基础

一方面，在行政区划上，原来的村庄被分别拆分为2—3个小组，彼此相邻。地域上的连接促成了扶贫移民在生产生活方面的持续性交往，推动了社区共同体的形成并使其成为社区治理的客观基础。另一方面，迁出地与迁入地距离较近，地域上连接紧密，气候、土壤、光热条件都相差无几。相似的自然地理环境与人文地理环境使得扶贫移民群体在生产生活以及文化习俗等方面表现出非常高的适应性。而距离的接近，也让扶贫移民群体可随时往返于迁入地与迁出地，加强了两地间的地域联系。

3. 亲缘共同体仍然发挥重要作用

在W村的搬迁过程中，大都以户为单位进行搬迁。因而，原有的血缘、亲缘关系也随着扶贫移民被带到了新的村子。邻里亲友没有因为搬

---

[1] 冯伟林、李树茁：《人力资本还是社会资本？——移民社会适应的影响因素研究》，《人口与发展》2016年第4期。

[2] 任善英、朱广印、王艳：《牧区生态移民社会适应研究述评》，《生态经济》2014年第9期。

迁而分散四处，到了新村，大家仍然住在一起，守望相助依旧是村庄生产生活的常态。例如，一个小组内的红白喜事彼此都会相互帮忙；在发生纠纷时，也一般先私下解决，解决不了再由街坊邻居调解，最后处理不了再由村委会出面。在搬迁之始，这种亲缘共同体的特征尤其明显。以8组为例，村民称其为"干部组"，是由以往村干部及其家属、亲戚朋友所组成，因而形成了一个同质性极强的亲缘共同体。

4. 职业共同体拉近扶贫移民之间的距离

W村村民搬迁前大都从事传统农作物的农业生产活动，搬迁之后，扶贫移民在政府平整土地的基础上，继续对土地进行开垦，挖沟建渠，种植传统农作物。尽管一开始土地产量很低，但是村民都坚持留在土地上耕种，遵循着不违农时、不误农时的生产准则开展各类生产活动，彼此的耕种品类也趋于一致，收入差距较小。大家的收益大都来源于土地，鲜有从事商业经营活动者，职业分化程度较低。这种情况一直持续到国内市场经济逐渐复苏。随着人口不断外流，扶贫移民之间有了职业分化，有外出务工的，有做生意的，还有在家务农的。但村中务农人口比例依旧很高，村民除了种植传统农作物，还种植经济作物并发展养殖业。值得注意的是，村中的养殖业以家庭养殖为主，主要饲养猪、羊等家畜，未形成规模化养殖。另外，关于牲畜售卖，村子附近有一个大的交易市场，小羊羔一般送到那里去卖，在市场上做生意的大多数是来自宁夏的回族人，能占到60%。他们往往开着大车来到这里购买牲畜，买够了就拉回宁夏去卖，这是一种临时性的村庄集市，因而并未对当地产业有所帮助。综上所述，村民之间虽然有了多样化的职业，并且收入差距有拉大的趋势，但职业分化并不明显，务工与务农相结合的"兼业"形式依旧是其主要的谋生方式，村民职业的相似性程度依旧很高。而职业的相似，无疑进一步促进了村民日常的交流活动，增强了彼此之间的联结。

（二）治理困境

1. 自然条件艰苦

搬迁之初，条件极为艰苦。据扶贫移民回忆，搬迁之初的W村是腾格里沙漠的边缘，自然环境差，土地肥力极为有限。当时W村所在地域还只是一片荒地，国家仅为搬迁户简单平整了土地（平整后仍然是黄沙地），扶贫移民分到土地后还需要花费大工夫来进行更加精细的平整，以增加土壤肥力，进行作物耕种。灌溉方面，政府主导修建主干道水渠引流黄河水，耕地旁的小渠（地头沟）则由扶贫移民自己修建、自己维护；住宅方面也是由扶贫移民自己平地挖槽，自主建造。在开垦之前，扶贫移民们在地下挖了一个大洞，暂时居住在其中，这样的情况维持了两年时间，直到1993—1994年房屋基本修建完成，才陆续迁回粗具雏形的W村。

2. 以分地为主的矛盾凸显

搬迁初期的W村，呈现的是一个村庄由散到聚的初期状态，拥有不同集体记忆的扶贫移民仍按照原本的村庄模式生产生活。因此，在发展的不同阶段逐渐显现一些冲突与矛盾。以科塞为代表的功能主义冲突论，将冲突的原因分为非物质性因素和物质性因素，且将后者纳入前者之中，突出了非物质性冲突的重要性。

结合W村的实际情况，村庄纠纷基本有两类，不同的纠纷有不同的解决方式和渠道，并对应不同的救济机制。一类是接触性纠纷；另一类是侵害性纠纷[①]。W村在成立之初矛盾冲突较多，总体呈现组内矛盾多、组间矛盾少，组内矛盾小、组间矛盾大的特征。组内矛盾多为接触性矛盾，组间矛盾多为侵害性矛盾。具体而言，矛盾的主要类型为土地分配矛盾、灌溉浇水矛盾和其他矛盾。W村成立时期矛盾颇多的最根本原因是3个行政村组成的易地搬迁移民使村民原生的村庄秩序被打乱，传统伦理的约束力被弱化，村庄土地等资源分配牵扯利益巨大。虽然大家集体居住在新村，成为一个表面意义上的村集体，但是W村还未形成自己的集体意识，村民之间联系较弱，没有稳定的矛盾解决机制，村民并未建立起对现居村庄的归属感。

土地分配矛盾是W村在成立之初最突出的一个矛盾，属于侵害性矛盾。据村干部称，土地都是按照国家出台的政策进行分配的，每人2.2亩地，土地分为三等，一等较好，三等较差。用每一等级地的总亩数除以

[①] 杨华：《纠纷的性质及其变迁原因——村庄交往规则变化的实证研究》，《华中科技大学学报》（社会科学版）2008年第1期。

总人数，以户为单位进行抓阄，每个人都会分到相同面积的地，相对来说较为公平。但是在实际执行过程中却出现了摩擦，村民们认为村干部在政策落实过程中使用了手段，在分地过程中钻了空子，先进行了挑选并把好的地提前给自己留下来了，剩下的才是普通百姓抓阄分的，村干部和村民之间存在认知上的严重差异。除此之外，组间的土地分配上也存在矛盾，因为土地安置是以组为单位进行的安置，按照地形条件的不同特质，有些组不可避免地被分到比较偏的地方上，如W村的5组、6组、7组便是如此，与其他组的距离比较远，且在公共资源的使用上与其他组存在较为显著的差异，所以组员对于土地分配颇有怨言。在这一过程中，村组干部在矛盾调解中扮演着复杂的角色，既是一个调解者，在村民看来又是一定利益的所得者，因此在进行调解时，村民们碍于权威和面子，虽然表面上服气，但是私底下却偷偷抱怨，之后随着时间的推移慢慢地接受这种无力改变的状况。此种"有苦说不出"的境遇于无形之中疏远了扶贫移民群体与村干部的关系，也消解着彼此间的信任。

邸某，男，53岁，W村3组村民。邸某家中5口人，但常住的就自己、妻子和老母亲。邸某于1991年搬迁到现在的W村，邸某回忆，当时分地是一人2.2亩地，土地分为三等，一等较好，三等较差，而每个人分的三种等级土地的多少是按照比例的，相对公平，同时也导致村民的耕地极为分散。当时W村是一片沙漠，可耕种的土地比较少，因此都是选择不能耕种的地或者肥力非常差的地作为宅基地，宅基地和耕地的划分都是从村到组到村民，根据抓阄的方式进行，这也就导致现在W村的房屋分布情况，5组、6组、7组和其他组距离较远，居住地和耕地有远有近。（W村，案例30，邸某）

李某，男，62岁，小学文化水平，家中现有5口人，其中包括自己和妻子、儿子、儿媳妇以及一个10岁的小孩子。李某谈到，他们村的8组是一个干部组，就是当时搬迁到W村的时候，县上、镇上的干部家属都被安排到了这里。他们到村上的时候无论性别、年龄，每个人都分有两亩的地，但是因为地的肥力有差异，因此将地分为一等、二等和三等地。不公平的地方就在于，当初分地的时候，都是先让那些干部来的，让他们先挑选，剩下的才是普通百姓抓阄分的。（W村，案例11，李某）

李某，男，55岁，初中文化程度，1993—1999年担任W村支部书记（第二任），搬迁前所属村庄为西靖乡宽沟村，李某家中现有6口人，其中男性3人，女性3人。李某谈到，搬迁之初，村民之间的矛盾主要集中在耕地划分以及收税问题上。W村的耕地划分为一等、二等、三等地，其中三等地受风沙破坏严重。干部队基本挑选的都是一等地，这在当时引起村民的不满。其他村民按照人数，以及一等、二等、三等地的亩数均分。（W村，案例81，李某）

浇水矛盾是W村成立一段时间后出现的新矛盾，属于接触性矛盾。村民潘某谈到，搬迁来时这个村庄只有大渠，引用黄河水，村民们自行从田间地头挖小渠引到自家的耕地中去，并且实行"谁的地谁负责挖，谁负责保护"的政策，一般每组的地集中在一起，浇水的时候也是一组一组浇。一开始，村民之间常常会因为耕地划分、浇水等产生矛盾。（W村，案例84，潘某）W村农田灌溉基本都是以小组为单位进行，因此这种矛盾往往发生在组内成员之间。村民发生争执的主要原因为"灌溉顺序"，在谁先灌溉谁后灌溉上争吵不休。后来，村委会对农田灌溉制定了规矩，规定了浇水的先后顺序，有效地化解了矛盾。其他矛盾主要为村民之间的小口角、小纠纷，是村民之间密切交往而不可避免的接触性矛盾。

虽然大家集体居住在新村，具有地域意义上的初级社区形态，但是W村还未形成自己的村庄认同。村民之间联系较弱，没有稳定的矛盾解决机制，并未建立起对现居村庄的归属感。此阶段的社区治理困境主要源于本社区内部自治组织的不完善。搬迁初期，是艰苦建设新家园、分配生产生活资源的关键时期，但此时，扶贫移民群体尚未建立起紧密联结，遇到的困境和产生的矛盾也少有人为其解决。扶贫移民因公共资源分配问题而引发的冲突，无疑为扶贫移民社区建设初期的整合带来一定的障碍，扶贫移民之间的信任感和认同感难以顺利建立。

3. 三村重组集体意识不强

一方面，W村是由3个村庄共同搬迁合并成的一个大村，原有的村庄被划分为相邻的小组，小组内部都是熟人，治理的逻辑依旧遵循以往的惯例，小组治理便成为扶贫移民群体较为认同的一个治理单位。另一方面，在利益分配上，全体村民是一个大的利益共同体，在村庄内又分化成以组为单位的小利益共同体。利益冲突引发了一系列村内矛盾，在面对这些冲突时，村民自然而然地寻找与自己息息相关的利益方，采取抱团的策略以保证自己的利益最大化，这在无形中又使村庄的矛盾进一步扩大。正是这种小组村民之间的小认同，在一定程度上影响了整个社区的大认同。在村庄内部事务治理中，对于参与村庄整体公共事务，扶贫移民表现得并不积极，三村重组因此并没有形成一个较好的集体意识，这无疑为后续的有效治理增加了难度。

（三）治理策略

W村扶贫移民搬迁的最初10年，村庄治理表现为政府主导下对村民自治政策的积极落实，政府作为治理主体在这一阶段权责重大。尤其在扶贫移民搬迁的前两年，即1990—1992年，W村的村级自治组织与管理人员没有完全确定，因为在搬迁过程中有众多涉及利益划分的情况，原有的村干部成员无法在新村获得合法性认同，在资源分配上难以服众，村庄主要事务如耕地与宅基地划分等基本由当地移民办和扶贫办全权处理。此阶段村民之间交往频率较低、社会关系松散，尚未建立起稳固的社会联系。基于此，该时期主要由基层政府、移民办和扶贫办作为外部力量介入村庄，以此保证资源分配和利益划分的公平性，并对W村进行整体规划和治理。

1. 修建基础设施以保障基本民生

土地是扶贫移民生计的载体与基础。搬迁之初，政府先用机器对土地进行了基本的平整，后续由扶贫移民自己进一步平整土地。关于土地分配，村委会根据土地肥力和距离远近，将土地划分为3个等级，并在村民大会民主表决的基础上，对土地进行细分。对于分地一事，村委会在程序上尽可能公正，并考虑到大多数村民的实际需求。在水利灌溉方面，政府先将总渠引入村里，再由村民挖沟建渠将水引到自己地里，浇水秩序自该村采取小组协商措施之后效果良好。此外，村中的学校是刚搬迁后修建的，当时让每户出土块和椽子，在村民的齐心协力下修建起来，共修建了两间房屋和院墙，后来还翻修了一次。土地、灌溉与学校等基础设施在当地政府与移民办、扶贫办的集中扶持下不断完善，基本满足了扶贫移民最基本的生计需要，为扶贫移民的生产生活建构了公共场域，扶贫移民群体逐渐在这片新土地上稳定下来，并推动着社区的建设发展。

2. 基层政府主导型的社区治理

调研团队从村民口述史中了解到，在搬迁之前的动员阶段和早期搬迁的过程中，主要是移民办和扶贫办在管理村庄，他们在此期间主要负责对整个村庄的耕地和宅基地进行整体规划，对各类资源进行总体把控，对整个村庄进行多方面管理。

W村由西岭村、朱家湾村和宽沟村组成，搬迁初始为800人左右，1995年基本完成搬迁。1990—1992年，W村处于一个整合阶段，3个村的村民彼此相对陌生，还处于互相试探并建立初步联系的阶段。这时，村庄原本的治理网络瓦解，而新的治理主体还未正式形成，当地政府作为一种强有力的力量介入其中是不可避免的。在这个移民管理的静态阶段，政府如果处理好了搬迁过程中的利益分配问题，那么将为往后的村民自治管理打下良好基础[1]。政府在此时扮演的是一个利益分配者和建设者的角色，一边帮助村民完善村庄的基础设施建设，另一边对村庄整体的利益进行划分。一般来说，政府治理是指政府系统管理社会公共事务的活动过程[2]。作为3个行政村组成的易地扶贫搬迁社区，W村成立早期矛盾颇多。一方面是因为作为一个重组村庄，原有的村庄秩序被打乱，传统伦理的约束力被弱化；另一方面是因为村庄初成，土地等公共资源的分配牵扯利益巨大。虽然大家集体居住在新村，成了一个行政规划意义上的村集体，但是W村还未形成自己的集体意识，村民之间联系较弱，各类生活秩序尚未建立起来，村庄内部缺乏治理能力。因而，政府作为扶贫移民社区的发起者与统筹者，在村庄成立初期的重要作用不言而喻。在这一阶段，移民办和扶贫办成为占据主导地位的治理主体。

---

[1] 程熙、郑寰：《国家和社会的相互赋权：移民新村的治理之道》，《领导科学》2013年第29期。

[2] 王浦劬：《国家治理、政府治理和社会治理的含义及其相互关系》，《国家行政学院学报》2014年第3期。

3. 村民参与以促成自治

村民参与体现在促成自治组织的建立以及在村干部的领导下寻求化解矛盾的机制，共同出力建设新村。W 村的第一任村委会班子成立于 1992 年，是从 3 个行政村的原有村委会班子中选举产生的。在候选人方面，3 个村子的书记、主任和文书分别成为新一届村委会班子的候选人，然后由 3 村的所有党员选举出书记，全体村民选举出主任，由新任的书记和主任任命文书组成新村子的第一届村干部。初期的选举工作，由于村民之间还比较陌生，他们往往会把票投给原来和自己一个村子的候选人，熟人"抱团"现象明显，选举程序谈不上绝对的公正，但无论如何，这标志着 W 村自治组织的正式建成。自治组织作为治理主体探索出了通过村民的参与实践解决村庄重大矛盾的方式。W 村在发展初期主要面临的是公共资源分配不均问题，由此引发的冲突是这一时期村庄的主要矛盾。此类矛盾的存在给移民村的建设及整合带来一定障碍，使得扶贫移民之间的信任感和认同感难以顺利建立。针对土地分配、耕地浇水等难以凭借个体力量解决的重大性问题，村干部采取了诸多村民参与的"一事一议"制度，高度肯定村民的参与权和监督权，通过村民的积极参与以寻求矛盾的和平解决，维护了村民的利益，并坚决落实村民"自己的事情自己商讨、自己决定"的目标。村民也在这一过程中积极参与其中，来维护自己权益，尽可能去争取一种相对公平感。

二 新村融合阶段

2001—2012 年是 W 村发展的重要阶段，在此阶段 W 村经历了从贫穷、落后的扶贫移民村庄向一个基础设施完善、融合地区发展的村庄转型的过程，这是一个取得辉煌成就但又充满曲折和艰难的过程，扶贫移民一直在"二元对立"的结构中艰难地建设着村庄。该结构性矛盾主要来源于以下两个方面：一是来自国家政策对计划生育的严格管控；二是来自沿袭千年的农业税制度。以 2006 年国家全面取消农业税为分水岭，W 村迎来新的机遇和挑战。税费改革后，农民生活日渐富足，干群关系逐渐缓和。但随着改革开放的进一步深化，村庄又出现新的问题，大量的青壮年劳动力外出务工，农村空心化现象严重。

(一) 治理特征

1. 政策影响下的干群关系变化

自搬迁之初，超生就作为不能搬迁的硬门槛，将一半以上的原村民排除在搬迁名单之外。即使后来通过花钱买宅基地的方式入住 W 村，也不能享受到同等的政策福利，如超生 2 个以上的孩子不可以分得土地，或者只能把超生孩子的户口转到爷爷奶奶名下；且计划生育作为一项强制性执行的政策，与"多子多福""重男轻女"的农村传统落后观念正好相反，不少村民仍会秉持旧观念超生，从而背上罚款的额外债务。此外，在征收农业税的时代，村级单位"权小责重"，往往要承担从农民手中收钱粮的艰巨任务。村干部大多生长于本村，深知农业赋税对温饱都难以实现的扶贫移民来说负担有多重，但是征税作为一项政治任务，又是不得不完成的工作内容，因此他们只能用各种手段向村民施压，更加加剧干群关系的紧张程度。在取消农业税之前，村干部与村民之间一直存在难以调和的结构性矛盾。一方面，村干部是扶贫移民利益的维护者，是扶贫移民群体的发言人；另一方面，村干部也是政府政策的执行者和实施者，是扶贫移民社区乃至社会秩序的维系者。在扶贫移民看来，无论是计生政策的严格监管还是农业税的征收，都是损害其自身利益的行为，难免对村干部产生排斥甚至怨恨情绪，造成干群关系的紧张，不利于社区治理工作的开展。

取消农业税在很大程度上缓和了干群关系，乡村干部任务减轻，自身与村民之间的关系开始发生转变，乡村组织被定义为服务型组织，为了使自己达到新的"政治正确"，他们通过少做事或者不做事的无为手段来维护村民的利益[1]。这种无为的政治方向的确在一段时间内缓解了干群关系的紧张气氛，但是随着村庄的进一步发展，村民对村干部也提出了更高的要求，希望村干部能够迎合国家的好政策，为村庄争取一些项目，改善村庄的人居环境。

2010 年是村干部"大换血"的一年，我们采访到 W 村的第一任村主

---

[1] 申端锋：《软指标的硬指标化——关于税改后乡村组织职能转变的一个解释框架》，《甘肃社会科学》2007 年第 2 期。

任赵某。"赵某从1991年搬迁到W村开始担任主任，2010年卸任，加上搬迁前的村干部经历，赵某任村干部共34年。据赵某介绍，第一届他们从村子形成初期做到2010年，第二届担任了一届（五年）就被村民换了下去，第三届干了两年零四个月，因为徇私舞弊不为老百姓做事情而被村民提前换届改选了下去，第四届就是现在的这一届村委会班子，但是到目前为止还没有做出明显的成绩，他认为村委会班子是一届不如一届，但是他现在年龄大了，没有精力再担任村庄的职务。另外，现在村干部的工作重点开始向跑项目转移，自己也没有能力去面对这些新工作，况且和自己搭班子十几年的老伙计陆陆续续都辞职了，新选上来的和自己配合得没有那么默契。另外，村干部的待遇在提升，赵某回忆自己当时做村主任时工资是一年500元，现在已经到了两万多元，增长幅度是很大，有更多的人想要通过这个职位来谋求自己的利益，因此自己就选择退了下来。"（W村，案例32，赵某）

2. 青年劳动力外流导致村庄渐趋"空巢化"

2006年，农业税取消后，全国的"务工潮"也席卷了西部农村，村庄青壮年外出务工的现象日益增多。直至今日，"离土离乡"的村民大有人在，并且有逐步上升的趋势。最开始时只是青壮年男性外出务工，而后完成生育的青年妇女也逐渐加入这个"候鸟"群体中。据不完全统计，2018年W村在籍有256户人家，但是常住的仅有170户左右。从2010年开始，W村里出现了部分村民不种植粮食作物的现象，开始转种经济作物。但是经济作物受市场的影响价格波动比较大，葵花、枸杞等经济作物由于销路渐窄、需水量大等，难以保证稳定收入。因此，最近几年村民又开始种粮食，但是每亩地一年在灌溉、化肥等方面的投入非常大，能达到500元，这样算下来，一亩地农民实际收入非常少，这也是近年来年轻人多外出打工的重要原因。中青年群体的大量外流，使得村庄里的老年人比重相当高，达到了80%。

吕某是海子滩元新村人，为9组里的女性村民，今年35岁，小学文化水平。搬入新社区有近20年的时间，吕某表示他们海子滩虽然和W村在地理上相衔接，也都属于移民搬迁社区。吕某认为无论是元新村还是W村，近些年空心化现象都比较严重，由于当地条件较差、机会少，许多的青年劳动力都选择外出务工，村庄中留下的大多是儿童、妇女和老人，而她本人是因为孩子念书和老人身体不便，没有选择随丈夫外出务工，而是在家中照顾老人和孩子。除了农忙时节之外，吕某也表示会在枸杞成熟的季节去枸杞地里摘枸杞，几百亩的枸杞地是由宁夏的中卫大靖镇承包，辐射带动周边村庄的人们打零工，除此之外，她还告诉我们，一般情况下，下午摘枸杞收工后，晚上她还会去近处的沙漠里抓蝎子，一斤是600块左右，一般情况晚上都会抓两三两，这样下来，一天赚的钱差不多可以补贴家里的花费，但吕某也表示只有枸杞成熟的季节才有活儿干，而一般在冬天就只能在家里休息和照顾家人，她表示一旦有机会，也会选择外出务工。（W村，案例21，吕某）

此外，大量村民外出务工，使村民参与集体活动的可能性越来越小。宽沟村是搬迁人口最多的村子，村中的大姓为李姓，并且村中李氏族人共同筹资，于2008年修建了李氏祠堂，主要供奉有家谱和牌位，未来还想在6组周围再修建一个广场，满足村民的需要。但是从宽沟村搬入W村的并非全部人口，由于搬迁政策的要求，当时搬去别村的亲戚朋友们联系和走动更少了。村民李某说："刚搬过来的时候，闲暇时会出去和村民们打打扑克或打麻将，而现在很少有这样的机会。一是自身闲暇时间极其少，少部分零碎的时间会帮忙干农活，大块的闲暇时间则在村委会办公室值班；二是大部分人都出去打工了，每年都是农忙的时候回来几天，那时候大家都忙地里的活，根本没有时间再聚在一起打麻将。"（W村，案例81，李某）人口向外流失逐渐成为限制村庄可持续发展的重要因素。

（二）治理困境

1. 井渠之争

W村发展的最主要限制因素是水的问题。W村2003年开始铺设自来水管道并计划投入使用，但是直到2017年才实现自来水的稳定供给。在自来水通村之前，政府在村中打机井，一村一个机井，因此，水资源成为村民们竞相争夺的资源，浇水矛盾也成为一段时间内的主要矛盾之一，如一户村民浇水的时候会绕过另一户的地，两家地相邻，总会有一户不愿意，便往往会因为这些而闹不愉快。

"这个村以前并非只从一个村搬迁过来,而是由好几个不同的村一起搬过来的,但是现在感觉没有什么矛盾,主要原因应该就是大家一起不断地磨合。以前这里还是有些矛盾的,比如说是很久以前黄河水的灌溉问题,就引发了'谁先灌溉,谁后灌溉'的矛盾,这些矛盾都是很深的。"(W村,案例72,张某)

2017年村庄又对所有的自来水管道进行了检修和升级,保证了饮用水的全覆盖,村民家庭生活用水问题得到全面解决。但是,农田水利灌溉工程仍在建设中。

2. 计生之围

计划生育制度是我国20世纪50年代中期为配套计划经济所实行的人口控制政策。1956年8月,周恩来总理在全国人民代表大会上就生育控制问题做了明确指示,决定在全国范围内开展对计划生育的宣传[1]。此后,计划生育成为举国上下的政治任务,控制区域内人口数量成为评价区域治理水平、区域领导工作能力的重要标准。有学者的研究记录到,计划生育时期,中部某村要求村妇女主任为计划内怀孕的妇女建立育龄妇女档案,怀孕4个月后要每隔一个月去看一次,并采取扣分制管理,少一次扣除一分,直至把计划生育分数全部扣完为止[2]。计划生育是一项事关全国的重要政治任务,需要建设起一支力量强大、遍布人民群众的计生队伍,尤其是在广大的农村地区。农村相对城市而言,缺少强有力的公有制单位对辖区内的农民进行控制,因此村干部的作用显得尤为重要。在某些地区,计划生育队伍向村民提供了从婚前教育宣传到中老年健康保障等一系列登门服务,落实各项有关计划生育的优惠政策,实施以帮助计生户发展经济为目标的"少生快富幸福工程"[3]。1992年后,计划生育开始强调社会参与,使计生工作由过去单纯依靠行政机关的管理模式变为以广大村民为主体动员社会广泛参与的新

---

[1] 杨发祥:《当代中国计划生育史研究》,博士学位论文,浙江大学,2004年。

[2] 申端锋:《软指标的硬指标化——关于税改后乡村组织职能转变的一个解释框架》,《甘肃社会科学》2007年第2期。

[3] 杨天霞、王万桥:《村民自治:构建村级计划生育工作新机制》,《南京人口管理干部学院学报》2003年第2期。

模式①，即由过去乡镇一级政府直接承办的工作向村委会等一系列的村民自治组织转移，减少行政的色彩，突出群帮群助的特点，形成多数人做少数人工作的局面②。

计划生育政策作为一项强制性执行的政策，一旦有人违反就要处以罚款。有研究者记录了一笔生育账：如果多生育一个孩子，不仅要缴纳罚款几万元，还要抚养他读书，至少需要十万元的投入。在农村社会保障体系不发达、纯农业收入呈下滑趋势的今天，一个村民多生一个孩子就相当于做出超出其承受能力的"经济投资"，这是不现实的③。服从计划生育政策也成为当时社会评价一个人、一个家庭的价值尺度，人们会默认违反计划生育政策的家庭有能力承担相应的罚款与投入，以扶贫为目的的易地搬迁政策自然不会对这部分群体给予与贫困人口同等的对待。在搬迁的过程中，违反计划生育政策的扶贫移民将无法获得相应的搬迁福利。

徐某是W村5组的男性村民，今年59岁，中专文凭，同时也是一位退伍军人，以前曾担任过第5组小组长。徐某是1991年搬迁的，他谈道："搬迁有个硬门槛，在计划生育政策的大背景下，超生的不能搬，因此整个高峰大队的6个生产队（村级别）只有一半的人搬了下来。"（W村，案例53，徐某）

还有因为违反计划生育政策而没有享受到搬迁福利的村民严某。严某，男，63岁，W村8组村民，1992年从平原村搬迁到W村，现在的收入来源主要是养殖、种植和农闲时间打点零工。严某生育了3个孩子，在搬迁之初因为计划生育限制被卡住没能搬迁到川区，后来有W村村民搬迁到别处后严某一家花钱买来宅基地搬迁到了W村。搬迁前严某一家住的是窑洞，搬迁以后的土地就分给了同村其他没有搬迁的农户，搬迁时农具物品的运输是自己用的驴车运到W村。对于20多年前的搬迁，严

---

① 许昀：《国家意志与社会参与——"国家与社会"视角中的计划生育村民自治》，《人口与计划生育》2003年第1期。
② 黎明文：《计划生育村民自治的实践与思考》，《人口研究》1997年第5期。
③ 周学馨：《影响西部地区农村计划生育村民自治质量的因素分析》，《西北人口》2003年第2期。

某说政府动员大家进行搬迁，因为原居住条件和原生产条件的落后，所以村民也愿意搬迁，但政府并没有给搬迁的村民提供太多的优惠条件。（W村，案例26，严某）

3. 税费之苦

农业税，又被称为"公粮"，是国家向农民征收的农业生产赋税，广泛存在于各个历史时期。1958年6月，国家颁发了《中华人民共和国农业税条例》，并于1994年1月发布了《关于对农业特产收入征收农业税的规定》，以相关政策的颁布来确保农业税的合法性和顺利实行。据统计，从中华人民共和国成立到2000年前后，全国共缴纳农业税超过7000亿公斤。农业税是国家税收的重要来源，是国库、部队、单位等国有部门的重要基础保障。2004年，国家首次试点减收或免收农业税惠农政策，2006年1月1日，废止《农业税条例》，终结了在中华农耕文明下延续千年的"皇粮国税"制度。在农业税时代，县、乡、村三级在税收压力下形成了紧密的利益共同体，县乡财政一度紧张，村级单位"权小责重"，仅仅拥有很小的政治权力，却要承担从农民手中收钱粮的艰巨任务。这种情况在中西部地区尤其明显，村民本身的农业产量不高，却还需完成税费的指标，这不仅加剧了干群之间的矛盾，还侵蚀了政府的公信力[1]。

农业税带给农村的压力有两方面。一方面给农民带来压力。传统农业生产方式的生产效率低下，加上西部干旱少雨的自然环境，粮食产量很低，一些人多地少的家庭满足口粮尚且不够，还要上缴农业税，无疑对家庭造成了很大的经济压力。村民之间的矛盾主要集中在耕地划分以及收税问题上。尤其对于分到的土地质量差、宗族力量羸弱的弱势村民，他们甚至难以在这片土地上获取满足全家温饱的食物，上缴农业税则更是难于登天。另一方面也给基层工作者带来了压力。收取农业税是村干部所面临的重要政治任务之一，村干部为完成政治任务，不得不以各种手段做村民的工作，想方设法从其牙缝当中挤税收。从W村老支书的回忆当中可以感受到农业税收取的艰难过程。收取农业税是当时基层干部

---

[1] 贺雪峰：《取消农业税对国家与农民关系的影响》，《甘肃社会科学》2007年第2期。

的主要工作，对某些职位上的村干部来讲甚至是唯一的工作："以前除去收取农业税（也是由组长和村民直接对接），村委会很闲，现在村委会，尤其支委会非常忙碌，主要是国家的政策多了，对村民的福利也多。"虽然现在李某已不再担任村支部书记，但是仍然会参加一年2—3次的村民大会。（W村，案例81，李某）

（三）治理策略

1. 村庄自治营造权力的弹性空间

随着村庄的不断融合及发展，比起第一任选举，村庄选举事务越来越程序化和理性化。政府也逐渐淡出W村的治理舞台，将治理责任交给了村民。村庄走上自治的道路以后，政府虽然将治理主权交给了村庄，但并非放任不管，而是通过制定制度、监督实施、给予政策等方式提高村民的自我管理质量[①]。村民自治是我国政治民主化进程中的产物，村民自治的倡导者彭真在推动全国人大常委会通过《中华人民共和国村民委员会组织法（试行）》时表示："有了村民委员会，农民群众按照民主集中制的原则，实行直接民主，要办什么，不办什么，先办什么，后办什么，都由群众自己依法决定，这是最广泛的民主实践。"[②]这在初期仅处于一种理想状态，我国的农村村民自治一开始就有国家立法授权的性质，即村民自治是基于国家难以通过单一的行政管理有效治理社会而将部分治理权下放给基层，并在这一层次实行直接民主的方式治理[③]。不过随着扶贫移民社区进入融合阶段，村民自治制度也在不断完善，村委会作为村民自治的组织形式，一方面自上而下地推动国家政策的落地生根，另一方面自下而上地反馈村民的公共服务需要，村委会发挥着纽带的作用。对社区的治理来说，村民自治促进了村庄内部的弹性权力空间的形成。村两委根据村庄内部的实际情况，运用熟人社会的关系以及地方性知识，多措并举来对村庄进行整体治理，尤其以促进社区内部3个村庄的融合

---

① 郑寰、程熙：《使农村基层民主运转起来——河南省创新移民新村社会管理工作的调查》，《国家行政学院学报》2014年第1期。

② 《彭真文选》，人民出版社1991年版。

③ 徐勇：《村民自治的成长：行政放权与社会发育——1990年代后期以来中国村民自治发展进程的反思》，《华中师范大学学报》（人文社会科学版）2005年第2期。

为治理要义，来提升社区治理的效果。

2. 形塑了有效的矛盾化解机制

面对井渠之争、计生之围以及税费之苦等治理困境，形塑有效且有序的矛盾化解机制对于这一时期扶贫移民社区的发展至关重要。首先，就井渠之争而言，其实质是围绕着"灌溉顺序"产生的利益分配问题。人为化的操作最可能产生不公平与相对剥夺感，制定相应的分配规则，用一套有章可循的程序来解决这一问题是较为有效的手段。W村村委会将灌溉先后顺序的确定交给各个小组，即灌溉的次序由小组之间自行协商，小组长负责通知各家各户，这一举措促进了灌溉矛盾的化解。其次，这一时期村庄青壮年劳动力开始逐步走向城市，土地的价值感降低，因此围绕着土地而来的分配以及灌溉矛盾逐渐减少。再次，就计生之围来看，计划生育是一项国家政策，在基层落地生根难免需要与地方性知识进行磨合。以村委会为代表的村两委就成为联结国家政策与地方实际的重要一环，通过搬迁的奖励政策与基本门槛条件，让实行计划生育的家庭有了享有政策优惠的优先权。加之村委会对计划生育知识的宣传，让村民们慢慢地知晓了计划生育带来的益处，缓解了村民对计生之围的不认可与情绪化行为，促进了计划生育政策在基层的稳步推进。最后，就税费之苦而言，税费是扶贫移民社区治理的重要难题之一，尤其是搬迁初期受自然环境的影响，生计问题很难得到解决，但随着政府、村委与村民们的合力推动，环境问题得到很大改善，农业基础设施也在不断完善，这就为稳定生计提供了基础，为税费的缴纳提供了前提。同时返销粮与救济粮等国家的救助政策，在一定程度上缓解了税费缴纳难题。由此，在当地村委主导、村民参与下，形成了很好的将治理困境和矛盾化解在基层的机制。

三 整村发展阶段

（一）治理特征

2004年，根据县政府的统筹安排，实施撤乡并镇，使大东滩乡并入大靖镇中。经过一段时间的村庄合并、撤乡并镇后，老村之间的界限开始逐渐弱化，村民心理上的隔膜渐渐消失，一个独立的、新的村庄边界开始形成。

1. 基础设施建设不断完善

W村的扶贫移民搬迁工作发展至今已有30余年的历程，正是得益于这30余年的融合与治理，让村民们在新村落地生根，扶贫移民社区的生产生活条件也在不断完善。首先，此阶段扶贫移民社区基础设施的发展与完善主要表现在广场、道路与水电等方面。该地区于1993年实现全村通电，但一些小区域的电压不稳定，直到近两年才实现了整个村庄电力的稳定供给。2003年村庄通了自来水，但是由于管道生锈、水源不稳定和水压过小、难以出水等问题，时至2016年才完全实现了自来水的稳定供给。道路方面，2012年政府通过项目资金与招标工程完成了第一批道路硬化。目前，村庄中的道路硬化主要集中于主干道路，而村庄内的多数小路仍然是土路。据悉，2016年村庄也将小路的路面硬化工作提上日程。除此之外，2017年，村庄修建了第一个公共娱乐广场——乡村舞台，同时在文化广场增添了许多健身与体育器材，丰富着村庄的文化娱乐生活。在一些重要节日，村委会也常会举办一些文体娱乐活动，增加与村民之间的互动，加强新村整合。这些集体活动一般由村委会和妇联组织，资金则由财政部的"一事一议"项目出资支持。

刘某谈道："村庄每当过节的时候基本上都会有演出活动，平时人多的时候村委会也会组织一些体育活动，但是这些基本上都是从修建了活动广场之后才开展的，村民们都很开心，终于能够有一个可以承载娱乐活动的地方了。现在，老人都会带着孙儿去活动广场休闲娱乐，中年人也会相聚于此聊聊天、打打牌。因此，每当村委会举办集体活动的时候，大家都会积极踊跃参加，如去年过年的时候，村庄组织大家一起打腰鼓，有时间有能力的村民基本参加了。"（W村，案例9，刘某）

2. 村民自治体系愈加成熟

W村目前的村委会核心成员主要有村支书、村主任和村文书。现任村支书的文化程度为专科，搬入新村已有28年，于1999年连任至今，共19年；现任村主任的文化程度为大专，于2007年当选为村文书，连任两届后，于2013年当选为村主任，现连任两届；现任村文书于2013年上任，现连任两届。村主任由全民投票选举，村支书由村庄内所有党员投票选举，村文书由村支书和村主任指定。村民表示在搬迁之初，虽然大部分村民都属于同一个乡，但相互之间并不是很熟悉，因此在选举时会倾向于选同自己关系较好的候选人。而如今的村民选举则倾向于选择公平、务实、有能力、为老百姓服务的候选人。这在某种程度上也反映出搬迁后治理主体与治理对象的素质、能力和思想觉悟等都有了一定程度的提高，如表2-2所示。

表2-2　　　　　　　　选举候选人的素质要求

候选人素质	个案数/个	百分比/%
候选人能力	416	86.0
服务态度或是亲和力	191	39.5
在当地的影响力或是公信力	116	24.0
经济能力	51	10.5
关系密切度（亲戚或是朋友、同乡）	18	3.7
相同的民族信仰	2	0.4

随着生活的稳定，新村的治理结构与基层组织不断臻于完善与成熟。当前村庄中最主要的4个基层社区组织是村委会、村支委会、村监委会和民事调解委员会。村委会和村支委会交叉任职，在日常管理工作中二者相互配合；村监委会具有监督与评议的职责，为政治清廉营造一个良好的监督环境；民事调解委员会主要是调解村民之间的民事纠纷，维护新村治安与秩序，加强社区整合。除此之外，为了适应村庄的发展，村庄内也出现了网格员、保洁员等职务。总体而言，村庄的基层组织形式与结构都比之前更加成熟健全。

在治理环节中，治理方式也发生了显著变化。组长作为村委会与村民之间的联系与纽带，起着上传下达的中介作用。传达村庄事务一般都需要组内会议或者挨家挨户打电话通知，但随着网络时代的到来和智能手机的普及，村庄通知、公告事务的形式也逐渐多样化。根据访谈了解到近两年各组都陆陆续续建立了微信群，从而减少了面对面的开会次数，除了选举等一些重大事务外，其他事务都是通过微信群通知并进行集中讨论，而且在外务工人员也可以通过微信群及时了解村庄事务。通过这一方式向村民传达意见，保证了每个村民都能及时、方便、快捷地获取村中大小通知和重要信息。新村的微信群分为三种：第一种是干部微信群；第二种是村干部和组长的微信群；第三种是组长和村民的微信群。通过这种方式可将不同的人群划分为不同的治理单元，同时，这三种类型的微信群也反映出 W 村"村—组—民"的管理模式。村庄事务的传播模式是自上而下传达，与此相反，村民们的意见与建议则是自下而上进行反馈，以熟人社会划分圈层，通过熟人联系熟人。在信息传递的过程中，村民与组长的联系较多，直接与村委会的联系较少，这种治理模式以组长为中介，将治理的上下两级有效地联系起来，小组治理的优势得以凸显，缓解并减少了治理中可能出现的摩擦。

访谈中刘某告诉我们："微信群的使用减少了面对面开会的次数，除了村子上的选举等重要会议，组长的上传下达和通知浇水等工作都可以在微信群中进行集中的讨论与通知，且每个人都可以看到，因为微信群和开会的特点不同，开会是面对面的，但总是有一些人有事请假，没有办法参加会议，而微信群由于不受时空的限制，所以在传达消息的准确性、及时性与时空性中都要优于开会。"（W 村，案例 23，刘某）

3. 矛盾类型与处理方式呈现新特征

在搬迁之前，多数村民属于西靖公社，且都是从同一个村庄搬迁下来的，各自的生活方式和习惯差异相差不大，空间边界并不明显。搬迁到同一个村子后，村民间的风俗习惯和行为方式也几乎不存在差异，同质性较高，减少了扶贫移民重新嵌入新村的阻力与张力。30 余年的搬迁历程与磨合使新村的扶贫移民社区特征逐渐减弱，更类似于一个"落地生根"的自然村。同时，村民间的矛盾纠纷类型与处理方式发生了较为显著的变化，如矛盾发生的频率下降、矛盾类型的多样化及处理矛盾方式的理性化。自 2006 年农业税取消，"务工潮"盛行，村庄青壮年外出务工的人数显著增多，特别是当前发展阶段，在籍人口有 256 户，但是常住人口仅有 170 户左右。土地流转的现象越来越多，村庄的空心化现象与人口流失情况也越来越严重。留在村庄的村民几乎都是弱势群体，他们每天要承担很多农活、家务活，邻里间的交往频率呈下降趋势。与此同时，外出务工的村民受到城市人群消费方式、价值观念的影响，并将新的现代化观念带回W村，使得这个传统农村逐渐与外界接轨，并迎来生活方式与思想观念的更新。除此之外，村委会也不断将和谐社会、文明社区等新思想传递给村民，因此，村庄发展到当前阶段，纠纷的发生频率显著降低。但是，村庄纠纷的类型却呈现多样化的趋势，如民事纠纷、财产纠纷、土地纠纷等。纠纷的调解工作一般依据矛盾大小来处理，处理方法也不尽相同，如表2-3所示，包括双方私下解决、街坊邻居或老人调解、请村委会出面调解以及走司法程序进行调解等。可以看出新村发展至今，处理纠纷的方式大部分遵循了熟人社会由近及远的差序格局规律。村民们表示邻居间发生口角都是常态现象，"没有不拌嘴的邻居"，一般情况下双方都可以自行化解。关于平常纠纷，调解的时候需要一个中间人将双方的利益诉求明确，然后计算各自的得失和成本，双方认可，则该纠纷得以解决。目前村庄的摩擦和矛盾一般都很小，基本上邻里之间私下就可解决，涉及纠纷较大的，才会由村委会出面调解，这也反映出村庄发展中矛盾类型的多样化、复杂化以及村民法治意识与维权意识的提高。一般来说，村委会对于矛盾的调解极为有效。针对发生在不同组间、涉及多方利益受损的矛盾，多由村支书出面调解。村支书的出面，能够有效安抚和协调各方的利益诉求，这也体现出村庄治理由熟人社会的人情与面子运作转向一系列有章可循的规章制度，村庄的治理更加有理有据、步调紧凑。

村主任杨某谈道："在纠纷与矛盾方面，之前较多的是关于种地浇水的矛盾，但是现在外出务工人员增多了，很多地承包出去了，这些矛盾也就少了，关系都很和谐。"（W村，案例14，杨某）

张某表示："村民之间相处非常的和谐，矛盾纠纷很少，风气很好，若是村民之间发生了口角也都是因为一些小的矛盾，可以自行化解掉，很少会有大矛盾是需要村委会帮忙解决的。另外，村内的几乎所有的农户，只要不出远门，大门就是敞开的。这种景象是在城市甚至是其他村庄都很难看到的。"这两件事情都表明了W村村民间的相处十分融洽，且村庄治安整体较好。同时，张某也谈到，该村村民矛盾少的另外一个原因是，W 村村民在搬迁之前本就是一个村的，彼此都基本认识，所以和其他的黄花滩乡的村民比起来，矛盾就比较少，另外经过了这 28 年的相互的磨合发展之后，彼此之间更加和谐了。而对比其他的移民村，他们不仅是跨村的，更有跨省的，彼此之间的行事方法不同、语言不同，交流不畅通，所以矛盾也就更多了。（W 村，案例 80，张某）

表 2-3　　　　　　　　　纠纷处理方式

	解决纠纷的方式	频数/人	百分比/%	有效百分比/%	累计百分比/%
有效	街坊邻居帮助调解	85	17.6	20.2	20.2
	德高望重者或者曾经村里的能人帮助劝解	23	4.8	5.5	25.7
	居委会出面进行调解	218	45.0	51.9	77.6
	越过居委会请上级政府出面	3	0.6	0.7	78.3
	私下解决	88	18.2	21.0	99.3
	无人劝解	3	0.6	0.7	100.0
	总计	420	86.8	100.0	/
缺失	/	64	13.2	/	/
	总计	484	100.0	/	/

4. 生产生活方式多元化发展

村民们的生产方式与生活方式呈现了阶段性的变化。首先，随着土地流转与外出务工人员的增多，越来越多的家庭向"半工半耕型"生计模式过渡，即家庭主要收入来源不再局限于种植业与畜牧业，还有打工所得的工资性收入，这种现象在 W 村逐渐普遍化，如表 2-4 所示。此外，在农业种植方面，该村已经发展出了较为固定的模式。新村目前主要种植小麦、玉米等粮食作物，经济作物有枸杞、大豆等，与搬迁之初的种植模式也有差异。搬迁之初，村民大都种植小麦、玉米、向日葵和土豆等，但是由于目前村庄土地沙化的现象越来越严重，向日葵与土豆的质量与销量都不好，村民无法从中获取高于投入成本的利润。因此，许多村民放弃了继续种植向日葵与土豆的想法，改为种植小麦与玉米，这都是村民经过理性计算和选择的结果。

表2-4　　　　　　　　　　家庭主要收入来源

家庭主要收入来源	频数/人	百分比/%
种植业收入	413	85.3
畜牧业收入	284	58.7
工资性收入	251	51.9
经营性收入	21	4.3
财产性收入（租赁房屋或土地）	7	1.4
政府征地收入	1	0.2
转移性收入（离退休金、失业救济金、赔偿、辞退金、保险索赔、住房公积金、家庭间的赠送和赡养）	50	10.3

同时，村民的生活方式在新的时代背景下发生了巨大变化。首先，随着互联网技术的发展与通信设备（如手机、电脑等）的普及，越来越多的村民开始通过网络与家人朋友进行交流，人们的交往方式不再局限于面对面互动，实现了"千里传音"。当前村庄宽带网络覆盖率达到了70%，家庭在通信方面的支出不断升高。其次，村庄内三轮车的普及率也越来越高，增加了村民们出行的便捷性。另外，广场、老年人活动中心等文化娱乐场所的建立，也丰富了村民的日常生活，提升了其幸福感。从表2-5和表2-6中村民对于闲暇时间的利用情况可以看出，串门、出门打扑克或打麻将、逛街购物与外出旅游的频率均得到了提高。究其原因，搬迁之后新村比老村的空间范围小、居住集中，村民之间的往来趋向频繁。

表 2-5　　　　　　　　　搬迁之前的闲暇时间利用情况

闲暇时间利用	频数/人	百分比/%
在家休息或整理家务	358	74.0
出去打扑克或打麻将	12	2.5
逛街购物	2	0.4
串门	69	14.3
外出旅游	1	0.2
其他	42	8.7
总计	484	100.0

表 2-6　　　　　　　　　现在的闲暇时间利用情况

闲暇时间利用	频数/人	百分比/%
在家休息或整理家务	289	59.7
出去打扑克或打麻将	17	3.5
逛街购物	11	2.3
串门	97	20.0
外出旅游	4	0.8
其他	65	13.4
总计	483	99.8
缺失	1	0.2
总计	484	100.0

随着村庄内公共物品数量的增加与质量的不断提升，W村建设越来越完善，医疗、道路、绿化、水电、娱乐活动场所等趋于完备。同时，在融合发展的过程中，社区的移民特征越来越弱，W村越来越呈现出熟人社会的特点，即形成了亲密的、乡土的、熟悉的、人情的、伦理的关系网。费孝通指出，"熟人社会"是一种以差序格局为主导、以血缘为纽带的乡土社会。但是随着法治主义建设的不断推进及法律意识的普及，该村的治理模式逐渐摆脱熟人社会所固有的诸如营私舞弊、找关系、人

情垄断、超越规则等"顽疾",转而采纳以运用法治规则与制度处理事务,强调公平、公正、权威及纪律为主导的治理模式①。

这不仅克服了熟人社会关系网的消极之处,还克服了陌生人社会治理中的人情冷淡、人性冷漠等缺点。当然,用理性制度取代从前的伦理习俗十分依赖于治理对象和治理主体综合素养的共同提升。因而,必须提高治理对象的法治意识,强化治理主体的法治能力,使理性化、制度化的法治建设在村庄行得通、稳得住。另外,W村的社会生活在30余年内发生了巨大变化,特别是矛盾纠纷发生频率显著下降。与此同时,村庄内部矛盾呈现出类型多样化与内容复杂化的特征,但村民处理矛盾纠纷的方式却逐渐理性化和程序化。

W村发展至今,村民们的社会资本逐渐趋于稳定,并且扶贫移民搬迁至新村后社会网络也发生了相应的变化。虽然该地区的搬迁属于集体性搬迁,但是仍然存在交叉居住的情况,由此形成了相对错杂但却较为稳定的交往网络。有学者明确将社会资本划分为微观和宏观两个层次,其中微观层次的社会资本是指个体或家庭的关系网络,考察的是主体间性的互惠关系,这种社会资本具有稳定和可收益的特性②。经历了30余年的融合治理发展,W村村民个体间互动的频率不断提高,人们的关系也变得稳定化与固定化。同时,集体性搬迁使得多数村民原有的社会资本得以保存,因此在搬迁后新村村民重建社会资本较为便利。但还需注意的是,村民的居住空间在搬迁后进行了调整,故而当前村民的社会资本与搬迁之前有所不同,尽管这种差异并不显著。

(二)治理困境

1. 公共物品供给能力滞后于村民需求

大部分村民对村内基础设施建设及公共服务供给表示不满。在道路建设方面,当前村庄内部的道路还是土路,给村民日常生活造成诸多不便,并且对道路的保护措施不足,很多道路都因大型货车通行造成了较

---

① 郭占锋、王懿凡、张森:《集体记忆视角下移民村落共同体的形成过程》,《中国名城》2021年第4期。

② 冯伟林、李树茁:《人力资本还是社会资本?——移民社会适应的影响因素研究》,《人口与发展》2016年第4期。

严重的路面破坏；在垃圾处理方面，W村没有专门处理垃圾的地方，各家各户的生活垃圾都是积攒到一定量之后用家里的电动三轮车统一拉到村外的一个地方，进行集中填埋。村庄内没有垃圾箱或垃圾桶之类的环保设施，以至于许多垃圾都被直接扔到路边或者田地中，既影响村庄绿化与环境，也影响村民心情。他们希望村庄可以在垃圾处理方面有进一步的完善措施，最起码在路边安置一些垃圾箱，并安排一些专门的人负责清洁工作等；在灌溉水渠的硬化方面，尽管通了自来水，有了稳定的灌溉水源，但昂贵的水费成为其日常生活开支的重要组成部分，村民希望可以通过水渠硬化的方式减少农业用水在流动中的下渗，节约水资源，减少水费；在路灯安装方面，扶贫移民表示目前全村只有广场有路灯，其他地方都没有路灯。而村民白天都在农忙，交流串门多在晚上，安装路灯可以促进村民之间的交流和联系。除此之外，W村还存在师资资源缺乏、活动场所稀缺、文化交流活动组织不够等问题。

张某表示："现在本村最大的困难是学校、路灯的缺乏。孩子上幼儿园需要去很远的地方，十分耗费家里的劳动力。另外，晚上路灯缺乏，但大家空闲的时间大多数是在晚上，大多数村民晚上只能待在家中，减少了自己的文化娱乐活动。路灯的修建需要路面的硬化，而新村的道路硬化程度不够高，许多路仍然是土路，因此路灯难以修建安装。"（W村，案例2，张某）

温饱问题与村庄融合问题得到解决之后，扶贫移民表示当前W村的发展进入了相对停滞期。一方面，政府在组织产业发展方面缺乏连续性。前几年政府划好养殖牛羊的地，专门让村民去养殖，并发放补贴。但是政府却没提供诸如市场、销售、技术等方面的帮扶，导致很多人把牛羊圈承包给了外地人，没有再继续干下去或直接空置，没有形成完整的产业链。另一方面，从村组织行为来看，部分扶贫移民认为当前村组织仍存在腐败现象，如凭亲属关系评贫困户、选举前仍有人拉帮结派等。更有部分扶贫移民表示村委会只是政策的执行者，形式主义较为严重，工作仅停留在纸上，毫无实质性内容，大都只是完成上级任务，没有自发帮助村民脱贫致富的行动。而且村里的基础设施，都是政府出资金、找工程队进行建设的，村委会只是发挥了一个监督的作用。

虽然与搬迁之前比，新村的生活水平在一定程度上得到了提高，但是从宏观层面来看，新村的发展水平仍然难以满足村民的需求，而村民需求的满足需要在多方协同下进一步提高与完善新村公共物品的供给中逐步实现。学者滕世华指出，"以公共治理的视角对公共物品领域存在的问题及改革进行深入探讨颇有意义，应打破公共物品政府提供的垄断局面，实行公共物品多元主体、多种方式提供"[1]。多主体参与其中互相合作及发挥市场机制效用对提高与完善公共物品供给的数量和质量具有重要意义。学者何继新与韩艳秋认为，"城市公共物品安全治理是针对城市公共物品安全而实施的多元主体参与和协同共治的社会性治理，促进城市公共物品安全持续发展"[2]。虽然该地区的发展程度没有达到城市的发展水平，但是这种多主体参与与协同共治的社会性治理对该地区公共物品建设仍然具有可借鉴之处。

2. 人口流失致使村庄后续发展乏力

村庄发展进入停滞期，青年劳动力外出务工，农村空心化严重。2001—2012年，是W村从一个贫穷落后村庄逐渐向一个发展前进村庄转变的重要时期。而后10年，W村进入了全面发展阶段。随着全国经济在改革开放影响下的迅速发展，城市建设催生了大量的用工机会和岗位。与此同时，囿于村庄有限的发展平台，年轻人都希望走出村庄以获得更好、更长远的发展。由此，大量农村劳动力单向涌入城市，W村也不例外。青壮年外出务工成为村庄常态，特别是如果家中老人离世，青壮年外出务工的行动更加决绝。一般来说，村庄空心化是指在城镇化进程中，农村青壮年劳动力日渐流失，村庄基础设施建设和公共服务参与缺乏主要建设主体，形成了以留守老人、留守妇女和留守儿童为主要驻村人员的"村庄内空"[3]。其后果是生产性主体的缺位，农田以及房屋的搁置荒

---

[1] 滕世华：《公共治理视野中的公共物品供给》，《中国行政管理》2004年第7期。
[2] 何继新、韩艳秋：《城市公共物品安全治理：问题生成、目标取向和行动原则》，《学习与实践》2017年第5期。
[3] 杨春娟：《村庄空心化背景下乡村治理困境及破解对策——以河北为分析个案》，《河北学刊》2016年第6期。

废，公共服务的无从保障以及由此带来的村庄治理基础的弱化①，并最终导致农村地域经济社会整体性功能退化。所以，大量村民外出导致的村庄空心化，使村民参与集体活动的可能性越来越小，这对于村庄治理来说是一个不小的考验。现任村主任杨某指出了目前村庄治理的人才短缺问题，杨某认为："他们村委会现在的问题是成员数量偏少，导致了工作效率的低下。他们这个村是个比较大的村庄，但是目前办事人员主要是村支书、村文书和他三个人在操持，很多事情有点力不从心。"（W村，案例14，杨某）

大量青壮年外出务工是扶贫移民社区劳动力流失的重要表现。有扶贫移民表示，搬迁之初，不论是玉米还是小麦的收成都有了较大提高，但整个区域的降水量还是普遍偏低，加上近几年来的土地沙化现象愈发严重，粮食收成再次出现下降趋势。如今粮食种植仅能维持家庭内部的食物消耗，无法满足生产生活中多样化的消费需求，这促成了越来越多的人选择外出务工；再者，随着时间的推移与社会的发展，扶贫移民对于受教育程度日益重视，渴望为后代寻求更好、更优质的教育资源，但当前W村并不能提供令其满意的教育资源。就教师资源而言，W村小学很多教师都没有教师资格证，只是临时聘用社会人员执教，教学水平低。因此，只要条件允许，W村的家长就一定会把孩子送到镇上上学，这也是加剧村庄空心化程度的重要因素之一。人口的流失不仅成为限制W村可持续发展的瓶颈，也意味着社区治理主体多样化的难以实现及治理活力的缺失。

在此阶段，W村的社区治理基础仍相对薄弱，无论是硬件设施配备还是软资源供给都不能满足扶贫移民群体生产生活的需要。此外，治理主体不健全。随着青年群体的日益外流，社区治理任务完全落在村委组织内部，社区治理成为单向的治理过程，缺乏与扶贫移民群体的双向互动；同时，治理监察制度不完善，部分扶贫移民群体对村委会工作的公开透明度、公平公正合理性等仍持有怀疑态度，村委会无法完全得民心，

---

① 郑万军：《农村空心化治理：让广大农民共享发展成果》，《中国社会科学报》2014年1月17日。

也就意味着不能拥有稳定和谐的治理环境，亦不利于社区治理共同体的构建。

(三) 社区治理满意度及其影响因素研究

W村社区治理满意度及其影响因素的指标体系构建和研究方法与D村所述一致，此处不再赘述（详见第一章第二节）。

1. 描述性分析

表2-7为扶贫移民社区治理满意度及其影响因素的描述性信息。有15.3%的扶贫移民对社区服务满意度较高，43.2%的扶贫移民对社区建设满意度较高，27.0%的扶贫移民对社区管理满意度较高。社区服务、社区建设以及社区管理满意度等比例在一定程度上可以反映出扶贫移民社区的治理满意度不太高，社区治理效果欠佳，社区治理能力急需加强。

表2-7 变量信息描述

维度	变量名称	变量含义与赋值	均值	标准差
因变量				
社区治理满意度	社区服务满意度	不满意=0；满意=1	0.153	0.360
	社区建设满意度	不满意=0；满意=1	0.432	0.496
	社区管理满意度	不满意=0；满意=1	0.270	0.446
控制变量				
个人特征	年龄	≤40=1；41—60=2；>60=3	1.676	0.653
	性别	女=0；男=1	0.560	0.497
	受教育程度	初中及以下=0；高中及以上=1	0.194	0.396
自变量				
生计资本	社会资本	不熟悉=1；一般=2；熟悉=3	2.919	0.340
	人力资本	劳动力占比	0.527	0.382
	金融资本	Ln（人均净收入）	9.589	0.918
社区意识	社区参与感	低=1；一般=2；高=3	2.324	0.778
	社区归属感	低=1；一般=2；高=3	2.523	0.700

续表

维度	变量名称	变量含义与赋值	均值	标准差
基础设施	基础设施充足度	不充足=0；充足=1	0.081	0.272
	公共物品满足感	不满足=1；一般=2；满足=3	2.178	0.835
	基础设施稳定度	不稳定=0；稳定=1	0.754	0.431
公共服务	公共福利分配公平度	不公平=0；公平=1	0.876	0.330
	公共服务满足度	不满足=0；满足=1	0.066	0.249
治理体制	社区制度完善程度	低=1；一般=2；高=3	2.843	0.482
	基层组织作用效果	无效果=0；有效果=1	1.000	0.000
	社区制度适配度	不适应=1；一般=2；适应=3	2.829	0.404
	社区制度效果	效果不好=1；一般=2；效果好=3	2.027	0.825

内源性维度结果显示，从个人特征来看，社区多为40—60岁扶贫移民，60岁以上扶贫移民次之。随着社会现代化进程的加速发展，年轻移民多向城镇转移，农村空壳化和老龄化现象日趋严重。社区男性为56.0%，男女比例较为均衡。调查发现，80.6%的扶贫移民受教育程度在初中及以下，受教育程度普遍偏低。从生计资本来看，扶贫移民对本街道的邻居较为熟悉，社会资本较为丰富；社区家庭的劳动力占比为52.7%，家庭人力资本一般，仍有待加强；人均净收入水平相对较低，大多数扶贫移民家庭人均年收入低于2019年国家贫困线标准（3747元），金融资本相对较低。从社区意识来看，扶贫移民大多愿意主动参与社区公共性事务，但参与度不高；扶贫移民认为其参与社区公共事务的决策重要性较高，社区归属感较强。

外源性维度结果显示，从基础设施建设来看，91.9%的扶贫移民认为社区基础设施建设不充足，不能满足基本需要，这与扶贫移民社区的特殊性相关，基础设施建设还不完善；但社区公共物品大多能满足扶贫移民日常生活需要，满足感相对较高，且基础设施的日常维修工作也相对及时，稳定度较高。从公共服务来看，87.6%的扶贫移民认为社区公共福利的分配较为公平，这说明社区在资源分配、信息传递等方面落实得比较到位；93.4%的扶贫移民认为社区公共服务不能满足其基本需求，社区需要根据移民需求，提升公共服务水平，补齐短板。从治理体制来看，社区制度完善程度较高，目前已有的社区制度的适配程度以及制度效果也较为明显，尤其是基层组织作用效果，全部扶贫移民都认为基层组织在社区治理中发挥了重要作用。

2. 社区治理满意度影响因素分析

表2-8为W村扶贫移民对社区治理满意度的Logistic回归结果。

表2-8　　扶贫移民对社区治理满意度的Logistic回归结果

变量		社区服务满意度		社区建设满意度		社区管理满意度	
		B	Exp (B)	B	Exp (B)	B	Exp (B)
控制变量							
个人特征	年龄	0.020	1.020	0.416	1.516**	0.213*	1.237
	性别	0.393	1.481	0.557	1.746**	0.443	1.557
	受教育程度	0.235	1.265	0.034	1.034	0.065	1.067
自变量							
个人特征	社会资本	-0.122	0.885	-0.501	0.606	0.003	1.003
	人力资本	-0.089	0.915	0.525	1.690	-0.606	0.546
	金融资本	0.046	1.047	-0.040	0.961	0.170	1.186
社区意识	社区参与感	-0.097	0.908	-0.136	0.873	-0.198	0.820
	社区归属感	-0.070	0.932	-0.149	0.862	-0.014	0.986
基础设施	基础设施充足度	0.027	1.027	-0.142	0.868	-1.543**	0.214
	公共物品满足感	0.981***	0.375	0.142***	0.427	-0.206	0.813
	基础设施稳定度	0.542*	0.581	0.118	1.125	0.908***	0.403
公共服务	公共福利分配公平度	-0.460	0.631	-0.380	0.684	0.250	1.284
	公共服务满足度	-0.249	0.779	-0.417	0.659	1.454**	0.234
治理体制	社区制度完善程度	0.449	1.566	0.059	1.061	1.117***	3.056
	社区制度适配度	-0.219	0.803	-0.169	0.845	0.433	1.542
	社区制度效果	-0.489**	0.613	-0.041	0.959	-0.991***	0.371
常量		1.165	3.205	2.599	2.599	-3.036	0.048

注：*** 表示 $p<0.01$，** 表示 $p<0.05$，* 表示 $p<0.1$。

从社区服务满意度来看，基础设施对社区服务满意度呈正向影响，治理体制对社区服务满意度呈负向影响，其他维度无明显影响。从社区建设满意度来看，个人特征和基础设施对社区建设满意度呈正向影响，其他维度无明显影响。从社区管理满意度来看，个人特征、公共服务、基础设施稳定度和社区制度完善程度对社区管理满意度呈正向影响，基础设施充足度和社区制度效果呈负向影响。

从个人特征来看，年龄对社区建设满意度和社区管理满意度呈正向影响，性别对社会建设满意度呈正向影响，即男性、老年对社区治理的满意度更高，受教育程度对扶贫移民社区治理满意度无显著影响。在基层社会治理的实践中，女性是社区治理的中坚力量。女性对社区服务治理满意度水平低于男性，这可能因为大多数的扶贫移民女性留守社区，外出务工机会较少，其精神和身体的双重压力促使女性对社区空间、社区服务治理要求更高，又因为扶贫移民社区的资源有限，难以及时满足需求，所以女性的满意度较低。老年群体多为"一代移民"，亲历了社区几十年来的发展，见证了基础设施不断完善，公共服务水平持续提高，治理体系不断健全，深知扶贫移民社区建设与治理的不易，所以社区治理满意度更高。而中青年人大多外出务工，阅历更加丰富，将扶贫移民社区与其他城市社区相比较，容易产生落差感，所以满意度较低。由于扶贫移民的受教育水平整体偏低，因此受教育程度对社区治理满意度不存在显著影响。

从生计资本来看，社会资本、人力资本和金融资本对社区治理满意度均无显著影响。W村为就近搬迁，原来的村庄被分别拆分为2—3个相邻的小组，彼此相邻，地域上的连接促成了扶贫移民在生产生活方面的持续性交往，大家都较为熟悉，原有的血缘、亲缘关系也随着扶贫移民被带到了新的村子，避免了因距离太远而发生社会资本断裂的情况。搬迁前后其气候、土壤等条件变化较小，W村的扶贫移民在生产方面具有很高的适应性，原来种植的农作物种类和耕种习惯得以保留，移民的生计方式较为相似。因为搬入新社区后生活成本增加，扶贫移民家庭均选择了中青年男性外出务工，妇女留守照料家庭的同时打零工贴补家用，老人则继续耕作田地的人力分配方式。如此相似的生计方式和人力分配方式使得移民均具有较低的金融资本。

从社区意识来看，社区参与感与社区归属感对社区治理满意度均无显著影响。移民参与是社区治理的核心,是衡量社区治理的基础,是实现社区治理现代化的应有之义。W 村从经济、政治、社会、心理等多个层面优化扶贫移民参与社区治理的路径。在经济层面,发展集体经济,兴办种植、养殖多种合作社;在政治层面,健全治理体制,鼓励移民参与、监督社区治理;在社会层面,修建移民广场等公共场所,积极举办文化娱乐活动。让扶贫移民在参与中形成强烈的社区意识。扶贫移民社区的治理,关键之处在于培育具有内聚力的村庄共同体。扶贫移民积极投身于社区建设与治理,在参与中对社区产生强烈的归属感,逐渐从"迁入者"成为社区共同体成员。

从基础设施来看,基础设施充足度对社会管理满意度呈负向影响,公共物品满足感对社会服务满意度和社会建设满意度呈正向影响,基础设施稳定度对社会服务满意度和社会管理满意度呈正向影响。多年来,随着扶贫移民需求的升级,从满足温饱的生存需求到寻求发展的美好生活需要,扶贫移民社区积极整合各方面的资源和资金,持续改善扶贫移民生产生活等基础设施条件,着力完善人畜饮水、农田水利、村内道路及居住环境等基础设施建设,并建设了设施齐全的卫生服务中心和提供休闲娱乐的文化活动中心,努力提高扶贫移民的幸福感和获得感。同时,严格落实责任制,当基层设施损坏时,能够及时维修,保证基础设施的正常使用。但是随着数字乡村的推进,很多事务都需要通过手机传达办理,老人因为受教育水平低、信息传达不对称等原因,被排斥于村庄治理之外,对此颇有意见。加之社区中老人占比较大,由此出现了数字技术等基础设施越充足,满意度却越低的现象。

从公共服务来看,公共服务满足度对社区管理满意度呈正向影响,公共福利分配公平度对社区治理满意度无显著影响。扶贫移民社区初建时,其矛盾主要集中在土地、宅基地等公共资源的分配上。到整村发展阶段,不仅大量支农惠农的资源涌入社区,公共服务供给能力增强,而且社区同步健全治理主体,明晰治理责任,村委会、党委会和监委会并存,各部门各司其职,公共福利分配公平度大大提高。随着社区的发展,公共服务供给持续升级,构建起了多元公共服务供给互动模式,实现全方位供给;供给类型日渐丰富,留守儿童之家、培训中心、文化活动中心纷纷建立起来；社区管理人员观念转变和专业性提升，使得公共服务优质化，保证供给高效率。因此，随着高质量公共服务的不断供给，扶贫移民的满意度亦日渐提高。

从治理体制来看，社区制度完善程度对社区管理满意度呈正向影响，社区制度效果对社区服务满意度和社区建设满意度呈负向影响，社区制度适配度对社区治理满意度则无明显作用。社区根据发展现状不断创新治理体制，规章制度也逐渐完善。社区通过选举网格员，构建网格化、精细化治理体制，并积极推广轮流组长制，增强了扶贫移民的参与感，并依托信息化支撑等基层管理服务平台，有效推动就业社保、教育医疗、养老卫生、扶残助残、纠纷调解等便民服务空间的打造和精准对接，提升和完善了公共服务政策保障体系，因此，社区制度完善程度对社区管理满意度呈正向影响。而扶贫移民社区的治理制度有其特殊性，除了有正式规章和创新性补充制度以外，还有风俗约束等非正式规范，因此虽然制度效果较好，但是老一代移民出于"乡愁"思想，还是愿意遵循非正式规范，所以在社区治理中应注重正式制度与非正式制度的结合，以此完善相互配套的衔接制度，形成扶贫移民权益保障的长效机制。

（四）治理策略

1. 完善社区基础设施建设，提升扶贫移民社区治理满意度

从村庄治理面临的困境及已有的数据分析来看，公共物品满足感对社会服务满足感和社会建设满足感、基础设施稳定度对社会服务满意度和社会管理满意度均呈现正向影响，基础设施的不断完善就是这一影响的重要推力，但同时要注意的是，老年人因年龄、受教育水平、技术缺乏等限制极有可能被排斥在基础设施福利覆盖范围之外。基于此，W村从实际情况出发，继续在更宽、更广的层次上完善社区基础设施的建设，以满足社区群众的多元化需求。

如今，W村有8家小卖部，基本能够满足村民的日常生活需求。村委会设有老年活动中心，里面的钢琴凳和乐器等是由县广电局捐赠，每天下午老年活动中心都会开放。村子设有卫生所1所，村医是本村人，2018年初开始上班，每天晚上8点下班。村里有合作社11家，覆盖养殖、种植和农机等多个方面。在农民的技能培训方面，一般是村委会根

据村民的意见和需求，展开相应的工作。当超过30人时会向上级政府提出申请进行相关的技能培训，已经开展过的培训涉及农机驾驶技术、养殖、种植、泥瓦活等内容。在这些活动的鼓励下，村庄的基础设施建设也有了很大改进。2017年，村庄第一个公共娱乐广场建成，并配备了许多健身与体育器材。此后，村民的日常生活日益丰富起来，空闲之余在广场展开各式各样的活动，如休闲娱乐、闲话家常与进行运动锻炼等。在一些重要的节日，村委也会牵头举办一些文体娱乐活动，以加强村庄的凝聚力，促进新村的融合。目前，村里虽没有正式和固定的广场舞队等正规参赛队伍，但通过村委会也能够组织起来此类兴趣团体。每到五一、七一、国庆、春节等节假日，村委会都会组织文化活动以丰富村民的日常生活，村庄中的老人也都积极参与其中。其中，一些大型的活动政府会提供资金，小型活动则从村委会活动经费中支出，不收取村民任何费用。其次，自2017年全村进行垃圾清理运动之后，在村委会的宣传与引导下，村中的绿化面积日渐增大，垃圾桶等环保设施也逐渐完善。现任书记曾说，在几十年的社区管理中，最大的变化表现在社区环境的优化、绿化设施的完善、经济发展水平的显著提高、村民收入的明显提升等方面。可见，村庄已经逐渐融合成一个共同体。

2. 健全治理主体，完善扶贫移民社区治理制度建设

扶贫移民社区初建时，其矛盾主要集中在土地、宅基地等公共资源的分配上。但是随着土地的流转和外出务工人员的增多，邻里之间的联系逐渐变少，纠纷频率降低，但是纠纷的类型却呈现多样化的特征，包括民事纠纷、财产纠纷、土地纠纷等。因此在人口不断流失的现状下，如何健全治理主体、明晰治理责任，以化解村庄中的多种纠纷，也是W村治理策略的重要体现。具体可以看到，此类纠纷的调解一般依据纠纷大小来处理，如果发生熟人无法解决的大冲突，一般村民会请村委会出面调解。为解决村民之间的纠纷，村里成立了监察委员会。监察委员会不仅可以有效解决村民矛盾，还承担了村民与地方行政机构之间沟通的任务，这大大提高了村庄治理的有效性。

当前村里的领导班子是村委会、党委会和监委会并存。村委会和之前相比发生了明显的变化，村干部的工资待遇显著提高，村委会的功能

也更加丰富。并且由于场地的提供和村民时间的空闲，村内公共活动的组织频率也显著增加。随着项目资源、各种支农惠农的国家福利政策大量涌入村庄，国家和农民的关系再一次紧密，村干部和村民的关系也逐渐亲近。近年来，村委会不仅组织村民积极参与农业技术培训，组织村民开挖水渠，还进行扶贫移民政策的宣传。早在 W 村初建之时，村委会、各组组长等领导班子成员积极动员村民参与全村的基础设施修建和公共事务管理。在后续发展中，村民对村干部的信任感不断增强，村里的各种规章制度也逐渐完善。

W 村共分为 9 组，每组组长由本组村民选举产生，主要任务是组织村民给地里浇水，其次是在微信群里及时发布通知信息。当选组长的前提是不能离开村子，并且在当选组长的时候自动当选该组的网格员，网格员的主要职责在于调解村民之间的矛盾。自 2016 年起，为规避组长之间徇私枉法的行为，村里实行"轮流组长制"。"轮流组长制"不仅提高了治理的公正性，同时也增强了村民的政治参与意识。组长的选举与村民自身的利益息息相关，加之本组人员之间较为熟悉，所以村民更有选举的自主性。通过"轮流组长制"，不仅能对组长实现有效的监督，还有利于村庄的发展建设。除小组长发挥了较好的治理作用外，广大女性村民也逐渐参与到村庄的治理过程中。在基层社会治理的实践中，女性是社区治理的中坚力量，但数据分析显示出女性对社区治理的满意度相对不高，这受资源禀赋等多方面因素的影响。不过随着村庄中治理体系的不断完善，妇女也通过参与娱乐活动、村庄选举以及其他公共事务等方式加入村庄治理队伍，弥补了之前女性在公共空间的缺位。当然，这里还需要注意的是，数据分析显示社区制度效果对社区服务满意度和社区建设满意度呈负向影响，这里所涉及制度对村民行为所形成的约束，使村民产生了不适应或者抗拒的心态。因此，村庄在后续的发展中应重视这一问题，努力推动正式制度与非正式的制度相结合，让制度不仅成为一种行为调节规范，亦能更好地服务于村民们的生产生活。

扶贫移民社区的治理，关键之处在于培育具有内聚力的村庄共同体，而物质基础和制度环境是达成这个目标的神奇"药方"。W 村走过的这 30 余年，村内的基础设施在不断完善，村民的生产生活也步入正轨。尤为可喜的是，村庄治理的主体不断多元化，且自上而下探索出了许多适应"村情"的治理举措。

3. 运用"数字化"治理方式，提高扶贫移民社区治理效果

以往的社区治理中，更多体现着关系型治理的特征，组长作为村委会与村民之间的联系与纽带，起着上传下达的中介作用，并通过村庄内的熟人关系来处理各项事务。但随着网络时代的到来和智能手机的普及，村庄通知公告事务的形式越来越多样化，具有明显的数字化特征。数字化治理有广义和狭义之分。首先，广泛意义上的数字化治理指的是对社会经济资源等的综合性治理，以组织的形式影响政府及其治理过程的活动；而狭义的数字化治理则是指政府系统运用现代信息技术与其他社会主体进行经济互动，且提高处理速度和民主化程度的一系列活动[1]。当然，数字治理也指社会各行为主体借助现代信息技术进行的多样化互动，从而构筑参与主体与信息技术相融合的现代化治理模式，具有显著的数字化和信息化特征[2]。根据访谈了解到，近两年各组都陆续建立了微信群，减少了村民面对面开会的次数，通过线上的沟通与互动，极大地提高了治理效率。除了选举等一些重大事务，其他事务都是通过微信群通知并进行集中讨论，在外务工人员也可以通过微信群及时了解村庄事务，并通过这一方式向村民传达意见，保证了每个村民都能及时、方便、快捷地获取村中大小通知和重要信息。新村通过网络化、数字化技术建立村务治理微信群，将不同人群划分为不同的治理单元，大力推进网格化、精细化的治理模式。同时，针对不同群体设立的微信群也反映出新村"村—组—民"的管理模式，村庄事务的传播模式是自上而下传达，而村民们的意见与建议则是自下而上进行反馈。以熟人社会划分圈层，通过熟人管理熟人，这种治理模式兼具了数字治理与熟人治理的益处，使得治理具有灵活性，更符合村庄现实。当前，数字化治理作为新兴的、重要的信息化治理手段，丰富了以往的治理方式，其应用推进了治理有效

---

[1] 徐晓林、刘勇：《数字治理对城市政府善治的影响研究》，《公共管理学报》2006年第1期。

[2] 程秋月、张顺：《浅析大数据背景下实现政府决策数据化的意义》，《改革与开放》2016年第14期。

的快速实现。

目前,W 村的扶贫移民搬迁工作发展至今已有 30 余年的历程,30 余年的融合与治理让村民们在新村落地生根,这也进一步促进了该扶贫移民社区各方面的发展与完善。村民选举也越来越倾向选择务实、有能力、能为老百姓服务的候选人,这也反映出搬迁后的治理主体与治理对象的素质、能力与思想觉悟等都有了一定程度的提高。随着生活的稳定,新村的治理结构与基层组织体系也在不断完善与成熟。当前村庄中最主要的 4 个基层社区组织为村委会、村支委会、村监委会和民事调解委员会,其各司其职,共同作用于村庄的治理与发展。30 余年治理变迁历程,积累了丰富的治理经验,值得我们去深挖并为之后的扶贫移民社区治理提供经验借鉴。

第 三 章

宁夏银川J村扶贫移民社区治理变迁研究

第一节 区域概况和样本简介

一 区域概况

J村位于银川市金凤区，是在国家"八七"扶贫攻坚计划扶持下形成的扶贫移民社区，多数扶贫移民是从宁夏的西海固地区搬迁而来。西海固与甘肃的河西、定西共称为"三西"地区，1982年成为我国第一个区域性扶贫开发试验地。该村始建于1983年的芦草洼吊庄移民开发时期，政府采取县外集中连片"吊庄式"移民安置办法，将西海固山区的村民搬迁到专门安置山区移民的基地。本书所调查的J村即是该工程的移民安置点之一，而调查区域金凤区则是宁夏回族自治区首府银川市的市辖区之一。其地处宁夏中北部黄河冲积平原，属中温带大陆性气候，土层较厚，辖区内水系发达，景观水道纵贯南北，典农湖、阅海等星罗棋布，是银川市城市发展规划的行政中心、文化中心、商贸中心、高新科技产业园聚集区、宜佳环境居住区和塞上湖城自然景观区。本次研究选取J村进行田野调查，深入了解该易地扶贫搬迁村落30余年来的历史变迁历程。

（一）J村搬迁历程

J村的大部分村民来自宁夏固原市泾源县，少数来自固原县（现原州区）、海原县以及零散分布的其他地区。扶贫移民迁出地均属于西海固地区，西海固位于黄土高原西北边缘的生态脆弱带，是我国最贫困的少数民族聚居区，长期以来先天脆弱、后天恶化的生态环境已经成为导致区域贫困和制约其实现可持续发展的重要因素。生态环境脆弱、容量有限，干旱化趋势明显，生态环境灾害日趋严重，再加之持续的人口增长与粗放经营的生产方式，使当地居民陷入了"环境恶化—贫困"的恶性循环中。1972年，西海固地区被联合国世界粮食计划署确定为最不适宜人类生存的地区之一，粮食产量低且常年不稳定。

为了突破自然资源的限制，使宁夏中南部贫困人口尽快实现脱贫，同时促进自然生态环境的好转，宁夏回族自治区先后实施了多次扶贫移民工程，将贫困人口北迁至水源较为稳定、物质相对充足、土地资源较为丰富的引黄灌区。该村的扶贫移民起源于1983年的芦草洼吊庄移民开发时期，其具体做法是通过在引黄灌溉区域上的荒地进行大面积开发性建设，对移民对象采取县外集中连片"吊庄式"移民安置办法，将西海固山区的村民搬迁到专门安置山区移民的基地[1]。

由于搬迁距离较远，扶贫移民普遍犹豫不决，当地政府便出资雇用车辆免费帮助扶贫移民搬迁，并且提供修建房屋时的暂住点[2]，另外，刚搬迁至此的扶贫移民还可以享受税费减半的优惠政策。J村于1989年正式拉开扶贫移民搬迁的序幕，并于1991年进入高潮，大部分村民正是当年从泾源搬迁至此。

除了政策推动，当年的洪灾也是促使扶贫移民搬迁的重要原因。1991年，突如其来的洪灾使泾源县山区的农民流离失所，为了安顿受灾村民，宁夏回族自治区政府迅速开展灾区农民安置工作，积极动员受灾家庭搬迁至宁夏平原地区。政府为搬迁村民提供路费、生活补贴、粮食补贴，不仅如此，扶贫移民在搬迁初期还享受免收税费等国家优惠政策。虽然当时有人怀疑宁夏平原地区的土质与迁出地不同，难以进行农业生产，但是政策宣传：只要农户用心经营，产量会远高于泾源山区。村民

---

[1] 郭占锋、黄民杰、焦明娟：《从治理失序到文化整合：以宁夏J移民社区为例》，《山西农业大学学报》（社会科学版）2020年第5期。

[2] 焦明娟：《扶贫移民社区的治理变迁研究——以宁夏回族自治区J社区为例》，硕士学位论文，西北农林科技大学，2020年。

在思想上有所动摇，但也存有许多顾虑：不仅对政策宣传的可信程度存有疑虑，又忧心自己前往新的地区生活会打破旧有的人际关系，需要面临全新环境的适应问题。在进行一番思想斗争后，许多村民决定放手一搏，离开自己熟悉的生长环境，去远方谋求更多的生存与发展机会。村民在获得准迁证之后，把家里仅剩的、有价值的家当变卖，甚至有刚结婚的村民卖掉了嫁妆，更多的则是卖掉了家里的牛羊等家禽，或者将家里房子卖掉，尽量不留任何余地，誓死要在银川平原上扎根。于是，这部分受灾的村民带上日用品，拿上变卖家产或借来的钱，登上了北上的列车，奔向那前途未卜但又充满希望的宁夏平原。

在扶贫移民搬迁之前，政府已经对土地、沟渠、道路、水利等基础设施进行初步修建。初到银川，政府每人补贴60元的生活费，以便大家购买生活必需品，并提供临时住所。扶贫移民凭借准迁证，由区公所的人负责划分各家宅基地和田地，耕地是人均两亩，宅基地每户两亩（1.5亩用于修建房屋，0.5亩用于植树种草、防风固沙），并为每户补贴300元的盖房费。

搬迁过程持续了约十年。1990—1993年搬来的扶贫移民大多是遭受水患后搬迁至此，1993年之后扶贫移民搬迁的原因各异，但主要还是由于原居住地粮食产量低、生活用水短缺、务工机会较少以及受熟人关系信息诱导等。1993年大规模搬迁工作已基本完成，但还有部分原本未报名搬迁或者已报名但政府搬迁名额已满。因而对于仍存有搬迁需求的农户，政府采用的是鼓励自发移民的办法，通过开村民大会、登记转户口等方式实现。1997年村庄基本定型，扶贫移民搬迁接近尾声，2000年前后村庄已无田地可分，其后从外省外县搬到村庄里的零散住户只能私下买卖宅基地和田地，不再享受国家政策的优惠。J村不断有扶贫移民搬入，但在这期间也发生了不少返迁现象。部分村民移居银川后觉得难以适应，于是选择搬迁回原住地，也有扶贫移民为了给自己留后路，一直没有迁移户口，这些现象的存在都为社区的后续治理埋下了隐患。

(二) 新村发展历程

J村始建于1989年，如今已走过了30余年的发展历程。其所在的良田镇于2021年获批创建"全国农业强镇"，从昔日的"移民小镇"到

"产业强镇",良田镇迎来了翻天覆地的变化,而J村就是良田镇众多扶贫移民村庄的一个缩影。如今的J村占地面积9平方公里,由10个村民小组组成,共1340户5000余人,98%的村民为回族。近几年J村发展迅速,扶贫移民收入主要来自种植业、养殖业和劳务输出,2017年J村人均纯收入已达9700元。村委会现有工作人员12名,包括9名村干部和3名公益性岗位工作人员。村中有6座清真寺,6个寺管会,寺管会由主任、副主任等若干成员组成,由村委和党委进行领导管辖。

在自然灾害和政策宣传的双重驱动下,泾源县山区的多数农民搬迁到J村,拉开了J村建设的序幕。从寸草不生的"大沙包"到兴盛繁荣的J村,经历了"建设—融合—发展"3个阶段。1989年,J村搬入首批扶贫移民,在此后的2—3年里,该村进入了集中建设时期,主要工作为整地、建屋、修渠和植树。1991年大批扶贫移民搬迁来之后,村干部协助其进行土地平整工作。首先平整宅基地,为了方便后续农田的灌溉,又接续进行田地平整,将所有的耕地推至同一高度;耕地平整好后,由区公所带领着大家进行水渠的修建工作;为了改善环境、防风固沙和保持水土,政府在宅基地旁额外划分了半亩用作树木种植,树苗由政府免费发放,同时将道路两旁和部分田地划归为公共林木范围,鼓励扶贫移民积极植树种草,村庄的人均绿化面积得以不断提高,村庄环境也得以逐步改善。经过大家的不懈努力,从1995年起,庄稼开始有所收成,亩产首次超过在泾源县山区的产量,扶贫移民的温饱问题基本得到缓解。

随着温饱问题的解决,J村有了更高的发展目标,向着富裕之路"高"歌前进。扶贫移民社区初期采取"属人化"的管理方式,即还是由迁出县代为管理,这种管理方式维持了十余年未变。1993—2005年,J村成立了非正式的村委会,推动村庄治理走向组织化、制度化;从1997年开始,J村实现了"属地化"管理,自此,J村的各项治理工作迈上了新台阶;2000年之后,J村搬迁工作进入尾声,新村迎来新一轮的融合发展阶段。这一阶段,大部分村民都已经在新村扎下了根,生活的重心也逐渐转移到J村,J村开始成为一个名副其实的村庄。虽然扶贫移民的色彩不容易轻易抹除,但一般意义上的村庄共同体已经形成。2001年,J村划为金凤区良田镇行政管辖范围。此后,在金凤区政府、乡镇政府和村委会三大行政主体的合力推动与引领下，J 村的各项基础设施建设（包括宗教活动场所清真寺）、公共服务保障、扶贫移民产业等都有了长足发展，经济组织和宗教组织也开始出现。除了从事传统的农耕事业，这一阶段的 J 村扶贫移民开始探索更多的创收渠道，一部分人赶上了务工潮，纷纷外出务工；另一部分则在村中发展养殖业、创办合作社等。特别是 2005 年之后，在乡镇政府的引领下，村委会将土地集中管理，聘请专业的技术人员进行指导，部分村民可以进入其中解决就业问题。此外，J 村还面向市场种植无污染无公害的绿色产品，并将绿色生产理念迁移到牛羊的养殖当中，打造"种养一体化"的循环农业，既满足"保护环境、节约资源"的基本国策，又促进村庄的经济增收。2011 年至今，J 村迎来整村发展阶段。这个阶段，J 村逐渐摆脱移民村的诸多不稳定因素，村民生活和社区治理步入正轨，但还存在很多问题，亟须探索新的发展道路，转变治理方式。尤其是 2011 年，为响应国家撤乡并镇政策的号召，进一步整合优势资源，J 村开展了合村并居工作。由新农村、兴隆村、J 村和兴源村合并成为现在的 J 村，村委会也随之合并，村委会成员由原来的其他村干部共同选举而来，选举大会每 3 年举行一次。此外，近些年土地集中承包以实现规模经营的现象在 J 村也非常普遍，2017 年，J 村承包出去的土地规模达到了 70%。一代扶贫移民和二代扶贫移民群体之间呈现出比较大的差异，后者逐渐脱离传统的以农为本的生活方式，卷入了市场化的浪潮，他们对更高生活质量的追求，带动了村庄的新一轮发展。总的来说，如今的 J 村，管理职责明确，社区治理趋于有序化、创新化和专业化，但也面临着新的发展机遇和挑战。

二 样本简介

调查团队于 2018 年 7 月以及 2018 年 10 月两次赴宁夏回族自治区 J 村进行调研，共发放问卷 280 份，收回 280 份，回收率为 100%。其中有效问卷 218 份，问卷有效率为 77.9%，收集深入访谈案例 54 例。问卷有效率不高的主要原因是大部分受调查者年龄偏大以及受教育程度偏低，样本基本情况见表 3-1。

表 3-1　　　　　　　　　　　样本基本情况

基本信息	类别	频数/人	有效百分比/%
性别	男	140	50.0
	女	140	50.0
出生年份/年	1990—1999	36	12.9
	1980—1989	43	15.4
	1970—1979	67	23.9
	1960—1969	73	26.1
	1950—1959	51	18.2
	1940—1949	9	3.2
	其他	1	0.4
搬入年限/年	(0, 10]	34	12.1
	(10, 20]	95	33.9
	(20, 30]	140	50.0
	>30	11	3.9
受教育程度	小学及以下	215	76.8
	初中	49	17.5
	高中或者中专	12	4.3
	大专	1	0.4
	本科	2	0.7
	研究生及以上	1	0.4

统计结果显示：280 位调查对象中男性、女性均为 140 人，占比均衡。从受访者年龄结构来看，280 位调查对象中 1990—1999 年出生的有 36 人，占比为 12.9%；1980—1989 年出生的有 43 人，占比为 15.4%；1970—1979 年出生的有 67 人，占比为 23.9%；1960—1969 年出生的有 73 人，占比为 26.1%；1950—1959 年出生的有 51 人，占比为 18.2%；1949 年以前出生的有 10 人，占比为 3.6%，其中 40 岁以上的受访者占比为 71.7%，以中老年人为主。同时调查数据显示，受访者搬迁至 J 村超过 20 年的占比为 53.9%，搬入年限在 (10, 20] 年的占比为 33.9%。该地区以中老年人居多主要源于两方面，一是青年劳动力多数外出务工，青年群体流失现象严重；二是 J 村初期迁居的主要对象为当时正值青壮年

的"60后",以上两种原因造成如今村庄年龄结构的不均衡。此外,280位调查对象均为回族,是典型的回族扶贫移民社区。从受教育程度上看,小学及以下学历的人占比为76.8%,大专及以上学历的共有4人,占比为1.5%,整体文化素质偏低。

第二节　J村扶贫移民社区治理的历史变迁

J村自1989年开始搬迁,社区建设与发展距今为止已有30余年历史。经过多年的发展,扶贫移民真正在J村"落地生根",J村也由不毛之地变为膏腴之壤。如今的J村占地面积9平方公里,由10个村民小组组成,共1340户5000余人。从"土里刨食"到"特色生金",扶贫移民的增收渠道大大拓宽,2017年J村人均纯收入达9700元。J村扶贫移民社区共同体的形成经历了3个阶段,1989年首批扶贫移民搬进J村,村庄建设正式拉开帷幕;2000—2010年前后,村庄冲突与融合并行,新村不断融合发展;从2011年开始,村庄发展机遇与风险并存。随着精准扶贫政策的推行,服务和治理重心下移、资源下沉,村庄生产生活条件持续改善,治理能力显著提升。但随着城镇化的推进,J村却又陷入了拆迁重组的危机。

一　新村建设阶段

1989—2000年是J村的新建阶段。这一阶段,陆续有扶贫移民从各地迁移至J村,J村初具村庄面貌。此阶段的主要工作为安置扶贫移民、分配土地以及兴建灌溉系统等,矛盾与纠纷也多是围绕上述工作出现。但是,搬迁初期的"属人化"管理方式让J村在面对纠纷时无从下手,这一切问题都倒逼着其治理能力的提升。

(一)治理特征

1. 文化的纽带作用

J村扶贫移民因为搬迁距离较远,其自有的民俗文化心态与当地的文化内核存有差异,加之来自西海固各地的扶贫移民之间风俗也不尽相同,使得他们的精神世界与当地环境保持着相当的距离,因此扶贫移民安置之后的文化融合也成了一个亟待解决的问题。在社区治理过程中，既要尊重扶贫移民的文化，也要利用文化约束规范扶贫移民，帮助扶贫移民融入当地，增强社区凝聚力。

　　J村扶贫移民有着共同的生活习俗、礼仪仪式和宗教信仰等文化崇奉。首先，西海固作为典型的农业生产区，拥有数千年的农业发展史，农业生产方式对农民的文化性格产生了重要影响，较低的作物产量和缓慢的生产发展促成了农民"慢热""视土地为生命"的文化性格。搬迁来J村后，扶贫移民仍然从事着农业生产，在政府鼓励下，一批又一批扶贫移民开始重视植树种草，保护环境，这才使当地的生态得到持续改善。因此，J村扶贫移民的文化性格中表现出更多的"天人"意识，更加注重人与自然的和谐，懂得珍惜这来之不易的绿水青山，这有助于增强扶贫移民的责任心与归属感，在大家共同的努力下，变荒漠为绿茵。其次，J村98%的扶贫移民为回族，他们有着民族特色的礼仪民俗和节日庆典。这些民俗节日既可以维系民族感情，又可以凭借自身传承载体的身份践行祖先留下的规矩和信仰，在表达对祖先爱念之情的同时，承袭民族文化传统、积淀民族感情。在此过程中，文化扮演着联结和治理的双重角色。一方面，通过文化纽带的联结作用，可以帮助扶贫移民在较短时间内融入J村；另一方面，也可将文化视为社区治理的重要手段，通过协调关系、规范行为、增强活力、化解矛盾和防范风险等方式，引导J村健康发展。

　　2. "属人化"管理

　　由于J村的扶贫移民工作一直是由迁出县负责牵头实施的，因而，扶贫移民社区初期采取属人管理的管理方式，即还是由迁出县代为管理，这种管理方式维持了十余年未变。[①] 此种管理方式的好处在于能够较精准地对接扶贫移民的搬迁需求，推动扶贫移民工作的顺利开展。扶贫移民从此处搬往彼处，虽然人走了，但在原住地的亲属、邻友以及对故乡的眷恋还在，社会关系网并没有因为人口迁移而随之结束。初期"属人化"

---

① 参见王朝良《吊庄式移民开发：回族地区生态移民基地创建与发展研究》，中国社会科学出版社2006年版。

管理的一个重要作用就是维系扶贫移民和原住地之间的亲密关系，不至于让扶贫移民有太多漂泊无依之感。这种"属人化"管理在早期为 J 村带来的便利，很快就随着扶贫移民在迁入地的融入而消失了。

吊庄移民后期社区管理出现了一系列问题：一方面，迁入地无权管理扶贫移民；另一方面，迁出地又无暇顾及且不便于管理扶贫移民。由此产生互相推诿的现象，致使新社区成为管理的"真空地带"。更重要的是，与传统村庄不同，J 村是在陌生的环境中与素未相识的人所组建的一个全新社区。J 村既无传统村庄的非正式制度，又没有建立起新的村规民约，村庄秩序难以规范化，其中不乏偷盗者未被予以相应制裁、受害者财产安全无法得到有效保障等现象。这一时期，J 村不仅缺乏管理者和管理规则，还缺乏管理资金和管理经验，因而，扶贫移民生活、社区秩序等均受到严重影响。特别是在迁入地乡镇政府介入开展工作以来，社区矛盾更为凸显。原子化的陌生扶贫移民难以整合和调动，且扶贫移民对于突然介入的陌生乡镇干部并不信任，使得冲突与矛盾非常容易爆发，村庄社会秩序一度面临崩溃的局面。

（二）治理困境

1. 新家园生活艰难，扶贫移民无心维护村庄秩序

J 村扶贫移民搬迁之时，各项社会保障还未十分到位，扶贫移民在新家园的生活颇为艰辛，大多数村民都无心维护村庄秩序，一心只想改善生计。J 村的扶贫移民始于 1989 年，当首批扶贫移民迁入时，J 村还是尚未开垦的茫茫沙漠。沙地的土质，既无法种粮又无法行车；水渠不通水，挖开后霎时间就被吹来的风沙再次掩埋；无路无电无房，国家投资建设的基础设施少，是个"三不管"地区，这种局面给扶贫移民在新家园的生存带来了挑战。为了维持基本的生存条件，在搬迁后的 2—3 年，该村进入平整土地、集中建设时期，主要是房屋的建设。虽然有政策补贴，但远远不够建房花销，所以扶贫移民们边攒钱边建设，从沙地下挖取底层土，打成土坯建起座座坯房，获得了容身之所，也塑起了 J 村的雏形。再者，由于该村是采用吊庄移民的方式进行搬迁，在村级组织尚未确立时期，社区治理只得依政策规定服从迁出县的统一管理，但因空间跨度大、交通不便等制约，迁出地难以实现对扶贫移民社区的有效治理，扶

贫移民初期的户口迁移难题至今仍未得到根本解决，给后续儿女教育、保险办理等带来许多麻烦；再者，吊庄管理的方式亦存在职责不清、迁入地与迁出地"互相扯皮"、监管缺位的弊端，村内偷盗、打架等现象经常发生，扶贫移民财产遭受损失，导致村庄秩序混乱。

新村建设阶段，该村的行政管理一直较为涣散。虽然成立了非正式的村委会，但是村干部的选举程序不正规，也没有正式制度为依据，该村的村民选举流于形式。

"选村支书和村主任的时候，好多人也是不识字，让别人代选的，还有的人是随便选的，看着别人选什么自己就选什么，我当时选的人现在没当上村干部，现在的村干部我都不认识。"（J村，案例7，王某）同时，选定的村委会财政吃紧，集体经济落后，村干部治理经验较少，加之村民温饱尚未解决，税费负担重，村民之间没有感情基础，村风浮躁不良，村庄治理十分混乱。据禹某回忆："本人于1990年搬到该村，户口直接迁了过来，1993年就任村干部。上任的20多年中，管理两个庄子。当时的治安不好，许多年轻人在外地偷了自行车，派出所办案的时候要叫上村干部，那些年轻人就认为是村干部把他们告了，所以对村干部十分不满。到1997年的时候，不再为村民发公用粮了，要开始收公粮了，村民十分不愿意，平均一口人十几斤粮食，这个时候村干部和村民之间的关系变得更加紧张，村干部要负责灌溉，村民要交水费，还有各种摊费。总而言之，村干部的工作难度大，又非常危险，效率也十分低下。"（J村，案例13，禹某）

像上述权责不清、监管缺位造成的弊端，使扶贫移民生活财产受损并加速不良村风的传播，导致村庄秩序混乱。一些不法分子在银川市偷盗自行车进行转卖，部分不务正业的年轻人也受此影响，开始干起偷盗倒卖的买卖，许多扶贫移民表示自家的家畜、家具、交通工具甚至钱财都有过丢失的情况。在吊庄移民属人管理的特殊方式下，村庄无法对此类现象进行有效处理。多数村民反映："当时村里治安非常差，年轻人偷了自行车便宜卖给村民，村民便骑着去劳作。"（J村，案例4，禹某）"搬到这边的前5年，地里不产庄稼，家里没有收入，村里头的治安非常不好，偷盗现象特别多。但是这种偷盗也是生活所迫。"（J村，案例43，马某)"正如村民马某的儿子一样,在刚刚搬迁过来时,J村这里一片荒凉,土地也不可种,自己的儿子不愿意去地里打零工,又找不到可以干的事情,就和一群年轻人去市区里偷自行车,开始是偷一些小的东西,渐渐地就开始去偷一些贵重的东西,直到有一次在偷东西时被发现,就把那家的主人打成了残疾,被判刑20年,一直到现在还没有被放出来。"(J村,案例37,马某)

2. 治理方式欠佳,干群关系紧张

在村庄建设的初期阶段,各项治理工作未能有序开展,干群关系日益紧张。对于扶贫移民来说,户口是他们获取资源的凭证,没有户口就无法获取政府配置的各项资源。但有些扶贫移民的户籍却由于个人或村庄管理的原因没有迁移成功,这成为干群之间矛盾激化的一个主要导火索。1989—1993年,每年都有扶贫移民搬到J村,搬来后最重要的事是迁户口。在扶贫移民得到搬迁许可证后,会有社会车辆帮助搬运,并负责运载扶贫移民直接到公安局将户口迁到移民地区,车辆燃油费由国家补助。但一些扶贫移民不了解户口的重要性,并没有进行户口迁移。在搬到该地之后,村委会没有迁户手续的办理权,回迁出地办理路途遥远且交通不便,许多人便放弃了迁户,这给他们的后续生活带来了许多麻烦。村民冶某谈道:"家里的劳动力只有我和丈夫两个,一年下来的纯收入大约有2万元,我母亲户口在泾源县,去年想要把户口迁过来,但是政府人员说J村所有人的户口都已经被冻结,只能迁出,不能迁入,同样不能办养老保险和医疗保险,所以这边吃药看病都无法报销,家中一年下来单是医药费就占了大半。"(J村,案例33,冶某)

村民兰某表示:"女儿今年参加中考,一所可以减免费用的高中学校有户口属地的要求,但镇上的派出所说今年将J村的所有户口关系冻结。"他得知村里有一些人还是可以将户口迁入的,但是迁入一个户口得花费四五万元(用于打通关系)。于是兰某谈道:"这(女儿上学)就看天意了,人家学校收她女儿就要她去读高中,如果不收,那就没办法了,只能辍学出去打工补贴家用,等过个一两年就可以介绍对象出嫁了,他没有多余的钱送女儿去私立高中上学。"(J村,案例32,兰某)

由此可知,在扶贫移民的户口迁移问题上,J村的管理出现了许多漏洞。一些该迁户口的扶贫移民没有及时迁，一些不符合条件的反而通过非法手段落户到J村，此类现象的存在严重破坏了户籍管理工作，使得J村在资源分配方面存在不公平现象。此外，在户口迁移问题尚未完全解决的情况下，扶贫移民社区又在土地划分上出现了新的问题。该村分地的任务由良田镇政府来负责，依照当时的规划，每个人分得两亩地并逐一确定土地界线。这一硬性规定在实施过程中十分困难，有些扶贫移民认为土地分配不公平，便故意破坏已经划分好的界线，甚至引发了暴力事件，干群关系一度陷入窘境。1993年，村民逐渐定居下来之后，村干部们又承担起了收税的工作，每个人平均征收十几斤粮食。但由于生活艰难，村民无力负担税费，而村干部迫于上级安排又不得不完成这些工作，情况窘迫下采取了不恰当的措施，导致干群关系更为紧张，最终双方各执一词，纷争不断。

3. 宗教场所缺失，村民信仰涣散

J村初建之时，各项设施均不完备，连村民的房屋也是后来修建的。因而宗教场所这种耗资巨大的公共空间在早期并没有被纳入建设计划，J村扶贫移民由此缺失了祷告的物理空间，信仰逐渐涣散。J村扶贫移民虽然不是完全来自同一地区，但这些扶贫移民中的98%以上属于回民，相同的民俗信仰和风俗习惯更有利于新社区的融合。但在搬迁之初，扶贫移民只能三五成群聚在一起做礼拜，无法形成完整的凝聚合力，后期甚至出现宗教活动非持续性、信仰弱化的趋势。此外，该阶段处于搬迁初期的生产建设时期，扶贫移民将全部精力放在平整土地、住房建设、修渠迁户上，边建设家园边与恶劣的生态环境相抗争，竭力在茫茫沙漠中构建出一个生产生活空间。扶贫移民在建设新家园的过程中备尝艰苦，其中最突出的就是迁入地的管理问题。"属人化"管理导致J村成为行政管理的"真空地带"，村庄面临着治理主体缺位、治理规则缺失、治理资金匮乏、治理基础薄弱、治理经验不足等问题，扶贫移民的基本生产生活、人身财产安全、个人权益等也无从保障，整个村庄处于失序状态。无奈乡镇政府只能暂且挑起社区治理的重担，在经历了下派干部治村失败后，乡镇政府决定直接指派村干部完成行政管理任务。此种非民意选举产生的治理主体与村民无感情基础，更无信任感可言，村庄日常管理工作难以在平稳状态下完成，后又遇到分地修渠、收税等关乎百姓切身利益的事宜，群众时常与村干部发生冲突，干群关系紧张，社区治理效率低下，治理效果不甚理想。再者，囿于薄弱的基础设施建设，社区内部暂无正规的宗教场所供回族扶贫移民使用，原有的整合要素——宗教文化丧失整合、维稳的功效，进一步加深村庄涣散程度。

（三）治理策略

1. 政府主导，推进村庄制度化治理

政府的政策引导和具体的扶持举措为扶贫移民新村建设作出了巨大贡献，并外在影响了村庄的权力结构，其主导作用体现在宏观扶贫开发计划的实施以及村两委带头治理两个方面。在政府的领导下，J村在搬迁初期利用地方权威统合村民，打破村庄治理失序混乱的状态，在管理"属地化"后积极配合上级政府开展工作，妥善统计村庄资料，对接各项项目资金，保障了政府专项资金的使用；在住房安全、饮水安全、基本医疗、义务教育等方面实现了全村覆盖。具体表现为：在税费改革和乡镇综合配套改革下，基层治理由之前的"人治"即村干部在日常治理中依靠个人意愿进行资源分配转变为依照法律规定进行的"法治"，社区治理的制度性、规范性及程序正当性提高，社区成员话语权上升，村两委的权力被限定在有效范围内。

其中，"属地化"管理直接推动了J村治理走上制度化轨道。"属地化"管理方式使扶贫移民社区有了直接明确的归属，确立了当地政府在扶贫移民社区基础设施建设、公共服务提供等方面的职责，对扶贫移民新社区的稳定与发展具有重要意义。同时还进一步明确了当地政府对扶贫移民社区村委会的指导与引领责任，村委会也逐渐向着成熟化、正规化的方向发展，其所承担的功能也越来越完备[1]。明确的责任划分使得J村在基础设施建设、扶贫移民生计改善以及村风建设各方面得到快速发展。在扶贫移民新社区融合过程中，村民在属地政府的号召与推动下，不断挖掘土地价值，村庄的耕种环境持续向好，原本的荒滩也可以产出

---

[1] 参见王朝良《吊庄式移民开发：回族地区生态移民基地创建与发展研究》，中国社会科学出版社2006年版。

数量多、质量优的农产品。庄稼的丰收使得搬迁后的扶贫移民生活有了保障,年轻人也有地可种、有活可干,有效地减少了搬迁初期扶贫移民无所事事,甚至违法犯罪的现象,村庄的整体犯罪率大幅下降,诸多争端事宜亦随之消失,村民的生活也逐渐步入正轨,村容村貌焕然一新。据王某讲述:"在这10年之间(搬迁前10年)的治安不是很好,由于土地还没有彻底平整好,早些时候村子里的年轻人由于没有地可以种,生活没有经济来源,就去偷东西,尤其是市区里的自行车。后来土地平整好了之后才开始好好地从事农耕活动。当前虽然在村子里依然还有很多不公平的现象,但是总体而言,居民的生活水平还是在不断提高,可能有一些家庭遇到了一些不如意的事情,但是相信我们的政府会针对不同的事情给出不同的解决方案,并给相应的优待政策。"(J村,案例30,王某)

2. 精英带头,探索村庄治理新手段

J村作为一个生活共同体,居住其中的扶贫移民从早前的生存互助到后续的发展互助,彼此之间产生了浓烈的情感。其中,地方精英群体在带领村民互帮互助、发展生产、建设家园及社区治理等方面发挥了十分重要的作用。在扶贫移民规划项目启动时期,基层政府依靠强势在场的权力来保证初期基本工作的进行,临时村委作为乡镇政府直接指派的行政任务完成者,成了在强乡弱村乡村关系下产生的一批"职业化"乡村精英[1],他们带领扶贫移民开展初步的生产建设,"马某是村里第一任文书,据他回忆,村干部最初主要负责带领村民修路修水渠植树,负责制造领取公用粮的册子"(J村,案例43,马某)。

此外,寺管会聘请的教职人员阿訇作为新的乡村精英,在解决村民矛盾、缓和干群关系方面意义重大。这类精英是J村特有的治理主体,与D村、W村有所不同,其产生源于共同的宗教信仰。他们的作用主要体现在阿訇出面调解矛盾纠纷、主持各种活动以及在节日里向村民传达教义等方面,以信仰之力引导村民向善去恶,并规范村民的行为。阿訇的

---

[1] 郭忠华、夏巾帼:《国家如何塑造乡村精英?——关于乡村精英变迁中的国家角色述评》,《上海行政学院学报》2022年第1期。

教化活动，促进了村民之间形成友好风气，进而维系了 J 村和谐稳定的社会秩序。

针对初期的管理程序不规范、干群关系紧张等问题，村庄首先考虑的还是从村庄内部挑选管理者，更强调选举程序的公平性及被选举人员的威信力等方面。经过比较，最终在村里选出一些能使村民信服的人——大多曾在其迁出地担任过组长或村主任，委派他们担任村庄的管理者，以此增强村庄治理主体的合法性。最终选定了禹某、兰某和秦某作为早期村庄的实际管理者，负责村庄的各项日常工作。因为当选者和扶贫移民没有血缘和地缘方面的亲密关系，所以不会被乡村社会的人情伦理所束缚，能更好地开展工作。在这种治理方式之下，分地事宜逐渐得到解决，禹某、兰某、秦某顺理成章地成为该村的村支书、村主任和村会计，并在口头上成立了临时村委会，村民有什么事情也习惯了找他们解决。

3. 宗教信仰教化，塑造社区集体性记忆

宗教信仰在迁出地的村庄治理中本就发挥着强大的力量。宗教力量是由信仰者产生的观念和情感构成的一种实体化的集体力量，即道德力量，它被嵌入某些有形或无形的"物质"[1]。回族文化中的开斋节和古尔邦节等活动经常在迁出地举行，无形中增强着该地区的集体认同感。但在 J 村，共同的文化信仰这一治理资源的效用在后期才逐渐彰显。扶贫移民初期整个村庄是混乱和失序的，造成村庄失序主要有两方面的原因：一方面，从个体层面上看，飘摇于温饱边缘的扶贫移民全身心聚焦于生计，主要的时间和精力都放在改造、开发新的生存空间方面，根本无暇顾及精神层面的追求，只是在古尔邦节等重大节日之际有所往来，宗教活动被置于相对次要的位置，使得信仰的整合力量被弱化；另一方面，从村庄层面分析，由于新社区建设初期所涉事务繁杂，村庄资源在支撑道路、水渠等基础设施建设方面尚显匮乏，更不必说在有限的精力与资源下追求村庄精神文明建设，给扶贫移民社区的稳定发展带来了极大挑战。

---

[1] 高永久、丁生忠：《集体记忆与民族亲和力的建构——以兰州西关清真寺为例》，《广西民族大学学报》（哲学社会科学版）2012 年第 6 期。

但即便如此，宗教仪式在 J 村早期的发展中仍旧发挥了不可或缺的作用。早在 1983 年搬迁初期，一些老人就自发组织起来，搭建简陋的房屋用来供奉神明和进行祭祀，一些有威望并了解熟悉回族礼仪文化的人担当起阿訇的职责，带领村民做礼拜，为村民讲经[1]。对于 J 村扶贫移民来说，阿訇是一个十分重要的角色。1997 年 J 村落实属地管理之后，宗教活动场所——清真寺也在村委会的组织下建立形成。清真寺聘请教职人员——阿訇有着严格的程序和要求，由群众票选，同时任职还需上报乡镇政府审批。村民李某是这样描述阿訇的产生的："阿訇一般小时候在清真寺里面学习《古兰经》和阿拉伯语，经过二三十年的漫长学习，得到市里面有威望的阿訇的认可和所有信众的认可之后，方可成为阿訇。"（J 村，案例 51，李某）

因此，阿訇本人在伊斯兰教内部具有较高威信和影响力，在穆斯林中具有强号召力，是备受信徒们信任和尊敬的人[2]。据村民李某所说："阿訇在回民心目中的地位十分重要，甚至比村干部在村民心中的地位更高。"（J 村，案例 51，李某）

阿訇通过组织宗教活动来密切村民彼此间的联系，推动塑造新的人际关系，以培养社区团结力。通过规范村民的行为，引导社区崇德向善的风气，推动扶贫移民社区的和谐稳定。据村民马某讲述："阿訇会在红白事来念经。寺里主要就是让回民搞好团结，相互之间不要起争执，宣传拥护国家政策、相互帮助，不要到处搬弄是非。"（J 村，案例 24，马某）

除此之外，阿訇在回民群体中威望极高，他们成了村庄中"有面子"的群体，在调解矛盾纠纷方面，大家一般乐意请阿訇出面主持公道，结果也往往更易被村民所信服。

随着宗族式的精神文化在人们日常生活中的逐渐弱化，村民迫切需要一种精神寄托。2000 年之后，政府和村委会开始重视村民的精神文化

---

[1] 焦明娟：《扶贫移民社区的治理变迁研究——以宁夏回族自治区 J 社区为例》，硕士学位论文，西北农林科技大学，2020 年。

[2] 吴秀菊：《回族阿訇的社会作用》，《民族论坛》2012 年第 14 期。

需求问题，首先建立了两座清真寺，同时成立了寺管会以保障清真寺的正常运作。通过清真寺这一凸显的文化符号诠释现实的场景，既可以复活原先的集体记忆，也可以塑造新的集体记忆[①]。经过多方合力作用，村庄的宗教活动逐渐正常化，村民信仰也得以重建。以宗教信仰为基础的道德约束力在J村治理中重新发挥效用，村庄治理逐渐朝着和谐有序的方向发展。2011年村庄合并之后，由于村民们依然具有共同的宗教信仰和文化崇拜，J村的清真寺数量也有所增加，从两座增长到六座，均配有寺管会，宗教影响力进一步扩大。

二　新村融合阶段

2000年之后，J村搬迁工作进入尾声，新村迎来新一轮的融合发展阶段。这一阶段，大部分村民都已经在新村扎下了根，生活重心也逐渐转移到J村，J村开始成为一个名副其实的村庄。虽然扶贫移民的色彩不容易轻易抹除，但一般意义上的村庄共同体已经形成。

（一）治理特征

1. 收入多元化，扶贫移民生活持续改善

随着村庄秩序的稳定、基础设施与公共服务逐步完善，产业发展也"开花结果"迎"蝶变"，拓宽了扶贫移民的增收渠道。除了从事种植业获取基本保障性收入外，部分村民也通过外出打工、做零工的方式赚取工资性收入；另有一些人搭上国家惠农政策顺风车，在政策帮扶下办起了养殖场，他们加入村干部组织的黄牛养殖合作社或进行散户养殖，合作社有效地将村民组织起来共同管理，获取合作社经营性收入；小农养殖方式也通过村民自己以合理配置资源、顺应自然的方式进行生产活动，不仅提高了资源利用率，还形成种植与养殖的良性循环，获得了比单一种粮时更多的家庭经营性收入。

另外，初期扶贫移民的各种生活资源较为简陋，吃穿住行都以生存作为主要目标。但随着人们的收入来源增多，总体收入有了显著提升，

---

① 高永久、丁生忠：《集体记忆与民族亲和力的建构——以兰州西关清真寺为例》，《广西民族大学学报》（哲学社会科学版）2012年第6期。

生活一改早期的清贫状态，对生活质量也有了更高的要求。这一阶段，人们着手修缮原来由于时间紧急、资源窘迫而草草建起来的房屋，土房纷纷被换成了砖瓦房，在更大程度上满足了村民的安全需求。伴随着收入的增加，生活水平的提高，村民对社区治理也有了更高的要求。

2. 破旧立新，村庄实现"属地化"管理

搬迁之后没几年，大部分扶贫移民都在J村站稳了脚跟，有了自己的房屋，土地也进行了翻新，生活水平日渐提高。但此时，J村却面临着"谁来治理"和"如何治理"的双重难题。行政区划的模糊意味着治理主体职权的模糊，极易造成治理过程中因职责划分不清产生的相互推诿扯皮与资源浪费现象，进而阻碍扶贫移民社区的稳定发展。1997年，J村由原来的吊庄管理转为"属地化"管理，当地乡镇政府成了明确的治理主体。"谁来治理"以及"如何治理"的问题得到了有效解决，自然也为村民提供良好的社会环境。这种从远距离管理到集中管理模式的转变，首先实现了J村在行政管辖上的整合，村委会亦逐步正规化，村干部由民主选举产生，一改往日的基层政府直接任命方式，村民有了表达自己利益诉求的权利，选举村干部也主要依据处事能力而不是身强体壮标准。村庄治理的规章秩序被建立起来，实现了依法治理、依规办事。基层政府的责任明晰促使其积极履行职能，为J村提供公共服务并指导村委会进行村庄治理，村庄各项管理规则得以健全，治理失序的状态得以调适。在政府和村委会这两个关键主体的推动与引领下，J村的基础设施建设、公共服务保障、社区产业发展等都有了较大完善与提升。这一时期的J村隶属良田镇郊区政府管辖，"属地化"管理方式的实行直接解决了迁出地与迁入地之间的管理矛盾，促使J村以新的方式与政府衔接，从远距离、零散的管理走向集中的管理方式转变，在行政区划上实现了新的整合[①]。

（二）治理困境

1. 供给效能不足，供需匹配欠佳

在这一阶段，J村的供需矛盾比较突出，虽然经过初期的艰苦奋斗，

---

① 郭占锋、黄民杰、焦明娟：《从治理失序到文化整合：以宁夏J移民社区为例》，《山西农业大学学报》（社会科学版）2020年第5期。

J村各项设施建设大有改进，但与扶贫移民的现实需求相比，还是杯水车薪。农村税费改革后，扶贫移民的负担大大减轻，干群关系亦有所缓和，实现了短暂的和谐稳定。但是税收废除后，像J村这样的扶贫移民社区却迎来了发展危机。一方面财政收入迅速减少，另一方面行政倾斜逐渐消失，再加上国家项目拨款不能及时到位，村庄处于严重的财政赤字状态，甚至到了无法维持日常运转的地步。由此，村内的基础设施建设和公共服务提供无限期停摆，出现了人们日益增长的物质文化需求同村庄公共建设长期不同步的尴尬局面，引发了村民的不满。谈到该村的基础设施建设，禹某表示："村委会曾经尝试引进过自来水，但是自来水来了3天便停止了，直到现在村民们还喝的是自家的井水。所以村里总是做面子工程，不注重村民的根本需求，村干部并没有带着村民致富。"（J村，案例6，禹某）马某也认为该村的交通基础设施建设得特别不好："门前的许多路都是大水坑，排水排不出去，给村庄公共事务建设提意见根本没有用，我们都给村庄说过的，根本不会有人理会你的建议，没有人管的。"（J村，案例10，马某）关于该村的公共设施稀缺现状，大部分村民和马某的想法一致，均认为是该村集体财产匮乏造成的。

公共服务的缺失，影响的不仅是居民的个人利益，还阻碍着村庄的长远发展。水利灌溉、道路运输、教育资源以及文娱等设施攸关民生，长期供给不足将导致村庄陷入发展迟滞的困境。J村在这一发展阶段，也面临着此方面的困境——饮用水不能持续供应，道路坑坑洼洼，就连水渠修缮也是分期完成。

2. 新旧矛盾杂糅，干群关系紧张

社会是动态发展的，不断有新事物产生，也不断有新矛盾涌现，J村的发展也遵循此规律。在融合发展阶段，J村在水源分配、土地流转等方面新旧矛盾频发，干群关系又一次出现危机。对于深处西北腹地的J村来说，水源是非常珍贵的，尤其是灌溉水源，直接关系到人们能否继续生存。J村的土地是搬迁时统一划分的，但大多数土质都不好，含水量极低，庄稼种下去后需要持续地浇灌才能有所收获。在J村，人们都是引黄河水浇灌庄稼，但是花费巨大，几乎花去了种地成本的一半。黄河水灌溉由各级水管站进行管理，水管站的管理权限来自各级政府。政府在种植季节需要雇用员工进行放水灌溉工作，雇用人员的工资从水费中抽取，同时修缮水渠的资金也需要从水费中抽取，所以收取水费成为一个暴利行业。调研团队在和村干部的访谈中了解到，由政府出面收取水费往往出现村民故意拖欠的情况，这也使得村民和干部在收取水费方面关系紧张。后来，政府将此项工作承包给个人，希望以市场的力量破除这种尴尬局面。但新的问题也接踵而至，私人承包垄断了水资源分配，水价与日俱增，人们比以前有了更多的抱怨，种地的积极性大幅度降低。禹某回忆道："在2000年的时候，每亩地的灌溉费用大致为70块，最近几年灌溉费用飞涨，现在每亩地灌溉费用为108元。今年又重新修缮水渠，所以灌溉费用应该会更高，听其他村民说，今年的灌溉费用会在130元左右。所以把土地流转出去也是非常好的，虽然种地有补贴，但是投入的人力、物力、财力非常大，种地非常不划算。"（J村，案例44，禹某）

其次是土地纠纷处理困难。在税费改革以前，被占用土地的村民能够接受用农业税抵产，但农业税取消之后，这些农户认为没有相应的租金是不公平的。村民认为对于原本被村庄占用的土地，已经被投入建成了学校、广场等公共场所，自己理应得到相应的租赁费用，但由于村里的财政负担不了相应款项，村民无法获得租金。另外，村组织的运行也存在一定的问题，举办公益性活动变得异常困难。税费改革之后村民的集体观念在不断淡化，重权利而轻义务，"公"与"私"的对立日渐严重，"无公德的个人"逐渐凸显，关乎村民集体的事务，如修路、修桥等变得非常难办，村民大会参会率低，村民与村干部由于种种因素无法形成有效沟通。

（三）治理策略

1. 多力齐发，增加村庄集体性收入

不管是村庄还是个人，没有收入就无法开展行动。村庄在财政收入骤减的同时要想持续完善公共服务，就必须想方设法为村集体争取更多的资金。除了向上级部门争取财政拨款外，发展村集体经济也是一个重要的出路。在国家惠农政策的扶持之下，J村也开始了发展建设。有一部分村民率先办起了养殖场，其中大部分是黄牛养殖场，小部分是养鸡场，主要有合作社集中养殖和散户养殖两种方式。黄牛养殖合作社主要由村里的干部带头，将村里的养殖散户组织起来，形成规模效益。其他农户则主要采用散户养殖的方式，养殖规模较小。为兼顾养殖与种植，J村村民将秸秆粉碎作为家禽饲料，家禽的粪便又为农业种植提供有机肥，最大限度地提高了资源利用率，降低了生产成本，实现种养良性循环，村民们的收入水平也不断攀升，生活条件不断好转。"一开始搬过来，连温饱都成问题，可是现在我们不但解决了温饱问题还有一定积蓄。我们两个（和他的妻子）听说国家有这个养殖贷款，我们想了快两个月，才最终下定决心，不会可以学，我们一开始贷款了2万元，买了5只小牛，但几个月后死了一头小牛，我们就去找了当时的村支部书记，请来了养殖技术人员对我们进行指导，解决了我们在养殖中面临的问题。现在我们已经有十几头牛了，虽然兼顾种地和养牛会很累，但是想到我们逐渐好起来的生活以及能够给子女的较好的生活环境，就觉得一切都很值得。"（J村，案例55，马某）

2. 修寺造庙，重拾社区文化信仰

涂尔干认为情感在社会整合中发挥着重要的作用，需要以宗教的、政治的仪式、聚会等方式重塑人们的共同情感，通过加强联系来保证社会的存在[①]。而对于J村来说，重拾社区文化信仰最好的办法就是恢复原来的宗教场所，因为抽象的文化信仰不能独立存在，必须借助一些有形的物质载体。J村自搬迁之初就拥有宗教信仰的基础，回族文化中的开斋节、古尔邦节以及圣纪节等活动，是村民集体生活的重要组成部分。在这些特定的节日里，村民之间常常需要共同准备节庆物品，在阿訇的主持下，举行集体的活动仪式，在活动中建立社会关系网络、获得归属感，形成对于"我们"的认知[②]。对扶贫移民的调查显示（见表3-2）：88.2%的村民认为宗教及其宗教组织的作用在于负责宣讲教义、带领教众礼拜、组织各类宗教仪式活动；79.6%的村民认为宗教信仰是移民的信仰和精神支柱，同时寺管会作为宗教组织能够维系村民之间的感情；

---

① 吴晓林：《社会整合理论的起源与发展：国外研究的考察》，《国外理论动态》2013年第2期。

② 郭占锋、黄民杰、焦明娟：《从治理失序到文化整合：以宁夏J移民社区为例》，《山西农业大学学报》（社会科学版）2020年第5期。

31.0%的村民则认为宗教信仰能够协调社会纠纷、化解矛盾；28.6%的村民表示宗教生活是获取民族认同感的有效方式，能够拉近陌生居民之间的关系，促进社区公共性的形成[①]。不难看出，宗教文化在扶贫移民社区中发挥着重要作用。

表3-2　您认为所信仰的宗教及其宗教组织的作用是什么?

作用类型	频数/人	百分比/%
移民的信仰和精神支柱	223	79.6
日常教育子女的方式	11	3.9
协助村委或居委社区治理	12	4.3
移民获取民族认同感的方式	80	28.6
负责宣讲教义、带领教众礼拜、组织各类宗教仪式活动	247	88.2
协调社会纠纷	87	31.0
组织社区文化教育事务	21	7.5
组织学习相关政策	16	5.7
完善公共设施	1	0.4

为满足村民们强烈的信仰需求，J村充分动员村民建造清真寺，重建承载回族宗教信仰的物理空间。并在当地政府宗教管理部门和村委会的支持下成立了专门的寺管会，以维持清真寺的正常运行，引导正向的宗教文化，期望通过重塑共同的文化认同达到维持社区秩序稳定的目的。村民兰某认为，清真寺聘请阿訇都要经过乡政府的批准，寺管会也是在村委会的领导之下，阿訇在寺里开展活动也要尊重国法；阿訇在宣讲时会对大家提出要求，如不能偷窃、不能吸烟、酒可以少喝但不能喝醉等基本行为规范；回民之间团结一心是代代相传的伊斯兰优秀文化传统；各个寺管会之间凝聚一心，心齐才能办事等。这些由宗教文化所带来的要素，对村庄的社会整合和秩序构建有着积极意义。（J村，案例20，兰

---

① 郭占锋、黄民杰、焦明娟：《从治理失序到文化整合：以宁夏J移民社区为例》，《山西农业大学学报》（社会科学版）2020年第5期。

某）阿訇作为清真寺的主要领导者受宗教局管辖，必须定期学习有关宗教的最新知识，将教义中的先进文化和精神进行传播，引导人们养成顽强坚韧、乐于助人的美德，将自己的文化信仰时刻谨记于心，并以此约束自己的行为。甚至在出现邻里纠纷或家庭矛盾时，阿訇则扮演调解者角色，帮助村民化解矛盾纠纷[①]。在定期举行一系列的宗教仪式后，村民的心态也逐渐稳定，往日精神空间中的压力得以释放。通过公共参与的宗教仪式与活动，村落集体信仰得以重塑，村民对于宗教的特殊情感，是一种共有信仰认同的外化和集中体现。尤其是对于J村移民而言，信仰是精神的深层次体现与表达，在共有信仰联结下，逐渐凝聚起对J村共有精神的认同，从而外化为共有意识和共同的生活方式。

三 整村发展阶段

随着社区共同体的建设，J村逐步跨入整村发展阶段。这个阶段，J村逐渐摆脱扶贫移民社区的诸多不稳定因素，村民生活和社区治理步入正轨。从荒漠到绿茵，由土坑变平房，随着环境变迁，J村的治理基础也发生着变化。历经了新村建设、融合阶段，扶贫移民社区的管理逐渐趋于有序化和专业化。然而随着扶贫移民日益增长的多层次、多样化需求，社区治理又浮现出了新的问题，亟须推进治理体系与治理能力现代化建设，实现村庄与个人的协同发展。为达到"十二五"的目标，解决剩余的35万贫困人口的温饱和发展问题，银川市采用集中安置和插花安置相结合的方式，在金凤区良田镇安置3000人，这次移民统称为生态移民。J村也插户了部分人口，大都分配在该村的8组、9组、10组3个村民小组中。这3个村民小组村民搬迁较晚，宅基地和耕地都需要自己出钱购买。随之，因吊庄移民管理不符合实际，缺陷明显，该村于2007年开始属地管理，2011年J村归属金凤区管辖，同年，为响应国家撤乡并镇政策的号召，进一步整合优势资源，由新农村、兴隆村、J村、兴源村合并为现在的J村。由于搬迁、并村，J村人口激增，但同时面临着青壮年流失的

[①] 焦明娟：《扶贫移民社区的治理变迁研究——以宁夏回族自治区J社区为例》，硕士学位论文，西北农林科技大学，2020年。

困境。近些年，土地流转承包成为普遍化现象。2017年，J村承包出去的土地规模就达到了70%，土地已不再是农民主要的生计来源，因此，大量年轻人外出务工。同时，由于受教育程度不高、信息传达不对称等原因，老人被排除在村庄治理体系之外。J村呈现"空巢化"变迁趋向，治理共同体建设缺乏人才支撑。

（一）治理特征

1. 治理理念转变——"管理"到"服务"，"刚性"到"柔性"

一方面，税费改革后，村委会逐渐转变为切实的基层自治机构，同时随着农村社区化推进和资源要素下沉、干部队伍打造与集体经济发展，治理理念由以往的"管理"向"服务"转变，从"要我参与"到"我要参与"，村民的话语权也逐步提升，以往紧张的干群关系向着积极健康的方向发展。社区治理的规范性大幅提升，工作人员的职责日渐明晰，村两委的权力边界更加明确。从抓生产到强服务的工作重心转移是J村实现村庄治理理念转型的重要标志[1]。

另一方面，J村的治理方式实现从"刚性"到"柔性"的创新性转变。传统村庄的治理主体大多由村委成员、乡村精英等少数人组成，他们通过强制性话语对村民进行"刚性"规治，广大农民群体被排斥在村庄治理队伍之外。如今，随着自治、德治、法治"三治融合"的大力推动，加之年轻一代扶贫移民主动性与参与意识的提高，能够及时获取信息以及有效表达自己的诉求，J村治理逐步向着民主化方向发展。从"刚性"到"柔性"的治理方式革新，既是提升扶贫移民参与感、效能感、获得感的必然要求，也是推动实现扶贫移民社区治理现代化的必然选择[2]。

2. 多元主体协同治理结构

扶贫移民社区治理鼓励治理主体多样化，各种宗教组织、经济组织等新兴治理主体被纳入扶贫移民社区治理体系中，村庄的治理结构进一步合理化，其治理效果显著提升。经历村庄的合并之后，J村治理将面临

---

[1] 关庆华：《从管理到服务：村庄治理转型的巴南实践》，《重庆行政》2021年第1期。
[2] 关庆华：《从管理到服务：村庄治理转型的巴南实践》，《重庆行政》2021年第1期。

更加严峻的挑战，各治理主体必须相互合作，形成有效的利益联结纽带，实现协同共治。如图3-1所示，4个治理主体依靠不同的性质、优势，深度互动，共同实现了J村的治理有效并推动其经济社会不断发展。

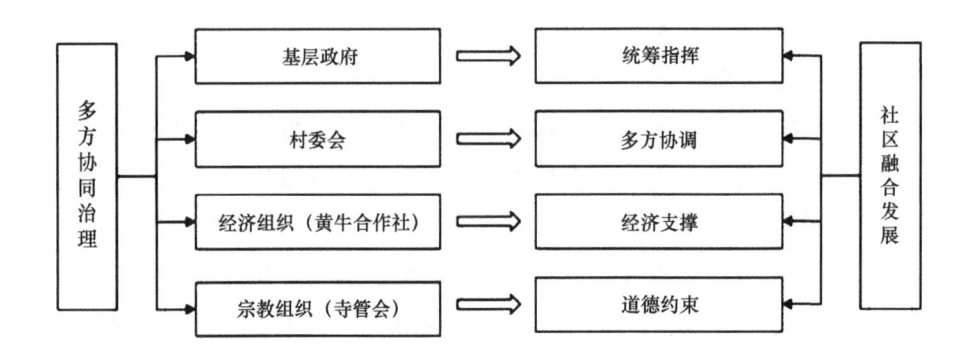

```
                    ┌─────────────┐         ┌─────────────┐
                 ┌─▶│  基层政府    │ ══════▶ │  统筹指挥    │◀─┐
                 │  └─────────────┘         └─────────────┘  │
  ┌─────┐        │  ┌─────────────┐         ┌─────────────┐  │  ┌─────┐
  │多方 │        ├─▶│   村委会    │ ══════▶ │  多方协调    │◀─┤  │社区 │
  │协同 │────────┤  └─────────────┘         └─────────────┘  ├──│融合 │
  │治理 │        │  ┌─────────────┐         ┌─────────────┐  │  │发展 │
  └─────┘        ├─▶│经济组织(黄牛 │ ══════▶ │  经济支撑    │◀─┤  └─────┘
                 │  │  合作社)    │         └─────────────┘  │
                 │  └─────────────┘                          │
                 │  ┌─────────────┐         ┌─────────────┐  │
                 └─▶│宗教组织(寺管 │ ══════▶ │  道德约束    │◀─┘
                    │   会)       │         └─────────────┘
                    └─────────────┘
```

图3-1　J村扶贫移民社区多方协同治理关系图

多方协同治理，即采取多元主体共同治理的方式以改变传统政府对乡村社会单向的垂直的管理和控制，政府在大方向上积极引导，进一步发挥乡村社会内部力量在扩大公共服务供给、激发地方经济活力、维护社会治安、推动道德教化等领域内的重要作用，最大限度实现多层次的地方治理，依靠多主体治理协商合作，共同实现乡村社会的有效治理。[①] 首先，上级政府发挥着统筹协调的作用，基层政府部门负责具体落实并为扶贫移民社区的治理提供方向性指导。在J村吊庄管理时期，其行政区域划分不明确，对扶贫移民生活和社区管理造成了很多阻碍，直接影响了J村的建设发展。分至金凤区辖区以后，金凤区政府积极统筹指挥，不仅使扶贫移民社区管理更加规范化，同时也为金凤区增加了很多资源，实现了互利共赢。金凤区政府协同村集体，在村域范围内建立了黄牛养殖场，集体经济逐渐发展起来，村财政资金紧张情况得以缓解，为村庄基础设施建设及福利保障事业的完善提供了经济支撑。

---

① 吴家庆、苏海新：《论我国乡村治理结构的现代化》，《湘潭大学学报》（哲学社会科学版）2015年第2期。

同时，金凤区为该村量身定制了村庄建设规划，并派区干部长期驻村，了解和参与该村规划、建设全过程。除了区政府这一治理主体的力量发挥之外，村委会在J村治理中的核心领导作用逐步显现。如表3-3所示，64.3%的村民认为村委会在社区事务管理工作中发挥着主导作用。

表3-3 居委会、社区组织和寺管会对社区事务管理分工情况

分工情况	频率/个	百分比/%
由村委会主导，其他主体作为补充进行工作	180	64.3
各主体各司其职，各负其责	95	33.9
各主体均发挥主导作用，共同管理	5	1.8
合计	280	100.0

在促进多元主体参与村庄建设方面，村委会发挥着桥梁纽带作用，具体表现为：第一，与镇政府实现联结。J村村委会接受良田镇政府和金凤区政府的监督，与上级政府保持着紧密的交流，积极学习各示范点的治理经验，宣传和执行国家政策。第二，从村庄自身发展来看，村干部各司其职，积极完善村庄基础设施并大力发展集体经济，如黄牛合作社不仅推动村庄经济的发展，也为村民增加了就业分红的机会。同时发挥了组织功能，加强了社区居民之间的联系，有效促进了扶贫移民社区的融合。第三，J村村委会与宗教组织也逐渐形成了良性互动的局面。回族村民们有着非常虔诚的祭拜仪式，有些年老的村民虔诚地信奉着真主，仍旧保持每天祭拜5次。因此寺管会在J村不仅是村民宗教信仰的组织核心，更是维系村民感情的纽带，甚至村委会不少工作都积极寻求与寺管会的合作。

在村委和村民的帮助下，扶贫移民社区的宗教场所也得以建立并不断完善。另外，根据宗教管理局的要求，宗教权威人士需要持证上岗管理宗教，以建立在文化信仰基础上的道德规范，形成隐性的村庄约束。这种基于共同信仰而形成的道德规范可以将村民有效组织起来，搭建团结、紧密的社会关系网络，继而形成一个以回族文化为核心，政治、经

济、文化相互融合的扶贫移民社区共同体。从J村的发展来看，扶贫移民社区通过多元主体进入乡村治理场域，合理发挥乡村各组织的特有作用。基层政府和村委会在政治上引领村民、经济合作社在经济上帮扶村民、宗教组织通过文化信仰团结村民，最终培育出扶贫移民社区的生活共同体，进一步促进扶贫移民社区融合。[1]

（二）治理困境

1. 生计模式转型，人才支撑乏力

随着庄稼种植成本的提高，许多年轻人不再愿意种地，土地已不再是J村村民主要的生计来源。老一辈扶贫移民引以为傲的黄河灌溉地在年轻人心中已价值无几，现在分给年轻人的土地大多已被撂荒。村民马某谈道："家里一共有6亩土地，之前曾分给两个儿子耕种，但他们年轻人觉得种地付出和收益不成正比，所以把土地撂荒。"（J村，案例54，马某）同时，种地成本不断增加，在很大程度上挫伤了农民的种地积极性，尤其对于年轻人，相较于收支难以平衡的农业耕作，城市多样化的工作机会有着更高的吸引力。因此，当土地流转大潮席卷而来时，J村有更多的空余土地可以承包。当前，土地流转承包已成为J村的普遍现象。土地流转不仅有着促进农业结构调整、提高农产品竞争力、推进农业机械化等诸多益处，更推动着生计模式的转型，扶贫移民从最初的"地里刨食"发展到"半工半农"模式。

生计模式转型的同时，诸多问题也逐渐浮现——青壮年外流、留守妇女背负多重压力、孩子健康成长难以得到保障及老人心理健康状况欠佳等。对于青壮年来说，土地流转意味着生活成本的增加，曾经的食品消费基本靠土地供给，而如今全部需要从市场中购买，所以承担家庭重担的青壮年纷纷选择外出务工，而大多数女性则留下来照顾家庭，打理未流转的农田，待干完自家地里的工作之后，村中女性还会到附近的农场打零工来贴补家用。妇女多选择到村中的种植养殖合作社，或到附近的纺织厂、羊毛厂等工厂打工，早出晚归，按工作时长获取报酬。留守

---

[1] 郭占锋、黄民杰、焦明娟：《从治理失序到文化整合：以宁夏J移民社区为例》，《山西农业大学学报》（社会科学版）2020年第5期。

妇女一人"扮演"多重角色,承担起了本该由夫妻双方共同承担的家庭责任,背负着沉重的劳动、生活和安全压力。此外,孩子的健康成长也难以得到保障,父亲长期不在身边,母亲忙于生活,很难抽出时间精力陪伴教育孩子,而目前最紧迫的问题就是孩子中午吃不到健康安全的饭菜。母亲中午无法回家做饭,孩子只能带馒头等干粮去学校,由此在村中小学筹建食堂成为扶贫移民共同的愿望。35岁的女性村民马某谈道:"由于工作地距离家太远,中午无法给家里孩子做饭,大多数时候孩子中午都不回家吃饭,只是在学校门口吃包子或一些零食等垃圾食品。因此,我希望学校可以开一个食堂,让孩子们中午在学校吃饭。但学校考虑到食品安全问题,这一事情最终不了了之。"(J村,案例50,马某)对老人来说,他们为土地倾注了半辈子的心血,很难轻易放弃对土地的情感寄托,一方面因自己无力参与农业生产,容易产生自我价值怀疑;另一方面孩子们忙于工作、学习,老人极易产生孤独感。

生计模式转型所带来的系列变迁为治理共同体构建提出了难题,其中最棘手的就是人才支撑乏力。留在村庄的妇女在顾家与增收的双重压力下,无暇参与村庄治理;由于受教育水平低、老年人"数字鸿沟"的存在、信息传达不对称等,老人被排斥于村庄治理之外;农村青壮年劳动力逐渐放弃了农业生产选择外出务工并长期滞留在城市。同时,农村籍大学毕业生有能力得到更好的发展机会,绝大部分人留在城市发展。这就导致了农村优质的人力资源向城市的单向流动,农村自身的人才造血机能弱化。此外,农村工作事务繁重、待遇偏低,大量乡村精英不愿意扎根乡村基层,离乡进城,J村的后续发展缺乏引领者。

2. 面临二次搬迁重组,多重治理矛盾凸显

随着银川市的发展,J村被纳入城区建设范围。这意味着好不容易建设起来的J村又要面临新一轮解组与重构,扶贫移民历尽千辛万苦才得来的安稳生活将被再次打破。而且此次的变动尤为剧烈,从乡村到城镇,村民刚适应的"半工半农"生计模式难以为继,生活成本增加。正如村民所述,拆迁上楼对他们而言代价太大,无论是物业费、水费、取暖费等额外支出,还是失去耕地、牲畜等生计来源,都会使生活再度陷入困境;再者,对于广大扶贫移民群体而言,历尽千辛万苦改善生存环境、

开垦土地、修筑房屋、发展养殖业,逐步拓展起新的社会交往网络,生活也刚走上正轨不久,实在是没有从头再来的勇气。

"背井离乡—重建家园—安稳生活",这条路足足走了30余年。不同于传统的村落,扶贫移民村落共同体的形成与稳定投入了更多的成本,也倾注了扶贫移民更多的心血。如今因发展需要,就要将前期努力推倒重来,势必会引起部分扶贫移民群体的心理动荡。在大部分扶贫移民的极力抗拒下,矛盾冲突凸显,加之新村建设融合阶段所存在的一些治理问题本就没有得到完全解决,新旧矛盾杂糅,具体表现在以下四个方面。

一是户口冲突。由于前任村干部落户收费的违规操作,村中仍有不少黑户。为抵制投机,当地对于落户有着严格规定,J村户口已经处于冻结状态。一旦拆迁,他们会因户口问题而无法享受国家拆迁补贴,变得一无所有。7队马某的妻子回忆道:"户口以前不好转,以前别人说要交一万块才能转户口,当时没有钱就没有转户口。2012年我们在园子村后面买的有三亩六分三的地,现在卖地刚刚两年,就是怕政府拆迁征收,我们家户口又不在这里,土地可能一分钱都补不到,于是便宜出卖了。"(J村,案例21,马某妻子)

二是违建冲突。为获取更多的补贴,村民会在田间地头等自家空地上私建房屋,而村庄根据规定不得不强制推房,这使得"官民"冲突进一步加剧。

三是土地非法买卖带来的冲突。一些后迁至此的村民因无地可分不得不从私人手中买进部分耕地与宅基地,由于缺乏相关证明以及合法手续,不少村民无法获得土地证,由土地产生的争执时有发生[1],以下案例描述的正是此类情况。马某母亲谈道:"这次村委会换届,有人占用我家土地,我还得为这事去找村委会,现在这个问题还在争执。事情是这样的,原来我分的农地因为要搞菜棚种植而被推平,村庄承诺要是这个大棚盖好了就重新在别处划块地给我们,大棚没有搞成就把原来的地还给我们,意思就是大棚弄不成功就不改地。但是当时我们家没有人及时上

---

[1] 焦明娟:《扶贫移民社区的治理变迁研究——以宁夏回族自治区J社区为例》,硕士学位论文,西北农林科技大学,2020年。

来,后来村庄大棚可能是没搞成,导致谁占了我家的地就是谁的。之后公家修农渠,原来这分渠不在我家地头上,后来是农渠重修,又往我家地域范围内挪了两三米,当时挪渠的时候我们家还没有上来。飞机照相时是把这地算到我们家头上,但是现在连土地证都还没有见着,人家都领了土地补贴这么长时间了,我家还连一分钱都没有见着。寻到村里,村里把这事推给镇上,寻到镇里,镇里又推回村庄,都不给办土地证。第一次办土地证的时候我们家人都不在这,都还在老家,根本就不知道有这回事,也不知道是哪一年办的。十年前才上来,这几年发土地证,又是因为土地被别人占了有分歧,还是不给办土地证。"(J村,案例27,马某母亲)

四是出现新的生计危机。无论是最初的依赖土地为生,从地里刨食,后续发展养殖业,还是如今的"半工半农"模式,土地都是农民重要的生计来源和情感寄托。由于拆迁征房不征地,村民上楼远离土地,农具无处放置,牲畜无地饲养,同时生活开支大幅增加,村民将再次面临返贫危机。村民普遍反映不愿意再搬迁,担心自己沦为城市贫民,原因如下:"前几天又来量地,要拆迁上楼,我觉得并不好,农民没地养牛羊、农具也没有地方安置、田地在这里离住的地方很远,有的重修了房屋不久,刚刚改变过来了又要搬迁。"(J村,案例25,冶某)"希望政府以后可以有长远的发展规划,不要让村民们一次又一次地搬迁,也希望移民村落不要终结。"(J村,案例52,马某)谈到关于未来的生活,马某并不是十分有信心,当初从泾源县搬到银川,家里条件十分艰难,父母亲留在老家,马某并没有尽到做儿子的职责,所以他也做好了自己养老的打算。但是,如果上楼的话,生活成本非常高,对于丧失劳动能力的老年人来说,是一个巨大的挑战。希望政府在拆迁过程中可以充分考虑到村庄多数老年人的实际情况,让老年人也能够更好的生活下去。

(三)社区治理满意度及其影响因素研究

J村社区治理满意度及其影响因素的指标体系构建及研究方与D村所述一致,此处不再赘述(详见第一章第二节)。

1. 描述性分析

表3-4为J村扶贫移民社区治理满意度及其影响因素的描述性信息。

有 17.0% 的扶贫移民对社区服务满意度较高，13.5% 的扶贫移民对社区建设满意度较高，26.0% 的扶贫移民对社区管理满意度较高。社区服务、社区建设以及社区管理满意度等比例在一定程度上可以反映出扶贫移民的社区治理满意度较低，社区治理效果不佳。

表 3-4　　　　　　　　　　变量信息描述

维度	变量名称	变量含义与赋值	均值	标准差
因变量				
社区治理满意度	社区服务满意度	不满意=0；满意=1	0.170	0.377
	社区建设满意度	不满意=0；满意=1	0.135	0.342
	社区管理满意度	不满意=0；满意=1	0.260	0.440
控制变量				
个人特征	年龄	≤40=1；41—60=2；>60=3	1.628	0.930
	性别	女=0；男=1	0.490	0.501
	受教育程度	初中及以下=0；高中及以上=1	0.070	0.251
自变量				
生计资本	社会资本	不熟悉=1；一般=2；熟悉=3	1.767	0.42381
	人力资本	劳动力占比	0.446	0.217
	金融资本	Ln（人均净收入）	6.567	1.179
社区意识	社区参与感	低=1；一般=2；高=3	2.081	0.836
	社区归属感	低=1；一般=2；高=3	1.368	0.599
基础设施	基础设施充足度	不充足=0；充足=1	0.761	0.427
	公共物品满足感	不满足=1；一般=2；满足=3	2.444	0.726
	基础设施稳定度	不稳定=0；稳定=1	0.310	0.463
公共服务	公共福利分配公平度	不公平=0；公平=1	0.695	0.461
	公共服务满足度	不满足=0；满足=1	0.108	0.311
治理体制	社区制度完善程度	低=1；一般=2；高=3	2.682	0.486
	基层组织作用效果	无效果=0；有效果=1	0.937	0.244
	社区制度适配度	不适应=1；一般=2；适应=3	2.740	0.469
	社区制度效果	效果不好=1；一般=2；效果好=3	1.839	0.839

内源性维度结果显示，从个人特征来看，社区多为40—60岁移民，60岁以上次之。随着社会现代化进程的加速发展，年轻移民多向城镇转移，农村空壳化和老龄化现象日趋严重。社区男性为50%，男女比例较为均衡。调查发现有94.3%的扶贫移民受教育程度在初中及以下，受教育程度偏低。从生计资本来看，扶贫移民对本街道邻居的熟悉程度一般，社会资本一般；社区家庭的劳动力占比为44.6%，家庭人力资本一般，仍有待加强；人均净收入水平相对较低，大多扶贫移民家庭人均年收入低于2019年国家贫困线标准（3747元），金融资本相对较低。从社区意识来看，近一半的扶贫移民愿意主动参与社区公共性事务，但参与度不高；且扶贫移民认为其参与社区公共事务的决策重要性较低，社区归属感不强。

外源性维度结果显示，从基础设施建设来看，23.9%的扶贫移民认为社区基础设施建设不充足，不能满足基本需要，这与扶贫移民社区的特殊性相关，基础设施建设仍有待加强；社区公共物品基本能满足扶贫移民日常生活需要，但满足感一般，且基础设施的日常维修工作也相对有延迟，稳定性较低。从公共服务来看，31.5%的扶贫移民认为在社区公共福利的分配中存在较多的不公平现象，这可能与社区资源分配不均、信息不对称等有关；10.8%的扶贫移民认为社区公共服务能满足其基本需求。从治理体制来看，社区制度完善程度较高，且目前已有的社区制度的适配程度以及基层组织效果较为明显，但社会制度效果仍需加强。

2. 社区治理满意度影响因素分析

表3-5为J村扶贫移民对社区治理满意度的Logistic回归结果。从社区服务满意度来看，社区意识对社区服务满意度呈负向影响，其他维度无明显差异。从社区建设满意度来看，生计资本和治理体制对社区建设满意度呈负向影响，公共服务呈正向影响。从社区管理满意度来看，社区意识和治理体制对社区管理满意度呈负向影响，公共服务呈正向影响。具体如下。

表3-5　　扶贫移民对社区治理满意度的 Logistic 回归结果

变量		社区服务满意度		社区建设满意度		社区管理满意度	
		B	Exp (B)	B	Exp (B)	B	Exp (B)
控制变量							
个人特征	年龄	-0.480	0.619	-0.220	0.802	0.021	1.021
	性别	-0.238	0.788	-0.179	0.836	0.508	1.662
	受教育程度	-19.217	0.000	0.216	1.241	0.495	1.641
自变量							
生计资本	社会资本	0.023	1.023	-0.747*	0.474	-0.116	0.891
	人力资本	-0.865	0.421	-0.523	0.593	0.021	3.153
	金融资本	0.005	1.005	0.025	1.025	0.185	1.204
社区意识	社区参与感	-0.534*	0.586	-0.216	0.806	-0.936***	0.392
	社区归属感	-0.470	0.625	-0.574	0.563	-0.963*	0.382
基础设施	基础设施充足度	0.022	1.022	-0.081	0.922	0.293	1.341
	公共物品满足感	0.038	1.039	-0.200	0.818	-0.061	0.941
	基础设施稳定度	0.037	1.037	0.047	1.04	-0.268	0.765
公共服务	公共福利分配公平度	0.912	2.490	2.068**	7.907	2.376**	10.760
	公共服务满足度	0.078	1.081	0.287	1.333	-0.741	0.476
治理体制	社区制度完善程度	-0.848	0.428	-0.306	0.737	-0.109	0.897
	社区制度适配度	-0.577	0.561	-1.130***	0.323	-0.522	0.594
	社区制度效果	0.308	1.361	-0.301	0.740	-0.619*	0.539
常量		-15.056	0.000	-13.943	0.000	-0.211	0.810

注：*** 表示 $p<0.01$，** 表示 $p<0.05$，* 表示 $p<0.1$。

从个人特征来看，性别、年龄和受教育程度对社区治理满意度无显著影响。由于 J 村扶贫移民间的性别及年龄异质性较小，加之受教育水平整体偏低，93.0% 的被调查者受教育水平都在初中及以下，且多以土地为生，因此性别、年龄、受教育程度对社区治理满意度不存在显著影响。

从生计资本来看，社会资本对社区建设满意度呈负向影响，人力资本和金融资本对社区治理满意度均无显著影响。扶贫移民社区的治理是动态发展的，既有新旧事物的交替，也有新型矛盾的产生。由于土地纠纷问题、户口问题以及新的生计需求，扶贫移民在社区建设中产生的"官民相护""重权轻义"和"无功德的个人"等问题，以及由于新的利益牵绊而屡屡产生的不公平现象，导致其对社区的集体建设和个人生计发展缺乏信心。新旧矛盾杂糅使得"熟人社会"可能反而沦为"杀熟社会"，因此社会资本增多反而使得幸福感和安全感降低，对社会建设的满意度降低。扶贫移民社区生计模式转型的同时，青壮年劳动力外流、留守妇女负担过重等使得家庭固有的劳动力生计压力不降反增，且"半工半农"模式使得生活成本增加，大多扶贫移民金融资本难以维系基本生活需求，因此普遍对社区治理的满意度较低，无明显差距。

从社区意识来看，社区参与感对社区服务满意度和社区管理满意度呈负向影响，社区归属感对社区管理满意度呈负向影响。扶贫移民搬迁之初，各类保障尚有欠缺，扶贫移民社区面临治理资金匮乏、治理基础薄弱、治理经验不足等问题，扶贫移民的基本生产生活、人身财产安全、个人权益等无从保障，整个社区处于失序状态，且扶贫移民有困难求助于社区却无法及时得到回应，严重挫伤扶贫移民对社区的信任感和归属感。搬迁中后期，新旧矛盾堆积，干群关系十分紧张，土地纠纷问题屡见不鲜。虽然扶贫移民积极参与学校建设、社区广场建设等公共活动，但未得到相应的租赁费用或补助，加之官官相护等问题层出不穷，使得扶贫移民集体意识观念和信心不断淡化，甚至出现"参与—失望—再参与—再失望"恶性循环。积极参与社区建设的扶贫移民因上述不公平的对待，反而对社区治理失去信心，满意度降低。

从基础设施来看，基础设施充足度、公共物品满足感以及基础设施稳定度对社区治理满意度无显著影响。J村扶贫移民98%以上属于回民，但在搬迁之初，道路泥泞、缺水灌溉，以及扶贫移民缺少可祷告的公共空间，后期甚至出现宗教活动非持续性、信仰弱化的趋势。囿于薄弱的基础设施建设，社区内部暂无正规的宗教场所供扶贫移民使用，原有的整合要素——宗教文化丧失整合、维稳的功效，进一步加深村庄涣散程度。而搬迁中后期，虽然水利、道路、宗教等公共基础设施和农业科技信息技术、医疗服务、生态服务等有所改观，但年轻劳动力多外出谋生，对社区设施与服务的依赖程度减弱。同时，扶贫移民的生计压力加大，且生活水平改善程度有限，前后期不同的设施需求和生计压力使得基础设施建设并未影响其对社区治理的评价。

从公共服务来看，公共福利分配公平度对社区建设满意度和社区管理满意度呈正向影响，公共服务满足度对社区治理满意度无显著影响。在整村发展阶段，村民生活和社区治理步入正轨，逐步形成了基层政府、社区自治机构以及扶贫移民等多方治理格局，社区治理规范性有所提升。"刚性"到"柔性"治理方式的转变使得社区治理更加关注利益共享、协调合作和"三治"融合等，使得治理体系公开透明，扶贫移民的基本权利能有效得到保障，参与公共福利分配的公平感有效提升，逐步向着民主化方向发展，参与感、幸福感和安全感有所增强，必然使得对社区建设和管理的满意度更高。而水、电、气等基础设施以及其他各类援助服务都能基本满足基本生活需要，加之年轻人大多外出务工，对公共服务的需求和利用率都不高，因此对社区治理满意度没有明显影响。

从治理体制来看，社区制度适配度对社区建设满意度呈负向影响，社区制度效果对社区管理满意度呈负向影响，社区制度完善程度无明显作用。J村移民多为回民，有其自身的宗教信仰，社区治理过程中现存的非正式性规范制度（约定俗成的、无明文规定的），因缺少应用空间和平台，不能充分发挥其固有的约束及治理效用。与此同时，非正式制度在一定程度上缺乏公平性和规范性，极易成为基层管理的"保护伞"，反而削弱扶贫移民对社区治理的满意度。

（四）治理策略

1. 激发扶贫移民参与感，在共治中培育社区意识

扶贫移民参与是社区治理的核心，是衡量社区治理的基础，是实现社区治理现代化的应有之义，是社区本质的一种回归，有利于实现社区公共服务效能最大化。然而J村的扶贫移民参与情况却堪忧，扶贫移民在社区事务中长期"失声"。具体体现在：扶贫移民参与社区治理的资金不足，使用率不高，社区治理工作基本依靠上级政府拨款维持运转；扶贫移民参与渠道制度的模糊化、虚设化；参与群体单一，主要为中老年人；

扶贫移民参与热情普遍不高，意识薄弱。

为此，J村从经济、政治、社会、心理等多个层面优化扶贫移民参与社区治理的路径。在经济层面，深度挖掘社区资源，增强筹集资金的能力。通过集约化经营土地、发展养殖业、成立经济合作社、鼓励村民创业等方式，逐步发展集体经济，村财政资金紧张情况有所缓解。同时，为社区中的弱势群体提供个性化支持，为困难家庭排忧解难。在政治层面，完善扶贫移民政治参与制度，健全政治参与机制，创新参与渠道。转变扶贫移民社区行政主导型的治理倾向，政府由主导者变为引导者；构建扶贫移民议事会，建立有效的民主协商机制；紧跟时代潮流，通过微信群等新技术，创新信息传达方式，增加扶贫移民参与、监督渠道。在社会层面，发展多样化的社会组织，激发社会组织活力，提升社会组织服务质量。各种宗教组织、妇女互助小组纷纷成立，加强了扶贫移民之间的联系，满足了对文化、教育等各方面的物质文化需要，推动社区治理的良性运行。在心理层面，提升扶贫移民参与社区治理意愿。通过立足宗教文化记忆，培育和塑造社区精神，并对积极参与者进行鼓励奖励，增强扶贫移民的自我效能感。在多层次的社区参与中，扶贫移民投入了大量情感与精力，逐渐由"迁入者"成为治理共同体的成员，不仅加强了对自身社区身份的认同，更产生了强烈的社区归属感。

然而根据表3-4和表3-5所示，扶贫移民的参与度仍未达到理想状态，社区意识的培育效果欠佳。由此，J村不仅要持续畅通扶贫移民参与社区治理的路径，更要积极探索扶贫移民参与机制。如可通过设置接待室、意见箱，定期召开社区利益多方代表会议等方式了解扶贫移民"心声"，探讨热点难点问题。对其提出的问题，要及时建立档案，按类别划分，按时间节点进行有效整改。此外，在推动扶贫移民参与社区治理的过程中，相关管理部门可通过"赋权"等形式，使扶贫移民切实体会社区的民主气氛，以强化其责任心、培养其主体意识，激发其参与积极性。

2. 拓展社会交往网络，增加扶贫移民社会资本存量

伴随扶贫移民居住空间的变动，其具有浓厚乡土根基的社会网络也随之发生了变化，社会资本有可能发生断裂，他们亟待在新居住地重建

关系网络，增殖社会资本。在一定意义上，扶贫移民社区建设的过程也是其社会网络解构与重构的过程。社会网络在扶贫移民过程中发挥着重要的作用。健全的社会关系网络不仅能够为村民提供心灵上的慰藉，还能成为日常生活中重要的社会资本，帮助其在异乡建构起稳固的社会支持网络。

具体来说，社会资本的作用主要表现在迁移之前和迁移之后两个阶段。在扶贫移民做出迁移决定之前，迁移者与移民联系人是否建立信任关系直接影响着扶贫移民的搬迁结果。有了联系，就会有信息和资源的流动。移民联系人对迁入地的评价、态度及建议都对迁移者是否迁移以及什么时间迁移起着决定性的作用。社会网络在扶贫移民迁移之后的作用表现在：可以帮助扶贫移民获得关键性的资源，如"礼遇、贷款、就业以及居住方面的信息"，帮助"处理各种法律问题，争取教育、福利、娱乐等各种生活机会"，同时还可以通过接触其他联系人扩展其私人网络的规模，提高网络质量[①]。初期的扶贫搬迁有着较强的行政主导逻辑，加之扶贫移民的能力有限，很多问题都由政府为扶贫移民解决。然而随着社区进入了后续发展阶段，扶贫移民的诉求也从基本的温饱满足升级为多样化发展需求，政府逐渐由主导者转变为引导者，原本的政府行政倾斜亦难以延续。扶贫移民面临工作和生活压力时开始运用关系网络寻求工作和社会支持，社会交往网发挥着重要的互助功能、示范效应，为扶贫移民提供情感性、工具性支持。

为了拓展扶贫移民的社会交往网络，建构社会支持机制，增殖社会资本，社区做出了诸多努力。最为突出的便是基于扶贫移民的宗教信仰，修建了清真寺宗教场所。通过这种方式，拓展扶贫移民的交往空间，提高对社区的亲切感与归属感。除宗教组织之外，J村经济组织、妇女联合会等组织机构也相继成立，通过形式多样的活动，丰富了J村居民的文化生活，同时增进了彼此间的了解，促进了社区成员间文明高尚的交往方式与和谐的人际关系。通过社区互助构建社区支持系统。社区是社会支持资源的主要聚集地，也是社会支持作用发挥的重要平台。社区支持系

---

① 叶继红：《集中居住区移民社会网络的变迁与重构》，《社会科学》2012年第11期。

统离不开社区互助[①]。J村在搬迁初期就形成了互助的良好传统,当初物资紧缺,所以修渠、铺路等有关公共设施的建设大都由扶贫移民各家出钱出力合力完成。立足于义务工的优良传统,构建以社区互助为核心的社区支持系统,会有助于他们克服困难,增强生活的信心和发展的能力。

然而根据表3-4和表3-5所示,J村扶贫移民的社会资本仍然匮乏,且对社区建设满意度呈负向影响。因此,需要加强扶贫移民社区的综合管理水平,通过丰富文娱活动、定期组织社区团建活动或公益活动、打造公共空间等方式促进社区内社会关系网络的建立,在加深彼此情谊的过程中增加扶贫移民的社会资本存量。此外,社区管理部门还应提高在基础设施建设、社区卫生管理、人身安全保护等方面的投入力度,提升扶贫移民对社区建设及服务管理的满意度。

3. 完善社区治理制度建设,构建多方协同共治新格局

J村共同体的形成以及后续发展,政府扮演了不可替代的主导性角色,其为扶贫移民新村的建设做出了巨大贡献,并在很大程度上影响了村庄的权力结构。但行政主导性过强可能会掩盖和扼杀村庄的主体能动性,致使村庄及其村民无法独立自主经营自己的社区。为此,在发展阶段,社区应转变治理理念,政府由主导者转变为引导者,开展多元主体联动治理,激发社区治理新活力。以基层党组织为核心,将原先较分散的村两委、社会组织、社区企业等联动起来进行社区治理。

党建引领是实现有效基层治理的核心要义与本质要求,"一核"引领"多元",应更好地发挥党组织的核心引领作用。一方面,将党建融入当地风俗文化中,通过文化的感染力将公共精神内化于扶贫移民心中。另一方面,党员应积极参与节日庆典、文化活动,加入社会组织,并主动联系群众,了解扶贫移民的难处与诉求。治理效果好不好,主要看扶贫移民的诉求能否得到有效满足,而党员干部的积极行动则是党建引领最为直接的动态表达。"只要群众有困难、有矛盾,党员干部都要第一时间予以回应。"在党员干部的引领下,其他多元组织和村民个体也成为治理的行动者,这些行动者也在不断地塑造与重构乡村治理秩序,为打造乡

---

① 叶继红:《集中居住区移民社会网络的变迁与重构》,《社会科学》2012年第11期。

村治理共同体贡献力量。①

经过多方努力，J村已成功构建起了多元主体共治的格局，并逐渐从"一核多元"的治理格局向"一核多能"的服务治理创新转变。不同主体各有所长，职责各异，服务能力不断提升，在各自对应的领域里发挥着巨大的力量。村两委负责基本村务以及村庄的发展规划制定，因地制宜发展特色经济，村庄集体经济得以快速发展，为村庄各项治理活动的开展奠定了经济基础。并为扶贫移民提供参与公共决策的机会，也启动了许多公众参与的活动，立足扶贫移民需求提供公共服务供给。就很多重要村务而言，经济组织可以引领扶贫移民以成员的身份来参与乡村治理，通过组织化的方式增强扶贫移民的话语权。在农业资源、产业化生产、生产资金、技术信息等方面，经济组织扶持社员，带动农户和非农户的生产活动，增加农户收入，引领村民参与乡村经济建设，推动乡村经济社会发展。②

作为民族村庄，J村有着其特殊性，大部分扶贫移民都信仰伊斯兰教，宗教文化组织在社区治理中更是发挥着重要的作用。宗教在传授教义的过程中，通过特定的仪式，理解"生与死""贫困与富裕"的关系，增强扶贫移民的同理心，提高相互理解的能力，构建精神家园。宗教信仰非常重视共同家园的建设，鼓励信徒之间信任、互助，将教义与日常生活融为一体，以此鼓励扶贫移民积极参与社区治理。此外，宗教的行为规范有助于形成良好的社会秩序，引人向善，实现乡风文明，达到善治的目标。

然而，创新社区治理体制，不仅要构建合理的治理结构和治理体系，更要保证社区治理组织在适当的制度框架下运行。据表3-4和表3-5所示，当前J村的制度适配度仍不足，其治理效果也有待加强。为此，亟须完善相互配套的衔接制度建设。在充分发挥正式制度规治效用的同时，通过宗教信仰、民俗礼仪等非正式制度的引导，全面提升扶贫移民社区的治理效果。

---

① 李风雷、张力伟：《党建引领乡村治理共同体的责任政治逻辑——基于"许家冲经验"的分析》，《学习与探索》2022年第3期。

② 陈成文、陈宇舟、陈静：《建设"一核多元"的新时代乡村治理组织体系》，《学海》2022年第1期。

第 四 章

扶贫移民社区治理共同体的建构与经验总结

第一节 扶贫移民社区治理共同体的建构

扶贫移民社区搬迁是在政府的统一组织下，通过实施一系列扶贫移民搬迁政策，实现生产生活空间的地域性变更。在搬迁初期，扶贫移民社区的治理结构较为简单，多以机械形态呈现。但随着社区快速发展和扶贫移民需求的不断增长，社区、移民、环境在新地域空间中不断碰撞、互动与融合，日益组建起和谐、稳定、休戚与共的扶贫移民社区治理共同体，从生计空间、认同空间、秩序空间三个维度完成空间重构。在环境、移民、社区的多维要素互动过程中，扶贫移民作为社区生活的主体，共同参与和完成了和谐扶贫移民社区的建设，扮演着参与者、建设者及利益共享者等多重角色；社区作为扶贫移民社会生活的基本单位，通过发挥自身经济、管理、服务等功能，满足着扶贫移民的身心归属；环境作为扶贫移民社区建设的基础，是扶贫移民赖以生存和社区活动得以开展的外部条件的总和，直接关联着扶贫移民"三感"的满足和生活质量的提升，三者共同推动着扶贫移民社区多维空间的再造和重塑。在实现社区空间再造样态的过程中，社区融治理于共同体形成的动态过程，既通过社区治理的动态过程实现共同体的生活方式，也通过共同体的联合网络提升社区治理的效能，将共同体既作为社区治理的手段，也作为社区治理的目标[①]。在此基础上，形成

[①] 张贤明、张力伟：《社会治理共同体：理论逻辑、价值目标与实践路径》，《理论月刊》2021年第1期。

融治理主体、空间、规则和目标于一体的扶贫移民社区治理共同体（见图4-1）。

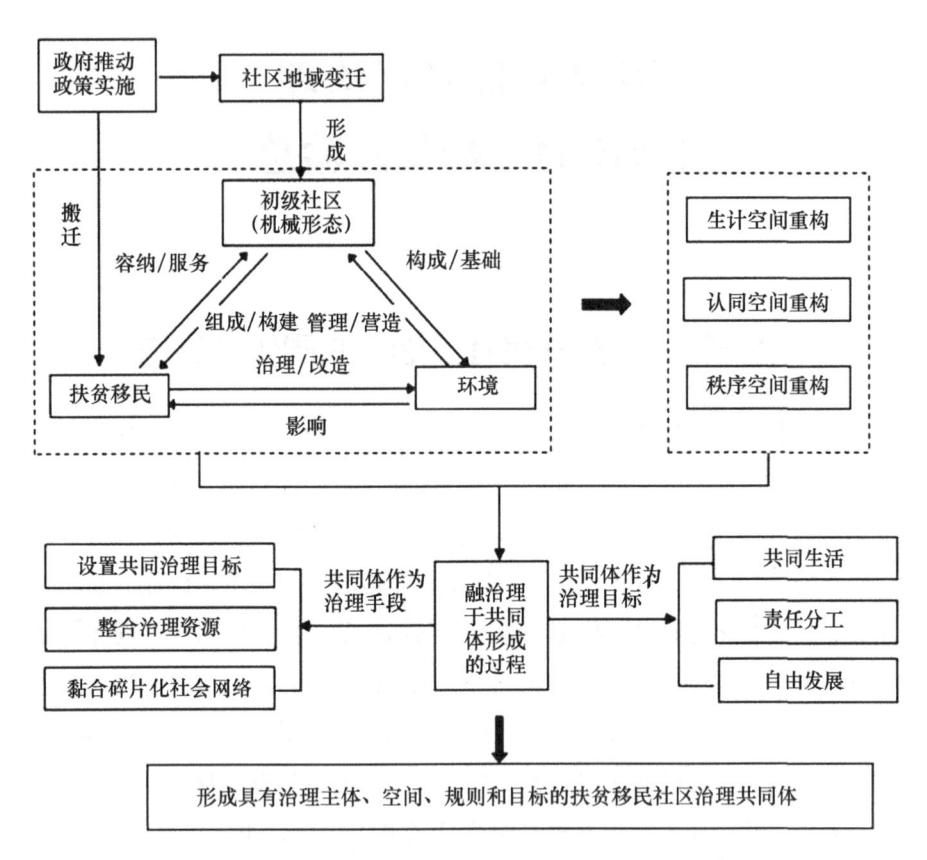

图4-1　扶贫移民社区治理共同体建构关系图

一　环境、移民、社区多维要素互动建构治理共同体

在环境、移民、社区多维要素互动建构治理共同体的进程中，根据社区发展的侧重点不同，扶贫移民社区的发展大致可分为三个阶段。且需要说明的是，三个村庄因其各自的建设进程相异，因此进入这三个阶段的时间不尽相同。第一阶段为初建时期。扶贫移民初来乍到，社区内部一切事物都处在百废待兴、百业待举的状态，生计资本、文化资本、社会资本突然断裂对扶贫移民来说是一个剧烈的打击，因此该时期呈现出相对动荡的特征；第二阶段为融合时期，经过了初期的改造工作，扶

贫移民的生存已经不存在威胁，虽然没有完整地将所有资本重构，但基本需求已得到了满足，扶贫移民在一个较稳定的环境中继续改善着自己的生活，搬迁初期的剧变已经不复存在，这一时期扶贫移民社区呈现常态化发展趋势，村庄在该时期基本成型，对"移民"的称呼开始向"村民"转变；第三阶段为发展时期，在第二阶段的逐步推进中，扶贫移民社区的基础设施基本完备、社会关系网络已然形成，扶贫移民社区的村民们生活在了一个熟悉的环境之中，并推动着村庄已经具备的要素朝着更深层次发展，例如产业更加兴旺、人际关系网络更加坚固，这一时期的扶贫移民社区呈现出整体稳定的特征。

（一）初建时期：环境主导型的治理样态

易地扶贫搬迁与"生态移民""生态难民""环境难民"[①]"气候移民"等存在相通之处，是具有中国特色、政府主导型的扶贫模式，旨在实现"消除贫困、发展经济和保护生态环境"的多重目标。[②]"三西"扶贫移民工程的实施也主要是由"三西"地区的客观条件所决定的——生态环境脆弱、地质灾害频发、居住条件恶劣，严重威胁人们的生存。于是该项目在政府组织、政策扶持下被正式启动，它通过将贫困群体从不宜居地向宜居地转移，以有效解决当地贫困问题、恢复脆弱生态系统及提升环境承载力。由此可以看出，易地扶贫搬迁不仅是一项扶贫工程，也是一项生态环境保护与修复工程。扶贫移民在迁入地重塑生活空间，伴随区域内自然资源的重新整合与分配，也面临区域生态重建的问题[③]。在前期迁入 D 村、W 村、J 村时，新村的自然条件十分恶劣，加之村庄原本的治理结构解体，新的治理主体尚未成型，因此在初期多是由当地基层政府介入迁入地的环境改善工作之中。

就其生态环境而言，D 村三面环滩，植物生长困难，扶贫移民基本的"两不愁"需求都难以满足。为此，县委、县政府将改善生态环境、

[①] 郭剑平、施国庆：《环境难民还是环境移民——国内外环境移民称谓和定义研究综述》，《南京社会科学》2010 年第 11 期。

[②] 参见色音、张继焦主编《生态移民的环境社会学研究》，民族出版社 2009 年版。

[③] 郭占锋、张森、李轶星：《中国扶贫移民 40 年：轨迹、经验与展望》，《西北农林科技大学学报》（社会科学版）2020 年第 5 期。

保护植被视为搬迁初期的重点工作，旨在通过加强农田防护林建设、防风固沙，以保持水土、减轻恶劣天气对农田、基础设施及社区的侵害，在保障扶贫移民生命财产安全的基础上，满足其衣食住行的基本生存需求。就其居住环境而言，扶贫移民社区建设前期，住房多以土木结构为主。后在各级政府和农建部门的大力扶持下，扶贫移民的房屋才从土木结构升级到砖瓦房，生活条件大为改善。就其基础设施建设而言，扶贫移民初期更加注重农田水利设施建设，尤其侧重修水渠、打水井，以此满足扶贫移民的生产生活需要。从中可以看出，D村的扶贫移民搬迁工程是在制定完善合理的规划之后实施的，迁入地各级政府主动带领扶贫移民推进相关工作，承担责任、履行职能，有效保证了D村的秩序稳定。但是，也因对村庄事务介入得太过具体而呈现出"家长式"管治特征。直至搬迁第三年D村村委会组建之后，这种境况依然没有改变，当时的村委会与其说是自治组织，不如说是农委之下的负责机构。随着村庄的发展，需要村委会自主处理事务的场合逐渐增多，村委会尝试灵活管理，慢慢摸索治理之道，开始有了相对独立于管理扶贫移民事务各机构的特征，如代表村民利益争取项目支持，而不再是一个完全的执行者。

与D村情况类似，初建时期的W村也是在政府的宏观管理下对社区资源进行挖掘和利用的"执行机构"。扶贫移民新村成立初期，W村尚处于打破重组阶段，三个村的村民彼此相对陌生；村庄原本的治理网络瓦解，而新的治理主体尚未形成，因此当地政府作为替代性的基层治理力量介入新村管理。与以往强调的管理社会公共事务活动过程的政府治理不同[1]，新社区政府人员的主要职责是对整个村庄的耕地和宅基地进行规划，在整体把控社区资源的基础上对其进行宏观管理，从以往的管理职能转变为村庄建设者，直接介入并参与扶贫移民新社区的公共治理，可以看出W村基层政府在扶贫移民搬迁初期也扮演着"家长式"管理的角色。W村初建时期（1990—2000年）的环境整治，更多是为了改善扶贫移民的生存条件。搬迁之初的W村条件极为艰苦，资源匮乏，不论是房

---

[1] 王浦劬：《国家治理、政府治理和社会治理的含义及其相互关系》，《国家行政学院学报》2014年第3期。

屋建造还是灌溉设施建设均是由村民自己动手完成，国家仅为搬迁户简单平整了土地。赵某谈道："搬迁之前，生活在山上自然条件很差，主要是靠天吃饭，挖水窖来储存水，但自然条件的变化是很大的，且难以预知与改变，所以很多需求都难以维持与保障，而搬迁到新社区后，村庄的很多客观条件，如水电路等都有了很大程度的改善与提高，村民的生活质量也得到了一定程度的提升。"（W村，案例17，赵某）刚搬过去的村民都集中住在地下挖的一个大洞里，直到两年后房屋基本修建完成，村民才陆续迁到村里。在村民由散到聚的初始阶段，新的村庄生活中也产生了新的矛盾，如村民日常纠纷、土地分配矛盾和基于水资源不足产生的灌溉矛盾等。在初期的村庄整合过程中，上述矛盾不断催生W村形成更完善的村庄治理模式。

由于吊庄移民的特殊性质，扶贫移民初期的J村在1989—1993年并未设立村委会，治理主体缺位。治理重担全部落在乡镇政府肩上，由其负责处理J村的相关事项，如规划土地、修路修渠、解决扶贫移民的衣食住行、处理扶贫移民间矛盾及完善社会治安等。起初，乡镇政府下派临时干部到J村为扶贫移民进行规划土地，但在具体的执行过程中因与扶贫移民意见不合，导致外来的临时干部最终退出了J村。此时，为了弥补治理主体缺位、实现更为有效的治理，乡镇政府选取有一定管理经验的移民精英组建临时村干部治理队伍，来完成治理和管辖工作。在临时村委的指导下，J村逐步完成了初期的土地分配任务，还通过义工服务方式组织扶贫移民修建了道路和水渠，为扶贫移民的生产生活建设提供了基本支撑。但在此过程中，村干部由于过于专注执行乡镇政府下派的行政任务，忽视了扶贫移民的诉求与心声，没有意识到自身所肩负的上传下达的双向反馈职责，村庄治理呈现"单边制"特征，为后续扶贫移民与基层干部间冲突与纷争的出现埋下了伏笔。村里在完成基础设施建设任务后，随之将工作重点转向了生存环境的保护与改善。J村所在地荒无人烟、风沙肆虐，土层埋在沙层之下，地面上甚至看不到绿植，放眼望去只有一望无际的大沙包，连基本的生产生活条件也无从保障。恶劣的自然环境，再加上初期未设立村委会、治理主体划分不明滋生的一系列问题，使得部分扶贫移民选择返迁回原居住地生活，这不仅给政府造成了一定的经济损失，还使部分扶贫移民白白错失了发展机会。1995年是新村胜于原居住地的转折点，该年J村的粮食产量首次超过了扶贫移民老家（泾源县），这使得J村更具吸引力。

(二) 融合时期：社区建设中的多元主体博弈

当村庄发展步入正轨，社区治理的重点逐渐转向效率。从善治的角度来看，社区治理已不仅仅局限于政府和市场，更应该把公共和私人领域的治理结合起来[①]。在社区治理中，既不能过于重视政府、市场的介入，也不能忽视政府的作用，在多元主体的治理下，要加强对资源的有效利用[②]。这就需要各个治理主体加强社区治理的能力，即通过改进社会主体之间的互动关系，构建起良性的、相互合作的社会治理网络。对于社区来说，多元主体的参与式治理是推动社区发展的重要手段。多元参与主体在治理过程中相互理解、互相促进，从而达成治理行动与治理目标的统一[③]。

首先，D村所属的地方政府在统筹规划扶贫移民搬迁过程、帮助扶贫移民社区环境升级改善后，逐渐将权力移交给当地村委会。除解决扶贫移民的温饱问题，当地村委会也开始采取相应措施发展产业、适时调整产业结构以促民增收，使扶贫移民"富起来"。与此同时，开办小学，继续完善基础设施，推动村庄教育发展。其次，在扶贫移民社区的治理进程中，由村干部等村庄能人组成的政治、经济精英成为扶贫移民社区治理的核心力量。政治精英普遍素质较高，也较其他扶贫移民拥有更多的资源，在促进扶贫移民融入和维持社区秩序中均发挥着关键作用。此时，扶贫移民与包括村干部在内的精英之间存在多种类型的复杂互动，不断重构着扶贫移民社区的治理基础和治理结构。在此阶段，时任党支部书记凭借个人的工作能力和关系网络动员多方力量为扶贫移民社区发

[①] Peters R. G., *Governance, Politics and the State*, London: Palgrave Macmillan, 2000.

[②] Bellefeuille G., "The New Politics of Community-based Governance Requires a Fundamental Shift in the Nature and Character of the Administrative Bureaucracy", *Children and Youth Services Review*, 2005, Vol. 27, No. 5, pp. 491–498.

[③] 黄成亮、茹婧：《个体、权力与秩序重构：福柯治理理论的空间表达》，《学习论坛》2016年第2期。

展做出了巨大贡献，积极争取资金，改善基础设施，根据扶贫移民需求提供公共服务，仅用十余年时间便使 D 村面貌焕然一新。再次，与最初的迷茫、无助、不适应相比，这个阶段的村民已渐渐适应了新的生活，他们努力重建自己的人际网络，建立新的社会关系，积极地制定新的生活目标。最后，扶贫移民社区的发展不仅需要其自治委员会和扶贫移民的共同参与，还需要各类社区组织的积极配合，以"多位一体"的参与方式，共同促进社区发展。社会组织以及其他与 D 村无直接隶属关系的行政机关主要通过与当地基层政府通力协作以及无偿捐助的方式参与村庄治理，完善 D 村基础设施建设，为产业发展注入动力，打通了社区主导产业的销路，同时为产业发展转型提供了更多方向，也加深了村民对于村庄外部地区的了解。

对于 W 村而言，政府在扶贫移民新区建设前期的安置点选取及水利设施完善等方面作用发挥显著，为开展搬迁工作奠定了坚实基础。在平稳时期，政府职能逐步由直接管理向间接引导转变。在乡村精英参与层面，由于 W 村贫困群体较多，村民之间的收入差距并不是很大，年收入 5 万元以上的扶贫移民家庭在村庄中已属于中高收入水平，因此 W 村的经济精英相对较少，能参与到村庄治理过程中的经济精英就更少了，故该村的村庄治理工作主要依靠政治精英与治理精英协作配合而开展。在扶贫移民参与层面，原居住地艰苦的生存条件塑造了 W 村扶贫移民后期坚韧的品格。因原居住地气候干燥，基础设施条件差，为解决饮水需要，村民往往需要从 30 里外的地方背水吃，并挖地窖用来存水。农闲时多数村民会选择外出打工，但囿于文化程度、地理条件等因素限制，村民的收入有限、基本生活仍难以得到保障。因此扶贫移民行动在很大意义上取决于村民对于实现自我或者家庭更好发展的一种积极态度。自己平整土地、建造房屋、参与村庄基础设施建设，为了重建新家园，扶贫移民做出了巨大努力；尖锐的土地矛盾、后期的土地灌溉矛盾以及目前的纠纷，也都是扶贫移民在维护自身利益以实现自我更好发展的佐证。最后，以广场舞为代表的群众性社区组织在 W 村治理中也发挥着重要作用，这类组织以村民之间的共同兴趣为基础，激发了村民主动参与的热情与信心，在一定程度上促进群体融合、社区和谐。

J村的治理是一个循序渐进的动态演变过程，当前的治理结构是在新的治理主体不断产生以及各主体之间互动关系的不断调适中形成的。综观其治理历程，大致可划分为3个时期。在扶贫移民初期，基层政府对扶贫移民社区的建设与服务承担着主要责任，乡镇干部在积极推动社区完善与发展的同时，也与扶贫移民群体产生了些许不可调和的矛盾。1997年，基层政府成为行政区划上明确的治理主体，开始正式为J村提供公共服务，并指导村委会进行社区治理，村庄各项管理规则得以健全，治理失序状态得以调适。2001年，J村被划为金凤区良田镇行政管辖范围，在金凤区政府、乡镇政府和村委会的共同推动与引领下，J村的各项基础设施都实现了高效的构建，经济组织和宗教组织逐渐发展起来。至此，金凤区政府与日趋成熟的宗教组织、经济组织等一并加入扶贫移民社区治理行列，既丰富了社区治理主体的多元化，也间接更新了社区治理结构，促成新互动和新联结的形成。其中，上级政府是J村的发展规划师和宏观指导者，扮演整体统筹的角色。它在切实了解J村发展需求、现状及问题的基础上，科学规划并给出实际解决方案；将上级任务下派于村委会，再由村委会分配给村民，最终促成规划落地、任务完成。J村的精英群体主要由政治精英、外来经济精英及技术精英组成。其中，临时村委作为乡镇政府直接指派的行政任务完成者，成为在强乡弱村乡村关系下产生的一批"职业化"乡村精英[1]，负责带领扶贫移民推进生产建设，谋求村庄的长足发展；外来经济精英及技术精英主要来自当地的合作经济组织。此外，由于该扶贫移民社区主要由回族同胞组成，因此宗教组织在维持社区和谐稳定、助推"三治"融合方面发挥着不容忽视的作用。

　　从图4-2可以看出，扶贫移民社区的打造不仅仅是物质空间的重塑过程，还是多元主体间互动关系不断"突破—重建"的过程。在扶贫移民初期，乡镇政府作为扶贫移民社区的治理主体，通过直接发放、出售救济性食品来维持扶贫移民的基本生存。随着生产生活条件的日益改善，政府对扶贫移民社区的治理措施也逐渐由救济过渡到开发建设，开始组

---

[1] 郭忠华、夏巾帼：《国家如何塑造乡村精英？——关于乡村精英变迁中的国家角色述评》，《上海行政学院学报》2022年第1期。

织村民扩大种植业，完善产业、教育等相关基础设施建设。随着后期行政管辖范围调整及外部社会力量的介入，扶贫移民的能动性更是不断增强。在政府、社会组织、扶贫移民及乡村精英等的多方合作下，最终形成多方联结的利益格局，推动着扶贫移民社区的不断发展与完善。

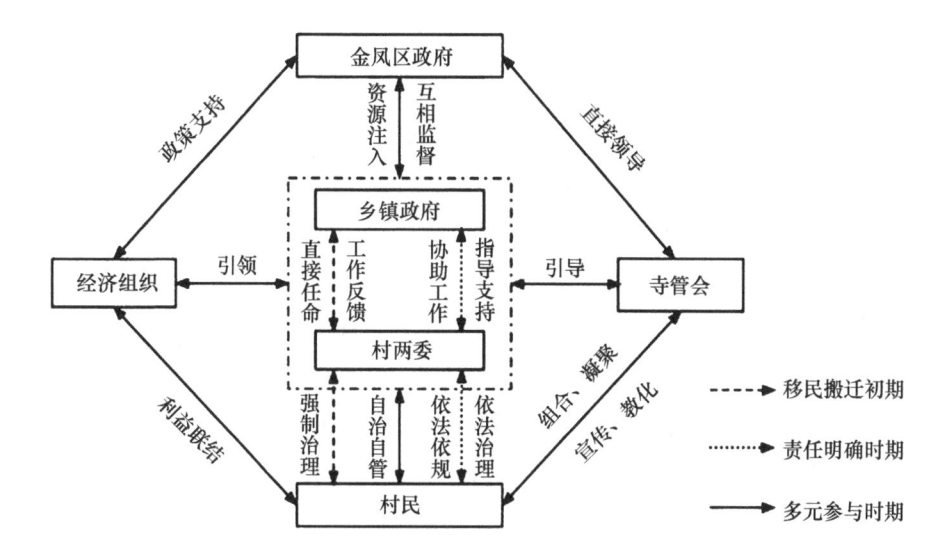

图4-2 J村3个时期治理主体与互动关系

（三）发展时期：扶贫移民本位型的治理样态

随着扶贫移民社区的全面发展，社区的关注点逐步转向扶贫移民本身。在此阶段，政府开始由管治型政府向服务型政府转变，确立了以扶贫移民为本、为扶贫移民服务的施政理念，为扶贫移民的搬迁、安置和发展做好全方位保障，充分体现了政府的人文关怀。扶贫移民作为扶贫移民社区活动的关键主体，也更加注重其主体能动性的发挥。

在D村，随着村委会的逐步成熟，政府将更多的精力放在强化其服务职能之上。政府对于扶贫移民保障负有服务提供、利益协调、资源整合与后续扶持等方面的责任①。当地村委会在农民富起来之后，通过整合

---

① 郑瑞强、施国庆：《扶贫移民权益保障与政府责任》，《重庆大学学报》（社会科学版）2011年第5期。

政府、社会以及村庄资源，开始发展集体产业。首先经由村两委组织开展村民大会讨论决定种植结构，之后村两委规划扩大畜牧业的比重，进一步优化了产业结构，逐步实现从"空壳村"到集体丰裕新社区的转变。为了解决发展问题，扶贫移民也开始主动接触种植新技术，充分发扬苦干精神，积极参与到村庄的建设中。闲暇之余耍社火、喝罐罐茶、跳广场舞，不断扩张着公共生活空间、日益丰富着社会关系网络，扶贫移民的精神文化需求也得以满足。

目前，W村的扶贫移民搬迁工作已走过30余年的风雨历程。在30余年的碰撞与磨合中，扶贫移民于新村落地生根。随着村庄内医疗、道路、绿化、水电、书屋及广场等基础设施的完善和服务质量的提升，村民的生活质量也有了质的飞跃。

"现在的村委会有了翻天覆地的变化。现在W村有两名书记，一个是第一书记即帮扶书记，另一个是村支部书记。二人关系良好，能够相互协作，互相监督。"（W村，案例47，刘某）在他看来，村领导班子主要负责拨钱建工程和上传下达，即在上级政府处学习，回村后给小组长们开会进行商讨。

在新村的不断发展与融合中，村庄渐渐具备了共同体的特征——人们之间的交往越来越频繁，社会联系越来越紧密，彼此之间的矛盾纠纷数量显著下降，整体呈现出熟人社会的特征。此外，随着交往愈加频繁，村民的社区适配度也越来越高，社会网络和社会资本渐趋稳定化，表明扶贫移民真正融入了当地的社区环境，实现了移民身份向本地村民身份的转变。

J村扶贫移民搬迁自20世纪80年代至今也已30余年，成年的二代扶贫移民群体已然形成，且与一代扶贫移民间呈现出较大的差异。相较于一代移民，二代移民融入J村似乎要简单很多，他们生于斯、长于斯，对周围的一切事物都很熟悉。此外，民族传统和宗教传统高度重叠的群体，信靠与神圣的关系就会更加强烈[1]，具有共同宗教信仰的群体会与其他人形成无形的边界，在边界之内的人们之间更容易产生认同。在J村，

---

[1] 何其敏：《"宗教认同"的整合功能探索》，《中央社会主义学院学报》2020年第2期。

共同的宗教信仰使村民融入变得简单,他们遵循着共同的教义,原先的集体记忆打破了陌生人之间的隔阂,促使他们彼此熟知。与此同时,宗教活动的进行更加密切了扶贫移民之间的交流,强化了他们之间的感情,同时塑造着新的集体记忆。但是,宗教对于年轻人的影响是在减弱的:"现在有些年轻人不听这些(阿訇的劝导)了。"(J村,案例20,兰某)可以看出,年轻一代移民因宗教信仰而产生的认同感并没有一代移民那样强烈。在村庄内部事务治理过程中,年轻一代移民更具主动性和参与意识,能够获取较多的信息以及有效表达自己的权利诉求。此外,年轻一代移民的整体素质要高于老一代移民,面向年轻人开展治理无疑会使村庄事务变得简单,现在的村务通知、政策宣传基本只针对年轻人,再经由年轻人向老人传达。然而年轻人大多在外务工,在信息传达过程中难免会出现纰漏,从而产生信息不对称等现象,致使老人处于村庄内部事务治理之外的尴尬境地。

二 共同体与治理之间的关系分析

在环境、移民、社区等多维要素交互作用下,推动社区生计空间、认同空间及秩序空间的重构,融治理于共同体形成的过程中,使共同体不仅成为社区治理的手段,而且成为社区治理的目标。

(一)共同体作为扶贫移民社区治理手段

扶贫移民社区将共同体作为手段,主要体现在设置共同治理目标、整合治理资源及黏合碎片化社会网络方面。

设置共同治理目标主要指的是社区治理共同体是多元主体在个体利益中寻求共同的治理目标,将个体利益融入社区整体利益,通过整体利益的落实实现个体利益[①]。和谐稳定的社会是一个人自由发展的先决条件。因此,社会治理共同体的共同目标是使各主体之间的关系更加密切,从而形成和谐、有序的公共秩序。与三个村庄相联系,社区治理的目标则是致力于打造一个共建、共治、共享的社区治理共同体。

---

① 张贤明、张力伟:《社会治理共同体:理论逻辑、价值目标与实践路径》,《理论月刊》2021年第1期。

整体性治理是社区治理中的一种有效形式,是以公众合理需求为治理导向,协调、整合治理资源,解决碎片化问题,不断"从分散走向集中,从部分走向整体,从破碎走向整合"的治理形式[①]。它通过把不同的资源、技术、信息等能力整合为一个统一的治理资源,利用多元的治理资源来整合治理能力,然后根据区域、领域、环境层面的不同问题,采用不同的方法来进行不同的治理。在实际的村庄治理中,将行政、文化信仰、技术、教育等资源进行协调、整合,将有效提高社区治理的效率。

移民社区是社会空间的重构,厘清社区的公共领域与私人领域边界以及构建移民新的社会网络,能有效提高移民社区治理能力。对于社区移民来说,重构新的社会网络,一方面可以扩大移民的社交范围,增加其可利用的社会资本;另一方面可以打破空间区隔,塑造移民的社会认同[②]。扶贫移民在原有社会的基础上,通过血缘、亲缘关系在彼此之间产生联结,还通过趣缘关系、业缘关系等黏合碎片化社会网络及建立新的人际关系网络,在交往过程中,慢慢形塑起扶贫移民彼此之间的信任。这种信任,一方面遵循着费老所说的差序格局演化规律,即在亲疏远近的原则下,信任关系由强到弱;另一方面也存在不均质性,即姻亲关系、邻里关系以及同学关系,彼此之间联系的次数多,信任关系就相对比较稳定,若是联系较少,信任关系就会受到考验,面临着不稳定抑或是破裂的威胁。人际关系网络与信任联结就这样持续性地推动社会空间的重构。

(二) 共同体作为扶贫移民社区治理目标

扶贫移民社区将共同体视作目标,主要内涵为共同生活、责任分工、自由发展。社区治理共同体中的共同生活主要强调的是一种共同的、相互理解和尊重、互助和协作的公共生活[③]。人们有共同的生活,就会有共

[①] 曾凡军:《论整体性治理的深层内核与碎片化问题的解决之道》,《学术论坛》2010 年第 10 期。

[②] 李晗锦、郭占锋:《移民社区空间治理困境及其对策研究》,《人民长江》2018 年第 17 期。

[③] 张贤明、张力伟:《社会治理共同体:理论逻辑、价值目标与实践路径》,《理论月刊》2021 年第 1 期。

同的利益，并进而形成共同的观念①。通过共同生活的磨合，扶贫移民之间依据同乡情谊、邻里缘分等资源自发地构建起类血缘关系，以强化本人在新安置区的社会关系和支持网络。此外，共同的生活经历，能使扶贫移民间彼此联合、相互交往，共同抵御现代社会风险对其生活的威胁，以提高社会治理的有效性。

在当今社会，劳动分工已成为一种绝对的行为准则，是一种无法回避的责任，分工与文明、团结等价值紧密联系在一起，是人类社会得以实现的根本②。社区治理共同体中的责任分工则主要强调的是"人人有责""人人尽责"在其中的重要意义③。人人有责主要讲的是一个和谐稳定的社会，其中的个体必然是互相之间有一定的责任，彼此负责。在彼此负责的基础上，才能形成"共同生活"的形式。人人尽责则强调处于共同体中的个体，各自扮演着不同的角色，发挥不同的功能。只有人人都履行了自身的职责，社会治理才会显现出有效性。

只有在共同体中，个人才能获得全面发展其才能的手段，也就是说，只有在共同体中才可能有个人自由④。以个人自由发展为中心的社会治理共同体，一方面突出了"人格个体"和"真正的共同体"之间的关系，即"个人利益"和"整体利益"的结合⑤；另一方面则强调人的价值只能通过与人的共同生活来体现。

个体在社区内的行为实质上是为个体的自由和解放，同时也是社区发展的需要。在社会治理的共同体中，"人人享有"的实现必须满足"人人尽责""人人有责"。

将共同体既作为手段，又作为目标，将治理融于共同体的形成过程中，以此为基础，构建具有多元治理主体、必需治理空间、严格治理规

---

① 谢文郁：《自由与责任四论》，华东师范大学出版社2014年版。
② 参见［法］埃米尔·涂尔干《社会分工论》，渠东译，生活·读书·新知三联书店2013年版。
③ 张贤明、张力伟：《社会治理共同体：理论逻辑、价值目标与实践路径》，《理论月刊》2021年第1期。
④ 《马克思恩格斯选集》第1卷，人民出版社2012年版。
⑤ 侯才：《马克思的"个体"和"共同体"概念》，《哲学研究》2012年第1期。

则、共同治理目标的扶贫移民社区治理共同体。多元治理主体指的是扶贫移民社区治理共同体由政府、扶贫移民、社区精英和社区组织等多元治理主体共同组成，他们通过集体抉择、集体行动、协商合作等方式，构建资源共享、相互依赖、互惠合作的协作机制和组织架构，从而达成共同治理的目标。扶贫移民社区治理共同体的形成也是多元主体与一定的空间互动的结果，包括生计空间、认同空间、秩序空间，帮助实现扶贫移民脱贫致富、扶贫移民社区和谐稳定、重构共同体意识。严格治理规则指的是通过社区中的正式制度与非正式制度以及有章可循的矛盾化解机制等运作规则，达到扶贫移民社区治理共同体中职责上的权责明确、伦理上的相互信任以及利益上的相互协调。共同的治理目标在于推动政府、扶贫移民、社区精英、社区组织等多元主体共同参与公共事务，以优化公共服务，提升治理公共性，最终形成一个共建、共治、共享的扶贫移民社区治理共同体。

第二节　扶贫移民社区治理共同体的经验总结

易地扶贫搬迁社区是国家政策引领、地方政府施行、人民群众配合下生成的产物，是为实现全面打赢脱贫攻坚战、帮助因先赋资源匮乏致贫的群众脱离贫困陷阱、满足人民美好生活需要、恢复生态环境等目标而进行重组、再造的"任务共同体""政策共同体"。尤其是在组建初期，因地域变迁，使扶贫移民群体的生产空间、生活空间和关系空间发生改变，面临新的空间结构下的空间适应[①]。

扶贫移民在机械组成的初级社区空间中与新环境、新组织、新制度机制及新多元陌生主体等进行互动，在冲突与适应中发生联结。久而久之，于生计空间重构中实现"稳得住""可致富""能发展"目标；于认知空间重构中对新社区产生集体认同，自然激发多元主体的治理意愿，黏合碎片化社会网络。自此，"人"开始向"人人"转变；于秩序空间重

---

① 丁波：《新主体陌生人社区：民族地区易地扶贫搬迁社区的空间重构》，《广西民族研究》2020年第1期。

构中整合治理资源，多元主体各出己力、各抒己见，明确责任分工。在协力打造安宁祥和、群居和一"共同体"的过程中，凝聚"向善、向好、向美"的社区精神，完成"脱域性"松散组合体向关系密切、休戚与共、治理有序的生命有机体的转变。由此可以看出，打造有机生命共同体和社区治理共同体是一个循序渐进、分段突破、由表及里的过程，需要经过时间的沉淀、空间的适应、要素间的互动等过程。综观"三西"地区三村的变迁治理历程可以看出，其治理策略也多是围绕社区治理共同体的构成要素——治理主体、治理空间、治理规则和治理目标而展开，通过"分阶段、解难题、多主体"的治理思路、遵循"生计空间—认同空间—秩序空间"的治理逻辑、交互运用正式制度和非正式制度等利益调节机制，在"利益满足—情感连接—文化培育"的演化过程中推动扶贫移民社区逐步向能共同生活、有明确责任分工、可自由发展的社区治理共同体转变。

一 坚持"分阶段、解难题、多主体"治理思路

移民社区治理新格局易地扶贫搬迁社区的后续发展是一个复杂的"在地"治理过程[①]，是以实现和维护扶贫移民群众权利为核心，发挥多元治理主体作用，有效解决社区治理问题，推动扶贫移民社区有序和谐发展的过程。"三西"地区三村历经30余年的发展与变迁，已形成较为稳定的社区治理体系，在解决扶贫移民社区各发展阶段所存在的问题的过程中积累了较为丰富的社区治理经验。同时，扶贫移民社区作为扶贫移民生产生活的新地域空间，移民、社区、环境之间的多维要素互动促进了单一治理体系的不断更迭与完善，最终构建起多元主体协同共治的治理新格局。

（一）以分阶段治理目标为导向，推动扶贫移民社区稳步发展

扶贫移民社区治理应遵循"先落地后建设"的动态发展过程。此过程具有明显的阶段性演化特征，是基于扶贫移民群体在不同历史时期的

---

① 王蒙：《公共性生产：社会治理视域下易地扶贫搬迁的后续发展机制》，《中国农业大学学报》（社会科学版）2020年第3期。

异质性需求进而开展的扶贫移民社区治理活动。综观"三西"地区三村的治理变迁过程，大致可分为"落地—融入—发展"三个阶段，而扶贫移民群体在不同阶段的需求也不尽相同。因此，要采用渐进式发展策略与分阶段治理模式，根据各时期存在的问题，制定阶段性治理策略。在取得阶段性治理成果的基础上，积"小胜"为"大胜"，最终实现扶贫移民社区的稳步发展。

新村建设阶段，"三西"地区三村致力于解决扶贫移民的生产生活难题，包括修整水渠、建造新屋等，以帮助扶贫移民落地。该阶段主要依靠基层政府"输血式"的帮扶，在人力、物力、财力等外来资源的直接补给下，为后续扶贫移民在异乡的落地生根提供了物质基础，消退了扶贫移民的回迁之意。新村融合阶段，完善基础设施建设、解决发展难题、化解矛盾纠纷成为该阶段社区治理的工作重点。一方面，时任村组干部通过翻修水渠系统、铺设完备的自来水管道等方式完善基础设施配备，以满足扶贫移民日益增长的美好生活需要；另一方面，扶贫移民在村委会的带领下发展产业，逐步实现致富增收。同时，积极探索纠纷化解机制，以此增加扶贫移民的幸福感、获得感和满足感，保障社区长治久安。整村发展阶段，"三西"地区三村聚焦于建立健全社区治理体系和探寻现代化治理方式等治理重点，通过恢复扶贫移民治理主体意识和激发其治理意愿，鼓励建立社区组织并动员其参与到社区事务治理中，以此推动共建、共治、共享治理新格局的构建。

从搬迁时的生计治理，到后来的发展治理，以及现阶段的现代化治理，"三村"的治理都以各阶段的主要矛盾为切入点，先解决扶贫移民眼前迫切之事，再着眼于长远规划，较好地回应了扶贫移民的现实需求，满足了扶贫移民的生存、生活及发展利益。以D村为例，为了走出新村建设阶段的治理困境，政府为扶贫移民群体发放生活补贴，提供灌溉用水，在一定程度上缓解了扶贫移民群体的生计压力。新村融合阶段，治理主体责任模糊造成干群关系紧张，阻碍扶贫移民社区的发展。同时，扶贫移民社区的基础建设也难以满足扶贫移民群体的需要。时任村组干部通过发展集体经济、推动基础设施建设、构建扶贫移民社区公共文化空间等举措不断塑造自身在扶贫移民社区内的威望，同时增强扶贫移民社区的内部凝聚力。整村发展阶段，如何激发扶贫移民社区的内生动力，促进更多扶贫移民群体参与社区治理成为此阶段的关键所在。扶贫移民社区的治理主体逐渐由单一化向多元化转变，村级干部的职能逐步由"管理型"向"服务型"转变，数字化、网格化的治理方式逐步融入扶贫移民社区治理范畴，扶贫移民的归属感与"主人翁"意识被进一步激发，扶贫移民开始关注并参与村级事务治理。概而言之，扶贫移民社区通过对不同时期所呈现的问题进行针对性的解决，有序且稳步推动扶贫移民社区的发展。

(二) 及时有效化解利益纠纷，提升扶贫移民社区治理效能

冲突有正负功能之分，在一定程度上充当着社会的"安全阀"[1]。三个扶贫移民社区历经 30 余年的发展变化，原生村庄的边界被打破，新的社会关系网络、社区认同感在扶贫移民新村得以重新建构，这些变革过程是一个充满着多元冲突的过程[2]。在此过程中，基于生计资源争夺和对扶贫移民社区治理方式不满而引发的利益纠纷频仍。上述利益纠纷的出现，是扶贫移民群体维护自身权益的一种外在表现，具有明显的利益性和目的性。为实现"稳得住"和长治久安的治理目标，"三西"地区三村积极探索纠纷化解机制，适时采取纠纷化解策略。在有效化解利益纠纷的过程中，不断提升社区的治理效能。

面对生计资源争夺，乡镇政府强势介入，在解决生计资源纠纷的同时，帮助村组干部确立自治权威，推动扶贫移民社区治理迈出新步伐。实现生计资源的合理分配是扶贫移民社区成立初期最为紧要的任务。此时，因扶贫移民群体彼此之间较为陌生，临时当选的村组干部难以获得扶贫移民的信任，尤其在涉及生计资源分配方面，作为纠纷对象之一的村组干部难以有效承担起资源分配的重任。为确保土地、灌溉用水等生计资源在扶贫移民群体之间公平分配，时任乡镇政府积极承担起扶贫移民社区治理的重任，在促进生计资源分配的同时带领村组干部进行社区

---

[1] 肖俏、任家庆：《乡村振兴战略下农村社会治理矛盾问题的产生逻辑与策略——基于东北诸村的实地调研》，《安徽农业科学》2022 年第 9 期。

[2] 郭占锋、李钰肖、李轶星：《社会冲突视角下扶贫移民社区的治理过程剖析——以甘肃河西地区 W 村为例》，《农业经济》2021 年第 8 期。

建设，使村民之间、村民与村组干部之间的矛盾逐步消解，村庄第一任自治权威也由此成立。以W村为例，该村作为"就近安置型"扶贫移民社区，熟人关系网络较为稳固，利益纠纷也表现得更为明显。新村建设阶段，利益纠纷主要发生在扶贫移民与村干部、组与组之间。扶贫移民认为村干部使用了"手段"，提前为自己预留了较好的土地，土地分配存在不公平现象；此外，扶贫移民所分土地距离远近不同也进一步激化了组间矛盾，导致组间关系僵化。为此，当地政府利用自身优势进行介入调解，在一定程度上缓和了村干部与扶贫移民群体之间的紧张关系。与此同时，当地政府带领村干部为扶贫移民社区建设基础设施，拉近了扶贫移民与村委会之间的关系，帮助村干部不断树立权威。与土地分配纠纷不同的是，水资源争夺主要发生在组内成员之间。基于前期治理经验，W村通过制定"一事一议"制度，将村民纳入村组管理范畴，给予村民高度的参与权与监督权，使得此类纠纷得以快速有效化解。从村干部的管理"失效"到基层政府的介入，村干部在不断化解利益纠纷的同时逐渐形成一定的村内权威，再加上扶贫移民群体的积极参与，促使扶贫移民社区治理程序更为科学规范，逐步从"无序"向"有序"转变。

明确的治理规则，明晰的治理主体和完善的治理内容是解决扶贫移民对社区治理方式不满最为有效、最为直接的措施。三个扶贫移民社区在30余年的治理变迁过程中，迁入地政府通过修订完善治理规则，确保扶贫移民社区治理有法可依、有章可循；村干部通过完善治理内容，为扶贫移民发展创造良好的社区环境；村级其他组织亦发挥各自所长，为扶贫移民社区治理贡献自己的智慧。以J村为例，该村作为"少数民族型"扶贫移民社区，远距离整村搬迁、村级组织缺位、迁入地与迁出地管理的混乱使得该村在建成后的很长一段时间内处于管理失序的状态，民风浮躁，干群关系紧张。为解决上述问题，基层政府出面，以完善当地的权力结构为重点，改前期的"属人化"治理为"属地化"治理，同时进一步明晰各治理主体的职责，为扶贫移民社区实现有序治理奠定了基础。村干部在此过程中积极作为，在基础设施建设、社区经济发展、文化空间打造、职能转换等方面持续加大力度，有效推动了扶贫移民社区的融合与发展。此外，J村共有的宗教信仰亦成为促进社区治理环境变化的一个关键因素。在当地政府与村干部的支持下，J村成立了寺管会，通过优秀宗教文化的规治以达到维持社区秩序稳定的目的。教义用以规训村民，阿訇用以教化村民，宗教活动也成为村民日常生活的精神载体。历经30余年的治理变迁，权责明晰的治理体系成为化解扶贫移民与村组干部之间利益纠纷最为有效的措施。与此同时，重塑该村共有的文化信仰，也成为推动该村有序治理的关键性举措。

总体而言，矛盾纠纷是扶贫移民社区发展过程中不可避免的，只有及时化解各类利益纠纷，才能不断推动社区完善治理体系，从而有效提升社区治理效能。

（三）积极推动多元主体参与，提升扶贫移民社区自治能力

扶贫移民社区治理是一个动态变化、持续用力的过程，因此，需要基层政府、社会组织和扶贫移民等多元主体的积极参与。在30余年的治理变迁过程中，治理主体的角色定位不断发生转移，所承担的职能也大不相同。随着扶贫移民社区的不断发展，社区治理内容也日益丰富，传统以基层政府为单一主体的社区治理模式难以适应当前的发展需求，推动多元治理主体协同共治已成为扶贫移民社区实现现代化治理的必然趋势。

综观"三西"地区三村的治理变迁过程，扶贫移民社区的治理初期主要是由各级政府代为管理。随着扶贫移民社区治理体系的不断更迭与完善，三个扶贫移民社区逐渐形成以基层政府为引导、村委会为带领、扶贫移民为主体、社会组织参与的多元主体协同治理新格局。首先，基层政府在社区治理初期扮演着"决策者"和"执行者"的双重角色，既负责村级规则的制定，又直接负责村级资源分配以及社区公共事务的处理。随着扶贫移民社区治理体系的不断完善，基层政府在扶贫移民社区治理中的功能和角色也在发生着改变，由过去的"代管者"转变为"引导者"。其次，作为扶贫移民社区的"带领者"——村干部，其职能发挥能够有效推动扶贫移民社区的秩序稳定和稳步发展。同时，为带动更多村民参与社区治理，扶贫移民社区干部利用现代化的治理手段，组建村务治理微信群，为扶贫移民搭建参与治理平台，使扶贫移民主动参与到社区治理活动中来。依托现代信息技术推动数字化治理，实现与政府治理功能的互补，变"单一管理"为"多元共治"。最后，越来越多的社会

组织参与到社区治理当中,逐渐成为扶贫移民社区治理体系的一个重要组成部分。在当地政府和村干部的大力扶持下,"三西"地区三村相继成立多家村级合作社、广场舞社团等新型社会组织。以J村为例,由于该村扶贫移民绝大多数为回民,具有共同的信仰联系。当地政府建立清真寺,供阿訇宣传教义、带领教众做礼拜、组织宗教仪式活动等,将教义与日常生活融为一体,以此鼓励扶贫移民积极参与社区治理。与此同时,扶贫移民在治理体系中也发挥着重要的主体作用。扶贫移民主体性能否充分发挥是扶贫移民社区有效治理的必要条件,只有扶贫移民群体积极主动地参与到社区治理中来,充分行使主体权利,才能使扶贫移民社区治理体系更为完善。"三西"地区三村的扶贫移民不断响应基层政府号召,积极参与扶贫移民社区选举与生态改造等活动,不断为扶贫移民社区建设贡献自身的力量。上述各类治理主体之间不断互动,逐渐建立起多元主体团结的关系,激发扶贫移民社区多元参与议事的内生动力,有效改善并优化扶贫移民社区治理结构。概而言之,扶贫移民社区中的不同治理主体要明晰各自具体责任,不断加强治理主体相互间的协同,才能有效提升扶贫移民社区自治能力。

二 遵循"生计空间—认同空间—秩序空间"治理逻辑

在扶贫移民社区治理共同体的建构过程中,生计空间重构是基础和前提,认同空间重构是激发村民身份意识与再造集体记忆的载体,秩序空间重构是社区治理共同体有效形塑与平稳运行的保障。从生计空间到认同空间再到秩序空间,三者相辅相成,不断提升扶贫移民社区的精准化治理水平,完善新的治理格局。

(一)优先重构生计空间,为扶贫移民社区治理提供基础和保障

生计空间,具体是指扶贫移民在生计活动中形成的生存"区域",它是移民生计活动中生成的包含了自然地理、经济、社会、政治、文化在内的生计实践的复合系统[1]。只有在充分确保扶贫移民的生产生活及生计

---

[1] 付少平、赵晓峰:《精准扶贫视角下的移民生计空间再塑造研究》,《南京农业大学学报》(社会科学版)2015年第6期。

问题得到有效解决之后，社区共同体以及社区治理共同体才能得以稳定建构。搬迁初期，扶贫移民面临家园重建、土地流失、收入减少、生活成本增加等难题，生计资本出现断裂，生产生活难以为继。为解决上述难题，扶贫移民社区从三个方面对生计空间进行重塑。

首先，立足当地资源禀赋，做强特色农业产业。资源禀赋与环境状况，决定了扶贫移民社区要进行农业结构的调整，以产业化、集约化、规模化、商品化的方式，大力发展特色农业产业，以推动扶贫移民社区经济快速协调发展，提升扶贫移民劳动力就业的素质和效益，为扶贫移民社区经济的跨越式发展提供产业支持。"三西"地区三村深知产业是经济发展的关键所在，为此，均立足地区资源优势和产业发展实际，走上特色产业发展的道路。与此同时，通过经济合作社的方式鼓励更多的扶贫移民加入其中，在激活扶贫移民群体自我发展动力的过程中，凝聚社区发展合力。在合作社中，村民一方面可以通过贷款的方式适当扩大经营规模，增加经济效益；另一方面有了合作社的帮扶，在一定程度上可实现产供销一体化，有效规避了小农经营面对风险大市场所可能受到的冲击以及由此产生的损失，形成了小农户与大市场的有效连接机制。以D村为例，村庄立足于当地实际情况，以葡萄、棉花、哈密瓜等特色农业产业为主导，不断引进新的品种和种植技术，提高作物质量和产量。同时，通过家庭农场、合作社等载体，推动产业规模化经营，切实增加扶贫移民收入。

其次，以人才需求为导向，强化职业技能培训。大力发展农业特色产业的同时，需要与之适配大量的农业技术专业人才，因此，人员培训成为扶贫移民社区产业发展过程中的重要举措。具体来看，在人员培训方面，高效的就业指导成为青年扶贫移民群体目前最需要的服务内容。"三西"地区三村多数青年务工群体学历较低且缺乏一技之长，职业多集中于劳动强度大、工作环境差的基层劳工。通过多形式、多渠道、多层次开展文化科技培训工作，组织扶贫移民学习农业科技知识、管理、营销知识以及市场经济知识，不仅能够丰富既有劳动力的从业思路，提高现有劳动力的经济收入，不断拓宽扶贫移民就业渠道，提高其发展生产的能力，更有利于培育本土人才，扩大扶贫移民社区发展的人力资本。

以 D 村为例，在棉花种植初期，县农技部门每个月都会派农技推广员到村上开展培训，到灌溉、打药、摘棉等重要的农时，推广员会每天在附近几个村子上巡视，随时准备对农户进行指导。村委会还会以集体名义购买一些棉花种植教学光盘，在几个村民小组轮流播放。同时，电视上也会偶尔播放棉花种植技术的相关节目，村民每天聚集在一起看，交流经验，学到了不少实用技术。

最后，贯彻创新理念，积极探索产业发展路径。易地扶贫搬迁意味着传统自然边界、经济边界、行政边界、文化边界、社会边界的同时消弭，意味着"日出而作，日入而息，凿井而饮，耕田而食"小农生活方式的正式完结。从村庄到社区、从传统到现代、从熟悉到陌生，扶贫移民群体经历着因地域变迁而引致的种种裂变，在空间适应中完成由"被动应变"向"主动求变"的跨越式发展。"创新"渗透着"三西"地区三村的每一寸土地。在开发初期，创新发展理念，始终将"坚持生态优先""绿色发展"视为优先选项，坚持"开发中保护，保护中开发"的基本原则，对扶贫移民社区的发展作出科学规划。后期为实现扶贫移民社区的可持续发展，"三西"地区三村相继瞄准"生态治理与产业发展协同"的新阶段战略定位，因地制宜、转换产业格局，推进"生态产业化"与"产业生态化"进程。通过种植无污染、无公害的绿色产品，将绿色生产理念融入牛羊养殖中，打造集绿色农业和生态旅游为一体的特色产业等创新型发展方式，在促进村庄经济增收的同时，也将"绿水青山就是金山银山"的发展理念潜移默化进扶贫移民群体的日常生活中，达成发展、治理与扶贫移民的多向互动。

（二）重塑认同空间，打造扶贫移民社区治理的价值内核

增强扶贫移民对社区的认同，是化解其困境、推进社区治理现代化的重要保证。[①] 这表明要想真正实现扶贫移民社区的融合，增强扶贫移民群体的认同感和心理归属感、打造基于地域（社区）相互信任和彼此约束的"熟人社会"就显得尤为重要。在此过程中，通过建立社区活动室、

---

① 李晗锦、郭占锋：《移民社区空间治理困境及其对策研究》，《人民长江》2018 年第 17 期。

阅览室、娱乐室、便民服务室、邻里中心等公共空间，将来自各个村庄的民俗、文化与集体记忆融为一体，建设起社会文化开放、社会环境公平正义、心理归属感强的社区共同体。[1] 此外，扶贫移民搬入新社区后，面临着社会资本断裂和身份认同障碍等困境。为此，应及时采取措施强化其身份认同及心理归属，以重塑认同空间，打造扶贫移民社区治理的价值内核。

一方面，强化身份认同，促进扶贫移民社会融入。首先，保障扶贫移民身份的合法化，这是行政层面上的一种特殊标识。扶贫移民一旦决定搬迁，对于迁出地和迁入地而言，都是全新的个体。通过户口迁移等措施保障扶贫移民的合法化身份，可以使其在迁入地享受到粮食供应、税费减免等一系列的优惠政策。再者，以外界"他人"的视角形成对自我的认知是社会身份构建的重要方面。早期的政策偏颇，让迁入地的原住居民产生了不公平感与相对剥夺感，因此对扶贫移民采取了各种排他的措施，在此类措施的影响下，扶贫移民内部的凝聚力和抗争意识反而被激活，增强了"我群感"身份认同。[2] 其次，共同生活强化扶贫移民的认同意识。因为扶贫移民长期处于封闭的小农经济环境中，生活中的事件每天都会有规律地发生，村庄发展几乎没有任何外部力量干预，就会产生一种"无事件情境"[3]。因此，生活在此的扶贫移民很容易就会习得这种生活方式和价值观。而上述通过共同生活形成的生活方式和价值观，将人们紧密地联系在一起，在频繁的联系与沟通中完成社会关系网络的构建，进一步凝聚共同认同。最后，代际传承赋予二代移民先赋性认同。共同的生活方式及价值观念以一种稳定的代际传递方式传达给下一代移民，构成了二代移民的先赋性认同。概而言之，共有的身份认同将扶贫移民凝聚在一起，此时的扶贫移民社区正式完成由"地域共同体"向

---

[1] 郑娜娜、许佳君：《易地搬迁移民社区的空间再造与社会融入——基于陕西省西乡县的田野考察》，《南京农业大学学报》（社会科学版）2019年第1期。

[2] 风笑天：《安置方式、人际交往与移民适应 江苏、浙江343户三峡农村移民的比较研究》，《社会》2008年第2期。

[3] 郭占锋、王懿凡、张森：《集体记忆视角下移民村落共同体的形成过程》，《中国名城》2021年第4期。

"情感共同体"的转变。在这个共同体内，基于共有的身份认同，个体间的情感联系不断加强，并在互动交往中形成代际传递的机制，将深厚情谊代代相传。

另一方面，深化文化认同，增强扶贫移民内心归属。在"社区治理共同体"的构建过程中，特殊的仪式习俗在扶贫移民群体中形成了一种象征符号系统，在这个社会空间里，人们可以得到某种意义上的共鸣。而这些象征意义的表现，在加强扶贫移民村落文化凝聚力的同时，也使得扶贫移民更加明晰自身和他人的定位，协助重塑起移民内部的认同。此外，传统风俗伴随扶贫移民在迁入地的保留，不仅反映着他们对迁出地共同的集体记忆，而且承载着曾经生活的回忆，这些传统风俗活动也构成了如今村民的日常生活[1]。首先，集体记忆在传承与延续中复现，同时又组成了当前的生活世界，在传统风俗活动中体现的是对故乡的思念与眷恋，这一情感因素显著地影响着个体外在的行为选择与内在的身份认同。其次，举办传统活动作为仪式性的符号与标志，将外来扶贫移民与周边其他村庄的村民区分开来，在与他者的对比中，扶贫移民充分明晰了自己所属村落的边界，进一步强化着对本村的认同感与归属感[2]。以D村为例，D村利用定西传统的"耍社火"仪式，在新的地域空间凝聚定西移民、制造集体记忆，并将其作为一种沟通和联结载体，共同推动新社区的建设。此外，通过举办广场舞大赛等文化交流活动，在丰富扶贫移民文化生活的同时，也拓展着扶贫移民间的联系，将其紧密地联系在一起，从而实现了D村的价值认同，打造起情感意义上的村庄共同体。

（三）有效构筑秩序空间，推动扶贫移民社区共同体稳定运转

社区空间重构主要包括私人空间与公共空间，空间的合理规划与利用可以更好地满足人们的日常生活与社会交流需要，因此，必须以某种特定的空间秩序与制度文化为保障，形成人与自然、社会和谐共生的发

---

[1] 郑娜娜、许佳君：《易地搬迁移民社区的空间再造与社会融入——基于陕西省西乡县的田野考察》，《南京农业大学学报》（社会科学版）2019年第1期。

[2] 郑娜娜、许佳君：《易地搬迁移民社区的空间再造与社会融入——基于陕西省西乡县的田野考察》，《南京农业大学学报》（社会科学版）2019年第1期。

展生态[1]。而且公平正义的社会环境是移民新社区空间再造的主要因素之一，最大限度地实现社区内的公平正义有利于塑造移民社区秩序共同体[2]。

一方面，公共空间与私人空间的边界确立，公私观念的不断形塑。在建立客观环境区隔的基础上，扶贫移民群体逐渐有了公共空间与私人空间的边界意识。尤其是在扶贫移民社区的初建阶段，在三个搬迁社区中，我们都可以看到这种对社区公共空间与私人空间边界的确立。以D村为例，D村属于"远迁离乡型"扶贫移民社区，扶贫移民来到一片未知的尚未开发出来的土地上，一开始并没有公共空间与私人空间的明显区隔，搬迁来的扶贫移民借助以往的熟人关系网络，一起吃大锅饭，一起搞建设。直到各家的住房独立建设结束以及土地划分到户，建立在产权与经营权基础上的划分，让村庄中的公共空间与私人空间的边界逐渐明朗了起来。并且随着国家近几年对农村地区基础设施的资金投入，村民们在享受公共福利的同时，也愈加区分了公共空间与私人空间。但公私空间的区分在这里不是一种区隔，而是为村庄秩序的形塑提供客观物质基础。建立公私空间基础上的，是村民公私观念的形塑，以及与之适配的不同的行为逻辑和行为规则。这是一个由行动到观念，逐渐入脑入心的过程。以W村为例，其社区秩序空间的建构是在处理和化解一次次纠纷和矛盾中逐渐确立的，W村在建设过程中所面临的"水渠之争""计生之围"以及"税费之苦"等治理困境都给扶贫移民已有的生活秩序带来了挑战，不过随着村庄自治逐渐走向成熟，逐渐营造起了权力的弹性空间。以村两委为主导的治理主体根据村庄内部的实际情况，运用熟人社会的关系以及地方性知识，多措并举来对村庄进行整体治理。目前村委会、支委会、监委会和民事调解委员兼备，不断完善的制度设计一是能有效地将国家注入的资源落地实施，让公共资源的福利进入每家每户的私人空间；二是有助于形塑有效的矛盾化解机制。每一次矛盾的化解

---

[1] 郑娜娜、许佳君：《易地搬迁移民社区的空间再造与社会融入——基于陕西省西乡县的田野考察》，《南京农业大学学报》（社会科学版）2019年第1期。

[2] 郑娜娜、许佳君：《易地搬迁移民社区的空间再造与社会融入——基于陕西省西乡县的田野考察》，《南京农业大学学报》（社会科学版）2019年第1期。

和解决都是村庄公共性在不断建立的过程,村民的公私观念也在不断地被形塑。在求助村委会等公共权力解决私人纠纷的同时,也积极参与到社区的公共事业和公务事务的决策中。

另一方面,从"属人"管理到"属地"管理,促进管理方式的合理化。在三个扶贫移民社区中,其社区秩序总体上经历了由无序向有序、从"属人"管理向"属地"管理的转变过程。不论是 D 村"远迁离乡型"扶贫移民社区还是 W 村"就近安置型"扶贫移民社区,抑或是 J 村"少数民族型"扶贫移民社区,在社区初建阶段,其管理秩序与管理体系并不完善,扶贫移民与原有村庄有着千丝万缕的联系,"属人"管理原则依旧在村庄日常管理事务中发挥作用,尤其是在 J 村。J 村属于吊庄型移民社区,由于该村的扶贫移民工作一直是由迁出县负责牵头实施的,因而,搬迁初期仍采取"属人"管理方式,即还是由迁出县代为管理,这种管理方式维持了十余年未变。[①] 此种管理方式的好处在于能够较精准地对接扶贫移民的搬迁需求,维系扶贫移民和原住地之间的亲密关系,推动早期扶贫移民工作的顺利开展。但也存在一定弊端,在社区具体事务的管理方面,迁入地无权管理与迁入地无暇管理,使得 J 村处于管理的"真空地带",造成了权责不清、管理混乱的后果,导致偷盗、打架行为频繁发生。面对此困境,当地政府立足实际,逐渐从"属人"管理向"属地"管理转变,户籍与土地之间实现了由分离到合一。扶贫移民群体也在土地上扎下根来,渐渐参与到村庄事务的管理过程中,推动了村民自治的顺利开展。

三 充分融合正式制度和非正式制度的交互作用

基于个体利益满足而生成的共同体,近似于滕尼斯描述中的"社会"概念,是"依赖于工具理性和功利主义,在社会分工的基础上形成的契约关系的聚合,带有鲜明个体主义色彩"[②],尚未形成真正意义上的共同

[①] 参见王朝良《吊庄式移民开发:回族地区生态移民基地创建与发展研究》,中国社会科学出版社 2006 年版。

[②] 王亚婷、孔繁斌:《用共同体理论重构社会治理话语体系》,《河南社会科学》2019 年第 3 期。

体。在所谓工具理性和功利主义驱使下，个体利益最大化成为社区内普遍的价值追求，扶贫移民成为社区中游离的原子化个体。此时，矛盾、纷争和冲突涌现，逐渐分裂着扶贫移民社区，动摇着社区的治理根基，这也是"三西"地区三村在搬迁初期冲突频仍的主要原因。为了有效缓解社区矛盾、建立关系融洽和有共同价值追求的"情感共同体"，"三西"地区三村通过健全正式制度和非正式制度在内的利益调节机制，运用正式制度的权威优势，发挥非正式制度的软约束效用，内外结合凝练集体意识，实现个人利益至上的"自利性"价值追求向共同利益至上的"利他性"价值追求转变，在集体认同中化解利益价值冲突，推动扶贫移民社区治理的顺利施行。

（一）运用正式制度优势，推进扶贫移民社区治理规范化

正式制度也称正式约束，是以某种明确的形式被确定下来，并且由行为人所在的组织进行监督和用强制力保证实施的各种成文的法律、法规、政策、规章及契约等。[①] 对于扶贫移民社区而言，除少数社区可通过近距离整体搬迁或依民族文化属性实现就地情感共同体再造外，大部分社区难免会因地域迁移而丧失集体记忆和情感认同。即使是成功实现传统社会网络的完整性迁移，也极易在市场化、城市化、个体理性等的持续冲击下发生断裂，从而失去传统约束效力，陷入集体行动困境。为此，应及时制定相应治理制度对冲突、矛盾和困境加以规治与解决，通过自上而下的权威力量调解纠纷、维护秩序，用法治筑牢扶贫移民社区治理之基。其中，制度制定应秉承"听民意、惠民生、解民忧"的宗旨，切实围绕群众利益展开。鼓励群众积极参与制度制定与公共事务处理的全过程，充分保障其主体权利的发挥，以期在互动与协作中，创建起彼此间的新关联，为培育社区社会资本、重构社会关系网络、打造"情感共同体"奠定坚实基础。

"三西"地区三村基于治理与发展实际进行了新的尝试：一是制定"一事一议"制度，增强扶贫移民集体意识，加速社区自治进程。该制度

---

① 张丽芬：《正式制度与社会工作职业的社会认同度：实证检验及其政策意义》，《探索》2018年第5期。

通过高度肯定村民的参与权和评议权，以寻求矛盾的和平解决。自此，扶贫移民社区中的公共设施建设、公共资源分配、生态环境保护、村容村貌管理及重大民事纠纷调解等与扶贫移民生产生活密切相关的重大事情，均需通过民主商议表决后予以推行，这既保障了扶贫移民的切身利益，也有效维护了其社区治理的主体地位，在促进扶贫移民自我教育、自我管理、自我服务目标的实现中，加快自治步伐。二是设立监察委员会，推进扶贫移民社区民主管理制度的体系化，强化监督管理力度。

随着扶贫移民社区的发展、外出务工人员的增加，邻里之间的纠纷发生率呈逐渐降低态势，但社区内发生的纠纷类型却呈现多样化特征，诸如民事纠纷、财产纠纷、土地纠纷等。为解决多元纠纷，社区通过监察委员会协助监督管理。扶贫移民社区监督委员会是依法设立的村务监督机构，其成员由村民会议民主推选产生，在日常生活中除独立行使监督权等法定职能外，还积极支持和配合村两委开展社区治理工作。这不仅有助于解决矛盾与纠纷，还架构起扶贫移民与地方行政机构之间沟通的桥梁，大大提高了扶贫移民社区治理的有效性。除上述治理措施外，村委会在矛盾调解与冲突化解方面也发挥着重要作用。基于传统"单边制""双轨制"的社会治理与管理方式，社区内一旦发生难以调解的纠纷，多数扶贫移民还是选择向村委会寻求帮助。但与以往依靠村支书作为中间人进行口头规劝与调解不同，现阶段的扶贫移民社区村委会已依法设立起人民调解委员会，针对发生在不同组间、利益受损涉及多方的矛盾，人民调解委员会的工作人员依据法律、法规、规章及政策等进行调解，以协调各方利益诉求。上述组织通过正式制度的强制性规治，既保障了扶贫移民社区自治管理机制的完善，也逐步推进着扶贫移民社区治理的规范化。

（二）发挥非正式制度效用，补齐扶贫移民社区治理短板

依血缘、地缘衍生出的乡规民约、价值规范、风俗习惯、文化传统及道德伦理等非正式制度[①]，是进行扶贫移民社区治理不可或缺的重要社会资本。非正式制度所建构的秩序与制定强制措施的秩序不同，其秩序

---

① 张继焦：《非正式制度、资源配置与制度变迁》，《社会科学战线》1999 年第 1 期。

实效依赖于自愿服从而非强制执行,而这种自愿服从具有心理意义上的强制力,能够让人们自发地成为维护秩序的主体。[1] 这意味着,对扶贫移民社区进行治理而实行的非正式制度策略,将更易被扶贫移民群体所接受,在一定程度上可大大降低治理难度、节省治理成本。综观"三西"地区三村的治理过程,也离不开价值规范、风俗习惯、传统文化与社会关系网络等非正式制度的支持。

一方面,通过业已形成的信任、互惠机制,依托乡村精英的强动员效应,充分挖掘嵌入在传统关系网络中的社会资源,降低治理成本、提高治理效率。W村作为"就近安置型"村庄,其迁入地与迁出地之间有着大致相似的社会文化环境,与原村庄或多或少仍存有关联,因此,扶贫移民群体对新社区的空间适应性较强,这大大降低了返迁率。搬迁初期,为帮助扶贫移民成功落地、强化治理效能,W村选择从原村委会中选举村干部,组建起第一支村组织,借乡村精英权威稳定治理秩序。在此基础上,继续按照传统礼俗推举具有合法性和公信力的组长或网格长,以此形成扶贫移民社区内部的治理单元,完善治理组织体系。

另一方面,依传统文化惯习和情感性认同,联结新的横向关系网络,借非正式制度的软约束力量,使得扶贫移民群体能听从集体安排、遵守集体决定。J村作为典型的"少数民族型"扶贫移民社区,其传统文化信仰属性对社区治理的影响更为突出。文化信仰是建立在精神世界中的价值追求和价值判断,扶贫移民在成长过程中因深受家庭、宗教等文化信仰的熏陶,以至于在其整个社会化的过程中都镌刻着此种文化的印记,包括为人处世与待人接物的习惯与遵循等。由于拥有共同的信仰,扶贫移民被赋予的价值目标追求趋于一致,而对这种一致目标的追求以及为达成这一目标所形成的一系列约束规范与风俗仪式都具有了强烈的同质性与排外性,即凝聚相似文化信仰的人,排斥文化信仰相异的人。通过上述约束规范与风俗仪式,可达成以下两个目的:一方面,有利于在仪

---

[1] 王崇:《"互塑"理论视阈下民族地区乡村治理中的非正式制度研究》,《广西民族大学学报》(哲学社会科学版)2022年第3期。

式与习俗的操演过程中以集体欢腾的形式强化群体中的情感与认同，将参与其中的扶贫移民紧密联系起来，促成对既有信仰的强化和对社区归属感的提升；另一方面，约束与规范详细规定了扶贫移民在何种情形下应采取的何种行为，若出现矛盾纠纷或是违背规范的行为，寺管会等社区组织和阿訇等文化精英便可借助教义进行纠纷调解。

与此同时，J村在原有回族文化的基础上，进一步培育特色社区文化，构建起扶贫移民对新社区的认同。如鼓励成年村民定期以义工的形式参与修筑道路、修缮水渠等公共性事务，积极举办为社区中的老年人送温暖、为儿童免费提供学习用品等公益性活动等。长久的互动与帮助，使得邻里亲朋建立了深厚的情感，逐步培育起扶贫移民对社区的责任意识与认同意识，为社区治理积累了丰富的社会资本。J村正是在此类传统文化信仰的凝聚下塑造社区治理合力，在特色社区文化的培育中建构起新型"情感共同体"。

"自治为基、法治为本、德治为先"，"三治"虽各有适用的范围与对象，但唯有融合共治才能达成乡村善治的目的，此道理也同样适用于扶贫移民社区的治理实践。其中，法治和德治是实现扶贫移民社区有序治理的两大手段。法律、法规、政策等正式制度作为法治载体，是维护扶贫移民社区治理规范有序的根本保障，为扶贫移民社区的发展及现代化提供制度供给与权威支持。然而，在乡村场域中，仅依正式制度的强制性治理举措，忽视维持乡土社会有序运行的伦理道德，是无法达成自治目标的，必须以正式制度的价值取向为引导，"因地制宜""因时制宜"地加强对乡规民约、价值规范及道德伦理等非正式制度的吸收，将正式制度嵌入非正式制度的文化土壤之中并使之深度融合、落地生根，从而建立起在正式制度框架与约束范围内相互支撑、相互补充的动态开放治理体系[①]。

此时，正式制度与非正式制度实现和谐互动，法治和德治达成融合共治。这意味着扶贫移民将在非正式制度的基础上自觉遵守正式制度，意味着正式制度将自然地逐渐融入扶贫移民的日常生活和行为中，并以

---

① 李松玉：《乡村治理中的制度权威建设》，《中国行政管理》2015年第3期。

其所体现的价值和所要求的制度模式改变扶贫移民的行为和观念,从而使正式制度的实施成本降低到最低点,以实现绩效最大化。① 由此可以看出,在推动扶贫移民社区治理的过程中,既要充分发挥非正式制度的教化和软性治理作用,又要在尊重当地特色非正式制度的基础上,结合现代化扶贫移民社区治理需求,完善正式制度体系建设。最终在正式制度和非正式制度的内外协同作用下,实现扶贫移民社区治理的利益调节机制建构,达成善治目标。

第三节　进一步反思

易地扶贫移民社区是远离故土、于异乡地域空间内重建的新社区形态,该类社区失去了原有社区的发展基础、组织体系和支持系统,只得依据现代社区共同体的构建方式和治理理念进行自我组建、自我打造、自我适应与完善,逐步完成新社区的建设任务。在此过程中,社区共同体的打造和社区治理共同体的形成融于社区多元空间的重构与生态环境保护与改善过程中,具有同步性、同向性、交互性、互促性特征,都属于社区建设的重要范畴,共同构成一项系统性的社区工程②。

首先,扶贫移民社区治理的过程是扶贫移民空间重构的过程。列斐伏尔的空间生产理论指出,空间是基于一定的目的和意图被生产出来的,具有社会属性,是政府、资本和村民等相关主体社会生产实践的结果③。扶贫移民社区的生产与重构,无疑也是国家政策、政府行动、资本投入及移民参与共同推动的结果,是基于打好打赢脱贫攻坚战、助力乡村振兴和城乡经济社会发展、改善生态环境等目的生成的新型社会空间。从扶贫移民社区的空间重构思路来看,大致遵循以下步骤。以满足扶贫移民衣食住行等基本生产、生活和发展需求为主导目标而进行的生计空间

---

① 李怀:《非正式制度探析:乡村社会的视角》,《西北民族研究》2004 年第 2 期。
② 李伟、李资源:《社会治理共同体视域下民族互嵌式社区的内在机理与实现路径》,《西北民族大学学报》(哲学社会科学版) 2021 年第 2 期。
③ 杨洁莹、张京祥、张逸群:《市场资本驱动下的乡村空间生产与治理重构——对婺源县 Y 村的实证观察》,《人文地理》2020 年第 3 期。

重构，这是保证广大扶贫移民群体"稳得住"的基础，也是实现社区治理的最底线任务。在生计空间重构过程中，扶贫移民群体基于个体需求和利益的满足而选择在扶贫移民社区定居，在建设个人家园的同时也完成了社区物质空间的重构。当然，物质空间重构并不仅仅指住宅空间的打造和基础设施建设的完善，其本质在于社会权利、社会关系以及社会日常生活的重构。在基础设施建设和公共空间营造过程中，扶贫移民群体间的情感交流增多，日益建构起新的关系链接和集体认同，完成认同空间重构。久而久之，在凝结共同价值规范的过程中生成新的内在秩序，在民主协商中实现自治，在秩序空间重构中完成治理目标。

其次，扶贫移民社区治理的过程是生态环境保护与改善的过程。在我国，扶贫移民一直坚持与生态保护统筹发展。2000—2010 年，"扶贫搬迁和生态移民的有机结合"被明确写入了相关政策文件，西部大开发战略、退耕还林政策等都同步提出了生态移民原则。在"十三五"时期，扶贫移民与生态保护在更高层次上实现了结合：一方面，移民搬迁政策中包含了迁出区生态恢复措施；另一方面，生态保护成为与易地搬迁并列的脱贫路径[①]。"搬得出、稳得住、能发展"是扶贫移民社区建设的长远目标，其基本要义在于保护扶贫移民的生存环境，改善扶贫移民的基本生活、生产条件，使之能快速恢复和投入共享现代化成果的行列中去。这是扶贫移民在异乡生存的基础性条件，应置于社区发展和治理的首要位置。此外，生态保护作为促进生态系统良性循环、维持人与自然和谐共生的关键举措，也是基层政府长期关注的议题。综观我国的扶贫移民搬迁工程，各地政府在积极动员扶贫移民搬迁的同时大力响应"实施山水林田湖草、生态功能区转移支付、退耕还林"等生态保护号召，注重对移民迁出区和迁入区的修复与保护工作，如退耕地、退宅基地、荒山荒滩修复等，将"绿水青山就是金山银山"的发展理念贯穿于易地扶贫搬迁工作过程。

最后，扶贫移民社区治理的过程既是社区共同体形成的过程，也是社区治理共同体建构的过程。主要体现在以下四点：一是社区共同体与

---

① 檀学文：《中国移民扶贫 70 年变迁研究》，《中国农村经济》2019 年第 8 期。

社区治理共同体建构目标的一致性和多样性。一方面，扶贫移民社区是扶贫移民群体共同的生活家园和精神家园，社区共同体和社区治理共同体的建构均是为了满足其日益增长的美好生活需要和需求，使社区内的每一个成员都能平等享有社区权益，在营造共同生活空间中明晰责任分工，实现自由发展。另一方面，社区共同体和社区治理共同体的建构既要着眼于扶贫移民群体衣食住行、教育、医疗、就业、养老、安全和娱乐等公共性集体需求，也要尊重扶贫移民间的个体差异，因需施策，满足不同年龄段、不同民族和不同发展水平等扶贫移民群体的个性需求，在提升统筹、服务、协商和应急等治理能力的过程中，实现社区共同体和治理共同体的建设。二是社区共同体与社区治理共同体建构主体的同一性和多元性。2019年，《中共中央关于坚持和完善中国特色社会主义制度 推进国家治理体系和治理能力现代化若干重大问题的决定》明确指出，要"建设人人有责、人人尽责、人人享有的社会治理共同体"。"人人"既是治理主体，也是共享主体；既享有社会治理成果的权利，也要履行尽心尽责、自觉参与社会治理的义务。在扶贫移民社区中，这里的"人人"既包括搬迁初期因政策引领而广泛聚集于此的扶贫移民群体和后期因生产、生活和治理需求而生成的社区组织，也包括国家、政府、市场和外来租户等多元力量，他们在社区这一空间中碰撞与适应，在协同治理与良性互动中组建起和谐友好的合作关系，搭建起社区共同体和社区治理共同体的良性组织结构，促进扶贫移民社区治理新格局的形成。三是社区共同体与社区治理共同体建构机制的民主性。民主是实现社区自治的有力抓手。通过民主选举、民主协商、民主管理和民主监督等方式，拓宽扶贫移民群体参与渠道，组建社区自治组织体系，推动社区内自治力量的形成，以此唤醒扶贫移民群体的主体意识和归属感，为构建社区共同体和治理共同体打下坚实基础。四是社区共同体与社区治理共同体建构体系的法治性。德治和法治是实现社区有序治理的根本保障。借用乡规民约、文化传统、宗教礼仪等非正式制度和法律、法规、政策、规章等正式制度，构建扶贫移民社区的德治、法治基础，增强扶贫移民的法治观念，推动"三治融合"，促进社区善治，最终实现社区治理共同体和社区共同体的同步建构目标。

附　　录

附录一　"三西"地区扶贫移民社区治理经验研究问卷

问卷编码：＿＿＿＿＿＿＿＿

尊敬的先生/女士：

您好，我们是□□□调研团队，随着精准扶贫政策的推进，移民社区数量逐渐增多，其治理问题逐渐被重视起来。此次问卷主要调查"三西"地区扶贫移民社区治理的情况，希望您抽出时间，予以配合。本次调查不记名，感谢您的大力支持！

×××调研小组
2018年7月

****

1. 您的性别（　　）
①男
②女

2. 您的户口是（　　），您的民族是（　　）
①城镇户口
②农村户口

3. 您的出生年份是（　　）
①1990—1999年
②1980—1989年
③1970—1979年

④1960—1969 年

⑤1950—1959 年

⑥1940—1949 年

⑦其他年龄段

4. 您家搬入新社区的年限是（　　　）

①（0，10］年

②（10，20］年

③（20，30］年

④＞30 年

5. 您的受教育程度（　　　）

①小学及以下

②初中

③高中或者中专

④大专

⑤本科

⑥研究生及以上

6. 您家共有____人，男性____人，女性____人，____个孩子（18 岁以下），____个老人（65 岁以上），____个劳动力

7. 截至 2018 年 6 月底，您家是不是建档立卡户（　　　）

①是

②否

8. 您目前的身份（或主要工作）是（　　　）

①公职人员

②企业工作人员

③工人（含农民工）

④农民

⑤个体户

⑥学生

⑦无业

⑧其他从业人员____

9. 目前您家庭收入的主要来源（　　）（多选）

①种植业收入

②畜牧业收入

③工资性收入

④经营性收入

⑤财产性收入（租赁房屋或土地）

⑥政府征地收入

⑦转移性收入（离退休金/失业救济金/赔偿/辞退金/保险索赔/住房公积金/家庭间的赠送和赡养）

⑧其他收入____

10. 您的家庭年纯收入大概为（　　）

①（0，10000］年

②（10000，20000］年

③（20000，30000］年

④（30000，40000］年

⑤（40000，50000］年

⑥＞50000 元

11. 您的家庭年总支出大概为（　　）

①（0，5000］年

②（5000，10000］年

③（10000，15000］年

④（15000，20000］年

⑤（20000，25000］年

⑥（25000，30000］年

⑦＞30000 元

12. 您的家庭年支出具体情况

	(0, 20%]	(20%, 29%]	(30%, 39%]	(40%, 49%]	(50%, 59%]	60% 及以上
食品费用						

续表

	(0, 20%]	(20%, 29%]	(30%, 39%]	(40%, 49%]	(50%, 59%]	60%及以上
住房费用						
通信费用						
出行费用						
旅游费用						
医疗保健费用						
教育文化费用						

13. 您家是否在银行有贷款（　　）

①是，有（　　）元

②否

14. 您家是否向亲戚朋友借款（　　）

①是，有（　　）元

②否

15. 您借款/贷款的用途是（　　）

①修建房屋

②子女结婚

③子女教育

④医疗

⑤发展产业

⑥其他

一　治理基础

A1. 与您住在同一街道的是（　　）

①都是同村人

②大部分是同村的

③少部分是同村的

④都是别村的人

⑤其他_____

A2. 您所在新社区内房屋空置的现象（　　）

①非常少

②少

③一般

④比较多

⑤非常多

A3. 房屋空置的原因（　　）（多选）

①外出务工

②未装修

③返回原居住地

④不愿迁入新社区

⑤其他_____

A4. 您对本街道的邻居熟悉吗？（　　）

①完全不熟悉

②不熟悉

③一般

④比较熟悉

⑤非常熟悉

A5a. 您与本社区住户交流的频繁吗？（　　）

①不交流

②很少

③一般

④比较多

⑤非常多

A5b. 若交流少原因主要有（　　）（多选）

①自己或邻居不常在家

②自己或邻居很少出门

③双方均无交流意愿

④彼此缺乏信任

⑤与其他人缺乏交流话题

⑥其他_____

A6. 以前，您闲暇时会（　　）；现在，闲暇时会（　　）

①休息或整理家务

②出去打扑克牌或打麻将

③逛街购物

④串门

⑤外出旅游

⑥其他_____

A7a. 邻居家有事情需要人帮忙，您会主动去帮忙吗？（　　）

①会

②不会

A7b. 不会帮忙的话是因为_____（请填写原因）

A8. 现在家里的一些重要活动（如庆祝寿辰、红白喜事等）一般在哪里举办？（　　）

①自己家里

②邻居家里

③饭店餐馆等场所

④活动中心

⑤其他_____

A9. 您现在与家人交流主要是通过哪些方式？（　　）

①面对面交流

②通过电话

③通过网络

④其他_____

A10. 您搬入新社区之后和以前老村的亲戚朋友聚会或者交流的次数？（　　）

①增多

②减少

③没什么变化

A11. 现在您家的老人平时的消遣是？（　　）（多选）

①看电视

②带小孩

③在家休息

④与新型社区内其他老人聊天

⑤其他____

A12a. 社区内的其他农户家里举办婚丧嫁娶等大事，您收到邀请会参加吗？（   ）

①参加

②不参加

A12b. 如果不参加，主要原因是什么？（   ）

①交往不深

②没有时间参加

③其他_____

A13. 社区都举办过哪些集体活动？（   ）

①文艺活动（如中老年人广场舞、妇女节演出与表彰活动）

②体育活动（如太极拳培训演示、体育友谊赛）

③组织外出郊游

④很少举办上述类似活动

⑤从没举办过上述类似活动

A14a. 如果社区内举办集体活动，您会（   ）

①积极参加

②可能会参加，看情况

③不参加

A14b. 如果您不愿意参加，主要原因是（   ）

①不感兴趣

②没有时间

③未通知，不知道

④其他

A15a. 您对居委会的主要部门或主要工作（   ）

①完全不了解

②基本不了解

③一般

④比较了解

⑤非常了解

A15b. 如果不了解，原因是（　　　）

①居委会宣传不到位

②了解渠道少

③了解了也没什么作用

④与我无关，没必要了解

⑤其他_____

A16. 您认为目前村/居委会在数量上（　　　）

①人员数量较多

②人员数量刚好

③人员数量偏少，导致工作效率低下

④不清楚

A17. 与之前村/居委会相比，您认为当前村/居委会的变化主要体现在？（　　　）（多选）

①工作人员的素质得到提高

②社区组织规模更大，功能更加丰富

③工作人员的待遇得到改善

④选举方式产生变化，由直接选举变为间接选举

⑤组织社区活动的频率显著增加

⑥其他_____

A18. 您认为当前村/居委会发展过程中遇到的问题主要有哪些？（　　　）（多选）

①组织领导者能力缺乏，组织成员整体素质不高

②社区成员的参与积极性不高

③人员管理机制缺失，组织成员职责不明

④缺乏专业人才指导，服务水平低下

⑤村民对社区组织不认同，对其信任度较低

⑥活动和管理经费不足

⑦组织内部分歧较大，办事效率较低

⑧其他_____

二　治理主体方面

B1. 移民后您的宗教活动在下列哪些方面有所改变？（　　）（多选）

①参与宗教活动的时间和频次减少了

②有些宗教活动没有了参与场所

③简化了有些宗教仪式与过程

④其他_____

⑤没有改变

B2. 您搬到本社区以后参与了几次居民/村民大会？（　　）

①0 次

②1—2 次

③3—5 次

④6—10 次

⑤大于 10 次

B3. 您参与的最近一次的居民/村民大会是在（　　）

①今年

②一年前

③两年前

④三年及更早以前

⑤搬迁以来从未参加过

B4. 您参与村民会议讨论的主题有（　　）（可多选）

①村干部的换届选举

②村集体经济发展规划

③宅基地划分、土地确权、征地补偿

④国家政策宣传解读

⑤本村公共事业的发展规划（教育、交通、治安、基础设施）

⑥其他

B5. 如果没有参加，是否会影响您意见的传达？（　　）
①是
②否

B6. 您所在的社区或是村委会干部来源（　　）。若选②，则回答 B7、B8；若不选，则跳过 B7、B8
①乡镇政府指定
②群众选举
③上一届干部指定
④其他_____

B7. 若 B6 选②，居委会（村委会）民主选举的方式（　　）
①匿名投票
②实名举手
③其他_____

B8. 若 B6 选②，您在选举投票的过程中，更注重以下哪些因素（　　）（多选）
①候选人能力
②服务态度或是亲和力
③在当地的影响力或是公信力
④经济能力
⑤关系密切（亲戚或是朋友、同乡）
⑥相同的民族信仰
⑦其他_____

B9. 居委会或村委会是否举办过以下活动（　　）（多选）
①组织社区居民开展科学技术或职业技能等就业培训活动
②建设居民活动中心
③投资建设水利设施、工程设施
④发展生产经营型产业
⑤调整耕地分配
⑥宅基地分配规划与住宅规划
⑦宣传扶贫以及移民优惠政策等

⑧其他_____

⑨没有举办过任何活动

B10. 社区内的民间组织（志愿者组织、环保组织）起到了哪些作用？（　　）（多选）

①迁出地生态修复、环境保护（如退耕还林还草等）

②参与制定相应的移民安置方案

③提供安置房和移民安置所需土地或其他就业机会

④帮助移民培育新的社会组织以适应新社区社会文化、风俗习惯和运行方式

⑤调解"新""老"移民的生活矛盾，重构社会关系网络

⑥开展有"新""老"移民共同参与的社区活动以缩小群体间的心理差异

⑦其他_____

B11. 您所进入务工的安置企业（移民企业）为社区移民提供哪些服务？（　　）（多选）

①提供入职培训

②安排合适的工作

③提供平等的生产生活环境、工作条件及工资待遇

④开展有"新""老"移民、其他少数民族共同参与的假日活动等

⑤扩建投资，带动移民就业、提高移民生活水平

⑥其他_____

⑦没有提供任何服务

B12. 您觉得社区自发成立的居民组织（如老年人协会、妇女歌舞队）起到了哪些作用？（　　）（多选）

①促进民族间和村民融合

②缩小移民与原住民、其他少数民族之间的心理差距，重构社区认同

③丰富共同社区文化生活，促进安置区移民文化适应

④缓解"新""老"移民、少数民族的日常利益冲突或摩擦

⑤促进不同民族、地域习俗的融合，提升社区凝聚力

⑥其他

⑦没有起到什么作用

B13. 您是否有宗教信仰？（　　）

①是

②否

B14. 您认为所信仰的宗教及其宗教组织的作用是（　　）（多选）

①是移民的信仰和精神支柱

②是日常教育子女的方式

③是移民获取民族认同感的方式

④协助村委或居委社区治理

⑤负责宣讲教义、带领教众礼拜、组织各类宗教仪式活动

⑥调解社会纠纷

⑦组织社区文化教育事务

⑧组织学习相关政策

⑨完善公共设施

⑩其他＿＿＿＿＿

B15. 若社区中存在专门负责移民安置工作的政府机构，它负责下列哪些事宜（　　）（多选）

①移民扶贫搬迁补助以及专项资金下拨

②宣传并落实移民优惠政策（例如，免水电费或是减免税费等）

③协助移民的户籍迁移、搬迁工作

④专职人员入户摸底调查，开展移民的建档工作

⑤为移民提供农事技术培训或是就业培训

⑥负责移民社区公共基础设施建设，例如灌区水利工程建设等

⑦在安置过程中规划移民人均耕地面积

⑧其他＿＿＿＿＿

B16. 您认为当前居委会（村委会）的治理过程中存在有以下哪些问题（　　）（多选）

①缺乏组织社区居民的活动或参与率低

②对于困难群体或者是困难户缺乏帮助和关怀

③社区环境污染严重

④当前居住社区（村庄）的治安较差，秩序混乱

⑤未能解决社区矛盾，邻里关系不和谐，不同民族之间存在摩擦

⑥其他问题_____

⑦没有问题

B17. 本社区内的社工组织主要发挥（　　）作用？（多选）

①协调各方利益

②整合社区社会资源

③协助政府完成相关管理工作

④组织开展社区活动

⑤提供社区公共服务（eg：养老照顾）

⑥参与社区重大事务的决策过程

⑦作为第三方进行仲裁

⑧对社区公共事务进行监督

⑨其他作用_____

⑩没有发挥作用

B18. 在您的日常生活中，公益社团主要发挥以下（　　）作用？（多选）

①提供公共服务

②宣传政策法规

③协助政府做好相关管理工作

④社区文化建设与宣传

⑤促进社区成员交流与合作

⑥其他_____

⑦没有发挥作用

B19. 在您的日常生活中，基层组织（居委会/村委会）发挥以下（　　）作用？（多选）

①宣传政策法规

②协助政府做好相关管理工作

③维护居民的合法权益

④调解居民之间的纠纷及维护社会治安

⑤加强与完善社区社会保障

⑥社区文化建设与宣传

⑦社区环境卫生管理

⑧社区发展规划

⑨加强基础设施建设

⑩其他

⑪没有发挥作用

B20. 您在社区中都参与了以下哪些事务？（　　）（多选）

①参与社区公共事务的决策过程

②参与与自身利益相关事务的决策过程

③亲身参与社区公共事务的实施过程

④对社区公共事务进行监督与审查

⑤反馈社区事务的实施效果

⑥对社区工作人员进行评议

⑦对社区事务进行评议

⑧没有参与

⑨其他_____

B21. 您认为影响您参与社区管理的因素有？（　　）（多选）

①自身知识文化水平及素养

②政治参与意识/主人翁意识

③闲暇时间

④政府政策导向

⑤基层政府领导班子成员的组成情况

⑥身边亲朋好友的参与情况

⑦其他_____

B22. 当您有困难时，倾向于寻求谁的帮助？（　　）

①上级政府

②村委会或居委会

③经济组织、物业管理会或其他服务型组织

④宗教组织

⑤亲朋好友

⑥自己解决

⑦其他_____

B23. 您为什么会寻求该主体的帮助？（   ）

①相比其他主体更有权威，更获得信任

②有认识的熟人，便于获得帮助

③该主体解决了村民许多难题，富有责任心

④只习惯于寻求该主体帮助，和其他主体没有联系

⑤其他_____

B24. 您认为居委会、村委会、社区组织和寺管会之间的关系如何？（   ）

①能够相互协作，相互沟通、互相监督

②相互独立，各司其职

③彼此之间存在摩擦

④其他_____

B25. 据您的了解，居委会、村委会、社区组织和寺管会对社区事务的管理如何分工？（   ）

①由村委会主导，其他主体作为补充进行工作

②各主体各司其职，各负其责

③各主体均发挥主导作用，共同管理

④除村委会外，其他主体承担大部分工作

⑤其他_____

B26. 您认为如今的社区管理中存在着什么问题？（   ）（多选）

①村委会未能适应新的社区环境，治理方式陈旧

②居委会不能听取村民意见，不能代表村民利益

③社区组织缺乏，未能参与社区治理

④寺管会组织不够成熟，未能满足村民需要

⑤村民参与意识淡薄，参与度低，社区融合度低

⑥其他

三 治理内容

C1. 您所在社区所缺乏的基础设施有（　　）（多选）

①购物及商业服务设施（商店、银行等）

②医疗卫生设施（卫生服务站、药店等）

③环卫设施（垃圾桶、保洁等）

④活动中心（活动室、广场等）

⑤教育设施（幼儿园、学校等）

⑥公共厕所

⑦交通基础设施（道路、桥梁、公车站、路灯等）

⑧治安设施（岗亭、警卫室等）

⑨便民生活服务点（居委会等）

⑩老年人服务设施（老年大学等）

⑪残疾人服务设施（盲道等）

⑫绿化照明

⑬停车场

⑭排水系统

⑮健身器材

⑯防火消防设施

⑰通信设施（有线电视、宽带）

⑱其他_____

C2. 您所享受的公共服务有（　　），您希望在哪些方面提供更好的公共服务？（　　）（多选）

①水、电、气生活服务

②老年人服务

③残疾人服务

④青少年服务

⑤医疗保险服务

⑥社区治安服务

⑦劳动就业服务

⑧法律援助服务

⑨文化娱乐服务

⑩环境绿化服务

⑪家庭纠纷协调服务

⑫农业新技术指导服务

⑬义务教育

⑭其他

C3. 您居住社区的公共物品是否满足了您的需求？（　　）

①完全满足

②大部分满足

③一般

④少部分满足

⑤无法满足

C4. 如果社区的基础设施出现损坏，维修是否及时？（　　）

①是

②否

C5. 谁来维修损坏的公共物品？（　　）

①上级政府

②村委会（居委会）

③社区组织

④村民

⑤其他

C6. 您认为以下哪些主体应对社区公共设施承担出资和维护的责任？（　　）

①政府机关

②企业机构

③居委会/村委会

④物业公司

⑤社区居民

⑥社会组织

⑦其他_____

C7. 您认为您最需要的社区公共服务内容是（　　）

①就业指导培训服务

②贫困救助

③文娱活动

④法律咨询与援助服务

⑤残障人士康复服务

⑥心理健康服务

⑦儿童及青少年服务

⑧妇女与家庭服务

⑨老年人服务

⑩农业新技术指导服务

⑪其他

C8. 您认为村民参与村公共事务的决策重要性（　　）

①非常重要

②比较重要

③一般

④不太重要

⑤不重要

C9. 您通常通过何种渠道了解本村公共事务信息（　　）（多选）

①村民会议

②村务公开栏

③邻里亲朋

④网络（QQ、微信群）

⑤电话、短信

⑥广播通知

⑦没了解过

⑧其他

C10. 您在参与本村公共事务方面的态度是（　　）

①社区建设人人有责，应该支持

②只参与涉及自己利益的事务

③居民参与流于形式，没有实际意义

④社区建设是政府的事，与我无关

⑤对社区事务并不了解，而且太麻烦

C11. 您参与的本村公共事务具体有（　　）（多选）

①村庄学校兴办、道路建设、水利建设

②村集体经济项目的立项、承包

③村集体经济所得收益的使用和分配

④村民的承包经营

⑤宅基地的使用

⑥征用土地各项补偿费的使用

⑦村庄治安规划

⑧村庄医疗卫生发展

⑨村庄文化、体育发展

⑩其他_____

C12. 您愿意主动参与社区公共性事务吗（　　）

①非常不愿意

②不太愿意

③一般

④比较愿意

⑤非常愿意

C13. 您向本村公共建设和发展向村两委提出过建议的次数（　　）

①0次

②提过1次

③提过2次

④提过3次

⑤3次以上

C14. 您认为自己在本村公共事业建设中扮演的角色是（　　）

①带领组织村民进行公共事业建设的领导者

②通过建言献策、出人出力等方式成为公共事业的参与者

③在公共事务中监督资金的使用、措施的执行度及效果的监督者

④未在公共事务中发挥作用，不做任何参与的旁观者

C15. 您加入以下哪些社区组织或团体（　　）（多选）

①社区党组织

②社区居委会

③文化、教育、体育类（社区学校、文艺表演队、健身队）

④社区福利类（社区托老所、社区敬老院）

⑤维护权益类（社区法律援助中心、社区环保协会、调解委员会、信访代理室）

⑥社区服务类（社区食堂、助老服务社）

⑦社区管理类（业主委员会、业主委员会工作室）

⑧志愿类（社区志愿者组织、义工组织、互助组织）

⑨没有加入过

C16. 您认为上级政府在本村公共性事务的运行中发挥的作用是（　　）（多选）

①制定各项相关的政策、措施促进公共事业建设和发展

②为本村公共性事务的发展提供法律保障

③设立专门机构进行公共事务的管理运行

④监督本村公共资源的分配和公共事业的建设

⑤为本村公共事务的完善提供资金、人才支持

⑥未发挥作用

⑦其他_____

C17a. 您所在的村子是否存在公共事务实施的监督者（　　）

①存在

②不存在

③不清楚

C17b. 您所在的村子对于公共事务实施的监督者是（　　）

①上级政府

②村民

③社会组织

④党组织

⑤村监委会

⑥其他_____

C18. 您认为是否有必要对于本村公共事务的实施进行监督（　　）

①有必要

②没有必要

③无所谓

C19. 您认为本村在公共福利（道路建设、资源分配等）的分配中是否存在不公平现象（　　）

①不存在

②少量存在

③存在较多

④普遍存在

⑤不清楚

C20. 您所在社区的正式性规范制度（移民社区管理的相关规定）由谁制定？（　　）（多选）

①村/居委会

②基层党组织

③社区中介组织（如业主委员会、门栋或居民小组自治协会）

④居民代表（如户主、楼长）

⑤社区专业服务组织（如妇联、安保处、工会）

C21. 您所在社区的社区正式性规范制度是通过什么方式制定的？（　　）

①全体社区居民商议

②基层干部拟定，居民表决

③基层干部直接制定

④依据相关法律制定

⑤不清楚

⑥其他_____

C22. 您认为当前制度缺乏以下哪些方面的帮助？（　　）（多选）

①解决纠纷（生活琐事）

②社区治安

③社区医疗卫生

④基础设施建设及维护

⑤丰富社区文体活动

⑥应急防护知识宣传

⑦发展生产

⑧其他

C23. 社区相关制度对您生活中的问题解决提供多大程度的帮助？（　　）

①没有帮助

②帮助较小

③一般

④有帮助

⑤帮助非常大

C24a. 您所在社区的正式性规范制度（移民社区管理的相关规定）是否发生过更改？（　　）

①是

②否

C24b. 如果发生了更改，更改的原因是什么？（　　）（多选）

①民族文化原因

②宗教信仰原因

③以往社区问题已经解决

④社区发展中不断出现新问题

⑤社区公共资源的分配冲突

⑥制度本身存在不合理之处（如制度空泛无法解决问题）

⑦社区管理职位的变动（如增加新职位）

⑧国家或上级领导部门相应管理内容的变动

⑨其他

C24c. 如果发生了更改，更改了哪些内容？（　　）（多选）

①民族间文化多样性

②宗教信仰

③公共资源分配

④思想教育工作

⑤社区管理职位

⑥其他

C24d. 如果发生了更改，由谁进行更改？（　　）（多选）

①居委会

②基层党组织

③社区组织

④居民代表（如户主、楼长）

⑤其他

C24e. 如果发生了更改，更改的程序是什么？（　　）

①由居民提出修改意见，村委会进行意见采纳，进行修改，报上级批复

②由村委会提出修改意见并形成修改方案，报上级批复

③召开村民大会进行修改

④村委会与各村小组代表进行修改，不报上级批复

⑤其他＿＿＿＿＿

C25. 村民之间的风俗习惯、道德规范等非正式性规范制度是否存在显著差异？（　　）

①不存在差异

②存在较小差异

③差异一般

④存在较大差异

⑤存在极大差异

C26. 您对现存的非正式性规范制度（约定俗成的、无明文规定的）适应情况如何？（　　）

①非常不适应

②不适应

③一般

④适应

⑤非常适应

C27. 您所在社区采取何种方式解决社区非正式性规范制度间（风俗习惯、乡规民约等）的差异？（　　　）（多选）

①鼓励开展特色民族文化交流活动，了解各民族风俗习惯

②举办文体活动，促进文化融合

③通过思想工作方式教育居民相互尊重差异

④将一些非正式性制度规范化与正式化，通过正式制度规定进一步缓解与解决差异

⑤新移民自身主动"入乡随俗"

C28a. 搬入新社区后，您所在的社区内产生过纠纷吗？（　　　）

①基本没有

②较少

③一般

④较多

⑤非常多

C28b. 就您所知，这一年您所在社区出现纠纷的频率是（　　　）

①0次

②（1，3］次

③（3，5］次

④（5，8］次

⑤（8，10］次

⑥>10次

C28c. 如果有，纠纷主要发生在哪些人之间（　　　）

①"新""老"移民之间

②"新"移民之间/"老"移民之间

③居民和社区管理人员

④居民和外来人员

C28d. 纠纷的原因主要是（　　）

①社区公共资源的分配冲突

②民事纠纷（邻里关系、房产物业、人身损害等）

③财产纠纷

④行政纠纷

⑤经济合同纠纷（如养殖）

⑥土地承包纠纷

⑦民族文化

⑧宗教信仰

⑨其他

C28e. 假如您所在社区中居民发生了纠纷，解决纠纷的方式通常是？（　　）

①街坊邻居帮助调解

②德高望重的或者曾经村里的能人帮助劝解

③居委会出面进行调解

④越过居委会请上级政府出面

⑤私下解决

⑥无人劝解

居民/村民满意度调查表

	1 非常不满意	2 不满意	3 一般	4 满意	5 非常满意
基础设施					
公共物品提供者					
公共服务					
公共文化活动					
社区管理者					
社区组织					
社区管理制度					
社区村规民约					
社区纠纷调解					

附录二 "三西"地区扶贫移民社区治理经验研究访谈提纲

一 村庄管理者方面

社区基本情况

1. 您所在的社区居委会（或是村委会中）有（　　）工作人员，其中男性有（　　）人，女性有（　　）人，汉族有（　　）人，回族有（　　）人，其他少数民族有（　　）人。其中青年（＜35岁）有（　　）人，中年（35—55岁）有（　　）人，老年（＞55岁）有（　　）人。居委会（村委会）的工作人员的文化水平为小学（　　）人，初中（　　）人，高中（　　）人，中专（　　）人，本科及以上（　　）人。

2. 您所在居委（村委会）有没有大学生村官（　　）
①有
②没有

3. 您所居住的社区中是否有下列组织（　　），成立年限（　　），规模/人数（　　）
①社区党组织＿＿＿＿＿＿＿＿＿＿
②社区居委会＿＿＿＿＿＿＿＿＿＿
③文化、教育、体育类（社区学校、文艺表演队、健身队）＿＿＿＿＿＿＿＿＿＿
④社区福利类（社区托老所、社区敬老院）＿＿＿＿＿＿＿＿＿＿
⑤维护权益类（社区法律援助中心、社区环保协会、调解委员会、信访代理室）
⑥社区服务类（社区食堂、助老服务社）＿＿＿＿＿＿＿＿＿＿
⑦社区管理类（业主委员会、业主委员会工作室）＿＿＿＿＿＿＿＿＿＿
⑧志愿类（社区志愿者组织、义工组织、互助组织）＿＿＿＿＿＿＿＿＿＿

4. 在您搬到新社区的前十年，＿＿＿＿＿＿＿负责社区事务管理？
①基层政府

②社区组织（村/居委会）

③阿訇或者寺管会

④社区居民

5. 在您搬到新社区的第二个十年，_____负责社区事务管理？

①基层政府

②社区组织（村/居委会）

③阿訇或者寺管会

④社区居民

6. 在您搬到新社区的近十年，_____负责社区事务管理？

①基层政府

②社区组织（村/居委会）

③阿訇或者寺管会

④社区居民

7. 村里有下列哪些经济组织（　　）（多选）

①大型农场

②农产品生产企业或工厂

③农家乐

④大型养殖场

⑤大型经济作物（如马铃薯、中药材等）种植户（公司）

⑥其他农业产业化组织_____

⑦都没有

8. 您所在社区现有的公共基础设施有（　　）（多选）

①购物及商业服务设施（商店、银行等）

②医疗卫生设施（卫生服务站、药店等）

③环卫设施（垃圾桶、保洁等）

④活动中心（活动室、广场等）

⑤教育设施（幼儿园、学校等）

⑥公共厕所

⑦交通基础设施（道路、桥梁、公车站、路灯等）

⑧治安设施（岗亭、警卫室等）

⑨便民生活服务点（居委会等）

⑩老年人服务设施（老年大学等）

⑪残疾人服务设施（盲道等）

⑫绿化照明

⑬停车场

⑭排水系统

⑮健身器材

⑯防火消防设施

⑰通信设施（有线电视、宽带）

⑱其他_____

9. 您所在社区组织目前提供的公共服务项目有哪些（　　）（可多选）

①老幼病残服务

②法律援助

③青少年教育

④治安消防教育

⑤公民道德教育

⑥文化娱乐服务

⑦环境绿化服务

⑧便民利民服务

⑨邻里互助与纠纷调解服务

⑩就业培训指导

⑪社区志愿服务

⑫运动设施及机构

⑬其他_____

10. 您社区集体资产的来源？

①政府

②村民集资

③企业捐赠

④集体财产（土地、林木）盈利

⑤其他_____

11. 您社区的公共服务由谁来出资？集资占比多少？

12. 您社区的公共物品管理和维护由谁负责？社区卫生是否有人打扫？工资是多少？由谁发放？

13. 社区医疗室的工作人员的数量是多少？医生或工作人员的工资多少？如何发放？

14. 本社区的合作社数量、合作社规模、股金的比例、入社的要求、分红的情况？承担了什么活动或者社区责任吗？

15. 本社区的公共物品是否有企业、村民、政府共同出资建设的情况？如果有，是什么？社区内有多少私营部门，是如何进入社区的？

16. 这个移民社区的组成是由多个村庄还是单个村庄？是否有集体资产，集体资产如何处理？如果说×××（公共物品毁坏），由谁反映，反映给谁，多长时间处理，由谁来处理？描述一个具体的事件。

17. 搬迁初期村民的构成？来自多少个村庄？搬迁年限和后期迁进人口批次？现在社区人口数量？搬迁过来的时候村委会班子是如何构成的（上级任命、民主选举、之前的干部连任）？近些年来村委会在村庄社会治理（公共性事务）方面做了哪些努力？交通、水利等等，这些项目的启动和资金的来源是什么地方？村民在社区治理中是否向村委会提出建议？这些建议是否在社区治理中发挥作用。

18. 本村村民的民族构成、姓氏构成、这些民族的禁忌、信仰和习俗有哪些？村干部是否熟悉？村委会在进行村庄的管理和建设的时候因为村民民族构成的缘故造成一些困扰，是怎么解决的？不同民族、居民之间是否发生过矛盾或冲突，是如何解决的，效果如何？村委会在民族融合方面做了哪些工作？

19. 村民有多少人有宗教信仰、是否存在宗教活动？村委会在这方面做的哪些工作，是否得到上级政府和社会组织的专业性指导？

20. 在本村公共性事务的建设中，村委会是否与社会组织接洽取得支持合作，这些社会组织在村庄的发展中产生的效用及存在的问题有哪些？

21. 在村公共事务的建设中是否存在相应的监督群体？这些群体的产生方式、监督的方式涉及的范围是什么？作为村干部希望在乡村公共事业发展中获得哪方面的支持？

22. （老村长或是老书记）：什么时候上任的？怎么上任的？上任之前做什么的？上任之前和之后社区发生了哪些变化？上任之后社区发生的变化？（管理方式？管理的事务？等等）

23. 移民村的党支部在移民过程中的作用有哪些？他们在日常事务中是如何体现这些作用的？

24. 在您的印象中，三十余年来社区管理最大的变化（社区环境、经济发展、文化建设、组织发育等）是什么？您对此有什么看法？

25. 您认为要使更多的主体参与到社区管理中去，村委会应该在哪些方面努力？

26. 您搬来的前十年社区事务主要是谁来管理？现在是谁来管理？为什么会出现这样的变化？

27. 您对十年前的管理方式比较认同还是对现在的管理方式比较认同，为什么？

28. 十年前村委会、居委会、寺管会和社区组织之间的关系如何？现在如何？为什么会产生这样的变化？

二 政府方面

移民局或者移民办，整个地区的宏观数据，移民的数据数量、分布、流向，以及移民过程中的故事。

1. 了解当下社区基础设施和公共服务建设的具体政策。
2. 了解政府对社区基础设施和公共服务建设的落实程度。
3. 了解政府对社区建设的总体态度（支持程度，投入的资金？各个社区投入区别，有无重点建设社区、示范社区）。
4. 了解政府对社区基础设施和公共服务建设的规划。
5. 了解政府对于多方参与社区治理的。

三 企业方面

1. 了解企业为社区提供服务的情况。
2. 了解企业为社区提供基础设施和公共服务的意愿和想法。

3. 了解企业提供服务和设施的竞争优势和服务质量。

四 社区组织

1. 您所在社区的物业都发挥了哪些功能？

2. 您所在社区举办过哪些类型的文化活动？由谁举办？针对哪些群体举办？举办的频率？居民参与情况如何？产生效果如何？

3. （社区组织负责人）：您所在的社区组织发挥怎样的职能？社区组织成立时间、成立过程（成立需要的手续、审批部门、资金要求、法人代表要求）、人员构成（性别、年龄、民族、学历等等）、组织规模、运行规则、运行资金来源、资金运转情况等？

五 居民方面

1. 您会比较愿意参加何种集体活动？/您对社区集体活动的举行有什么建议？

2. 社区组织还存在哪些不成熟的地方？/社区组织会对您的日常生活产生不好的影响吗？

3. 该社区目前有何种资源/居民靠何种手段谋生？如社区中的公共资源，如土地资源、矿产资源等是如何产生经济效益的？居民们又是如何分享这些经济效益的？这些资源由谁来管理？

4. 搬迁时间？搬迁原因？搬迁前后的生产生活方式变化？对当前社区治理的意见？

5. 是否加入社区组织？加入何种社区组织？加入的原因？等等。在您的印象中刚搬来时社区主要是由谁负责社区管理？具体事务怎么分工？您对此是否满意？

6. 在您的印象中，三十余年来社区管理最大的变化（社区环境、经济发展、文化建设、组织发育等）是什么？您对此有什么看法？

7. 您认为要使更多的主体参与到社区管理中去，村委会应该在哪些方面努力？

8. 您搬来的前十年社区事务主要是谁来管理？现在是谁来管理？为什么会出现这样的变化？

9. 您对十年前的管理方式比较认同还是对现在的管理方式比较认同，为什么？

10. 十年前村委会、居委会、寺管会和社区组织之间的关系如何？现在如何？为什么会产生这样的变化？

参考文献

《马克思恩格斯选集》第 1 卷，人民出版社 2012 年版。

费孝通：《费孝通文集》，群言出版社 1999 年版。

费孝通：《乡土中国》，上海人民出版社 2006 年版。

费孝通、张之毅：《云南三村》，社会科学文献出版社 2006 年版。

郭小建：《社区治理》，西南交通大学出版社 2018 年版。

贺雪峰等：《南北中国：中国农村区域差异研究》，社会科学文献出版社 2017 年版。

黄承伟：《中国农村扶贫自愿移民搬迁的理论与实践》，中国财政经济出版社 2004 年版。

李雪萍：《城市社区公共产品供给研究》，中国社会科学出版社 2008 年版。

彭真：《彭真文选》，人民出版社 1991 年版。

色音、张继焦：《生态移民的环境社会学研究》，民族出版社 2009 年版。

王朝良：《吊庄式移民开发：回族地区生态移民基地创建与发展研究》，中国社会科学出版社 2006 年版。

谢文郁：《自由与责任四论》，华东师范大学出版社 2014 年版。

银守钰：《古浪灌区志》，甘肃人民出版社 2001 年版。

［德］斐迪南·滕尼斯：《共同体与社会：纯粹社会学的基本概念》，林荣远译，商务印书馆 1999 年版。

［德］马克斯·韦伯：《经济与社会》，林荣远译，商务印书馆 1999 年版。

［法］埃米尔·涂尔干：《社会分工论》，渠东译，生活·读书·新知三联书店2013年版。

［法］莫里斯·哈布瓦赫：《论集体记忆》，毕然、郭金华译，上海人民出版社2002年版。

［加拿大］道格·桑德斯：《落脚城市：最后的人类大迁移与我们的未来》，陈信宏译，上海译文出版社2012年版。

［美］本尼迪克特·安德森：《想象的共同体——民族主义的起源与散布》，吴叡人译，上海人民出版社2005年版。

［美］弗朗西斯·福山：《国家构建：21世纪的国家治理与世界秩序》，黄胜强、许铭原译，中国社会科学出版社2007年版。

［美］迈克尔·M.塞尼：《移民与发展——世界银行移民政策与经验研究》，水库移民经济研究中心编译，河海大学出版社1996年版。

［英］齐格蒙·鲍曼：《后现代性及其缺憾》，郇建立、李静韬译，学林出版社2002年版。

［英］齐格蒙特·鲍曼：《共同体：在一个不确定的世界中寻找安全》，欧阳景根译，江苏人民出版社2003年版。

曹海军、鲍操：《社区治理共同体建设——新时代社区治理制度化的理论逻辑与实现路径》，《理论探讨》2020年第1期。

陈成文、陈宇舟、陈静：《建设"一核多元"的新时代乡村治理组织体系》，《学海》2022年第1期。

陈全功、程蹊：《空间贫困及其政策含义》，《贵州社会科学》2010年第8期。

陈社英：《社会续论》，《社会》1989年第7期。

陈友华、夏梦凡：《社区治理现代化：概念、问题与路径选择》，《学习与探索》2020年第6期。

程秋月、张顺：《浅析大数据背景下实现政府决策数据化的意义》，《改革与开放》2016年第14期。

程熙、郑寰：《国家和社会的相互赋权：移民新村的治理之道》，《领导科学》2013年第29期。

丁波：《新主体陌生人社区：民族地区易地扶贫搬迁社区的空间重构》，《广西民族研究》2020 年第 1 期。

杜发春：《国外生态移民研究述评》，《民族研究》2014 年第 2 期。

杜志章、汪建辉：《乡村振兴视域下易地扶贫搬迁中的社区共同体建设研究——基于贵州毕节市碧海阳光城调研》，《决策与信息》2021 年第 9 期。

范逢春、张天：《国家治理场域中的社会治理共同体：理论谱系、建构逻辑与实现机制》，《上海行政学院学报》2020 年第 6 期。

风笑天：《安置方式、人际交往与移民适应 江苏、浙江 343 户三峡农村移民的比较研究》，《社会》2008 年第 2 期。

冯伟林、李树苗：《人力资本还是社会资本？——移民社会适应的影响因素研究》，《人口与发展》2016 年第 4 期。

冯文静：《治理共同体视角下民主行政社会建构思考》，《人民论坛》2014 年第 35 期。

付少平、赵晓峰：《精准扶贫视角下的移民生计空间再塑造研究》，《南京农业大学学报》（社会科学版）2015 年第 6 期。

高永久、丁生忠：《集体记忆与民族亲和力的建构——以兰州西关清真寺为例》，《广西民族大学学报》（哲学社会科学版）2012 年第 6 期。

公维友、刘云：《当代中国政府主导下的社会治理共同体建构理路探析》，《山东大学学报》（哲学社会科学版）2014 年第 3 期。

顾东辉：《从"区而不社"到共同体：社区治理的多维审视》，《西北师大学报》（社会科学版）2021 年第 6 期。

关庆华：《从管理到服务：村庄治理转型的巴南实践》，《重庆行政》2021 年第 1 期。

郭剑平、施国庆：《环境难民还是环境移民——国内外环境移民称谓和定义研究综述》，《南京社会科学》2010 年第 11 期。

郭占锋、黄民杰、焦明娟：《从治理失序到文化整合：以宁夏 J 移民社区为例》，《山西农业大学学报》（社会科学版）2020 年第 5 期。

郭占锋、李钰肖、李轶星：《社会冲突视角下扶贫移民社区的治理过程剖析——以甘肃河西地区 W 村为例》，《农业经济》2021 年第 8 期。

郭占锋、王懿凡、张森：《集体记忆视角下移民村落共同体的形成过程》，《中国名城》2021年第4期。

郭占锋、张森、李轶星：《中国扶贫移民40年：轨迹、经验与展望》，《西北农林科技大学学报》（社会科学版）2020年第5期。

郭忠华、夏巾帼：《国家如何塑造乡村精英？——关于乡村精英变迁中的国家角色述评》，《上海行政学院学报》2022年第1期。

何得桂、党国英、张正芳：《精准扶贫与基层治理：移民搬迁中的非结构性制约》，《西北人口》2016年第6期。

何继新、韩艳秋：《城市公共物品安全治理：问题生成、目标取向和行动原则》，《学习与实践》2017年第5期。

何其敏：《"宗教认同"的整合功能探索》，《中央社会主义学院学报》2020年第2期。

贺雪峰：《取消农业税对国家与农民关系的影响》，《甘肃社会科学》2007年第2期。

侯才：《马克思的"个体"和"共同体"概念》，《哲学研究》2012年第1期。

侯寓栋、徐淑华：《激活社区治理共同体的路径分析》，《人民论坛》2020年第21期。

黄成亮、茹婧：《个体、权力与秩序重构：福柯治理理论的空间表达》，《学习论坛》2016年第2期。

黄杰：《"共同体"，还是"社区"？——对"Gemeinschaft"语词历程的文本解读》，《学海》2019年第5期。

黄锐、文军：《从传统村落到新型都市共同体：转型社区的形成及其基本特质》，《学习与实践》2012年第4期。

贾兆杰：《扎实开展"双联"行动 努力实现移民脱贫致富——敦煌市转渠口镇"双联"行动纪实》，《发展》2013年第2期。

江小莉、王凌宇、许安心：《社区治理共同体的动力机制构建及路径——破解"奥尔森困境"的视角》，《东南学术》2021年第3期。

黎明文：《计划生育村民自治的实践与思考》，《人口研究》1997年第5期。

李聪、柳玮、冯伟林等:《移民搬迁对农户生计策略的影响——基于陕南安康地区的调查》,《中国农村观察》2013年第6期。

李聪、王磊、李明来:《鱼和熊掌不可兼得?易地搬迁,家庭贫困与收入分异》,《中国人口·资源与环境》2020年第7期。

李凤雷、张力伟:《党建引领乡村治理共同体的责任政治逻辑——基于"许家冲经验"的分析》,《学习与探索》2022年第3期。

李晗锦、郭占锋:《移民社区空间治理困境及其对策研究》,《人民长江》2018年第17期。

李怀:《非正式制度探析:乡村社会的视角》,《西北民族研究》2004年第2期。

李松玉:《乡村治理中的制度权威建设》,《中国行政管理》2015年第3期。

李伟、李资源:《社会治理共同体视域下民族互嵌式社区的内在机理与实现路径》,《西北民族大学学报》(哲学社会科学版)2021年第2期。

刘培功:《社会治理共同体何以可能:跨部门协同机制的意义与建构》,《河南社会科学》2020年第9期。

刘升:《城镇集中安置型易地扶贫搬迁社区的社会稳定风险分析》,《华中农业大学学报》(社会科学版)2020年第6期。

卢爱国:《制度重塑生活:民族地区扶贫移民融入城市社区的制度分析》,《湘湖论坛》2022年第1期。

卢宪英:《紧密利益共同体自治:基层社区治理的另一种思路——来自H省移民新村社会治理机制创新效果的启示》,《中国农村观察》2018年第6期。

陆汉文、覃志敏:《我国扶贫移民政策的演变与发展趋势》,《贵州社会科学》2015年第5期。

罗博文:《对一个移民社区发展状况的调查和思考——以甘肃省D村为例》,《农村经济与科技》2019年第19期。

马良灿、陈淇淇:《易地扶贫搬迁移民社区的治理关系与优化》,《云南大学学报》(社会科学版)2019年第3期。

彭宗峰:《共同体想象力的历史反思》,《天府新论》2015年第1期。

钱锦：《西方学者关于移民城市适应性研究的理论综述》，《理论界》2010年第3期。

秦博：《"增减挂钩"如何实现易地扶贫》，《中国土地》2015年第7期。

秦晖：《共同体·社会·大共同体——评滕尼斯〈共同体与社会〉》，《书屋》2000年第2期。

任克强、胡鹏辉：《社会治理共同体视角下社区治理体系的建构》，《河海大学学报》（哲学社会科学版）2020年第5期。

任善英、朱广印、王艳：《牧区生态移民社会适应研究述评》，《生态经济》2014年第9期。

任新民、马喜梅：《现代化视角下少数民族地区易地搬迁稳定脱贫实证研究——以文山壮族苗族自治州石漠化片区为例》，《云南民族大学学报》（哲学社会科学版）2020年第4期。

申端锋：《软指标的硬指标化——关于税改后乡村组织职能转变的一个解释框架》，《甘肃社会科学》2007年第2期。

申珍珍：《费孝通类型比较法的形成与发展》，《泉州师范学院学报》2018年第5期。

施国庆、周君璧：《西部山区农民易地扶贫搬迁意愿的影响因素》，《河海大学学报》（哲学社会科学版）2018年第2期。

施国庆、郑瑞强：《扶贫移民：一种扶贫工作新思路》，《甘肃行政学院学报》2010年第4期。

檀学文：《中国移民扶贫70年变迁研究》，《中国农村经济》2019年第8期。

滕世华：《公共治理视野中的公共物品供给》，《中国行政管理》2004年第7期。

王崇：《"互塑"理论视阈下民族地区乡村治理中的非正式制度研究》，《广西民族大学学报》（哲学社会科学版）2022年第3期。

王汉生、刘亚秋：《社会记忆及其建构——一项关于知青集体记忆的研究》，《社会》2006年第3期。

王红彦、高春雨、王道龙等：《易地扶贫移民搬迁的国际经验借鉴》，《世界农业》2014年第8期。

王蒙：《公共性生产：社会治理视域下易地扶贫搬迁的后续发展机制》，《中国农业大学学报》（社会科学版）2020年第3期。

王蒙：《后搬迁时代易地扶贫搬迁如何实现长效减贫？——基于社区营造视角》，《西北农林科技大学学报》（社会科学版）2019年第6期。

王浦劬：《国家治理、政府治理和社会治理的含义及其相互关系》，《国家行政学院学报》2014年第3期。

王胜临：《甘肃两西地区移民初探》，《西北人口》1991年第1期。

王亚婷、孔繁斌：《用共同体理论重构社会治理话语体系》，《河南社会科学》2019年第3期。

王寓凡、江立华：《空间再造与易地搬迁贫困户的社会适应——基于江西省X县的调查》，《社会科学研究》2020年第1期。

吴丰华、于重阳：《易地移民搬迁的历史演进与理论逻辑》，《西北大学学报》（哲学社会科学版）2018年第5期。

吴家庆、苏海新：《论我国乡村治理结构的现代化》，《湘潭大学学报》（哲学社会科学版）2015年第2期。

吴尚丽：《易地扶贫搬迁中的文化治理研究——以贵州省黔西南州为例》，《贵州民族研究》2019年第6期。

吴晓林：《社会整合理论的起源与发展：国外研究的考察》，《国外理论动态》2013年第2期。

吴新叶、牛晨光：《易地扶贫搬迁安置社区的紧张与化解》，《华南农业大学学报》（社会科学版）2018年第2期。

吴秀菊：《回族阿訇的社会作用》，《民族论坛》2012年第14期。

吴越菲：《"共同体"的想象与当代中国社区的塑造》，《浙江学刊》2018年第6期。

肖菊、梁恒贵：《贵州易地扶贫搬迁安置点教育保障研究》，《贵州社会科学》2019年第7期。

肖俏、任家庆：《乡村振兴战略下农村社会治理矛盾问题的产生逻辑与策略——基于东北诸村的实地调研》，《安徽农业科学》2022年第9期。

肖瑛：《从"国家与社会"到"制度与生活"：中国社会变迁研究的视角转换》，《中国社会科学》2014年第9期。

邢成举：《搬迁扶贫与移民生计重塑：陕省证据》，《改革》2016年第11期。

徐爽、胡业翠：《农户生计资本与生计稳定性耦合协调分析——以广西金桥村移民安置区为例》，《经济地理》2018年第3期。

徐锡广、申鹏：《易地扶贫搬迁移民的可持续性生计研究——基于贵州省的调查分析》，《贵州财经大学学报》2018年第1期。

徐晓林、刘勇：《数字治理对城市政府善治的影响研究》，《公共管理学报》2006年第1期。

徐勇：《村民自治的成长：行政放权与社会发育——1990年代后期以来中国村民自治发展进程的反思》，《华中师范大学学报》（人文社会科学版）2005年第2期。

许昀：《国家意志与社会参与——"国家与社会"视角中的计划生育村民自治》，《人口与计划生育》2003年第1期。

杨春娟：《村庄空心化背景下乡村治理困境及破解对策——以河北为分析个案》，《河北学刊》2016年第6期。

杨甫旺：《异地扶贫搬迁与文化适应——以云南省永仁县异地扶贫搬迁移民为例》，《贵州民族研究》2008年第6期。

杨华：《纠纷的性质及其变迁原因——村庄交往规则变化的实证研究》，《华中科技大学学报》（社会科学版）2008年第1期。

杨洁莹、张京祥、张逸群：《市场资本驱动下的乡村空间生产与治理重构——对婺源县Y村的实证观察》，《人文地理》2020年第3期。

杨天霞、王万桥：《村民自治：构建村级计划生育工作新机制》，《南京人口管理干部学院学报》2003年第2期。

杨云彦、赵锋：《可持续生计分析框架下农户生计资本的调查与分析——以南水北调（中线）工程库区为例》，《农业经济问题》2009年第3期。

杨智、杨定玉、陈亦桥：《城乡融合视域下易地扶贫搬迁移民社区教育发展探究》，《现代远程教育研究》2021年第1期。

叶继红：《集中居住区移民社会网络的变迁与重构》，《社会科学》2012年第11期。

叶青、苏海：《政策实践与资本重置：贵州易地扶贫搬迁的经验表达》，《中国农业大学学报》（社会科学版）2016年第5期。

尹广文：《共同体理论的语义谱系学研究》，《学术界》2019年第8期。

尹秋玲：《老人治村：将老人动员到村庄治理中来——以鲁西南一镇三村的调研为基础》，《湖北行政学院学报》2019年第6期。

英明、田鹏颖：《新时代社会治理共同体建设的方法论思考》，《思想教育研究》2020年第3期。

郁建兴、任杰：《社会治理共同体及其实现机制》，《政治学研究》2020年第1期。

郁建兴：《社会治理共同体及其建设路径》，《公共管理评论》2019年第3期。

袁媛：《社会空间重构背景下的贫困空间固化研究》，《现代城市研究》2011年第3期。

曾凡军：《论整体性治理的深层内核与碎片化问题的解决之道》，《学术论坛》2010年第10期。

张国磊、马丽：《新时代构建社会治理共同体的内涵、目标与取向——基于党的十九届四中全会〈决定〉的解读》，《宁夏社会科学》2020年第1期。

张继焦：《非正式制度、资源配置与制度变迁》，《社会科学战线》1999年第1期。

张磊、伏绍宏：《移民再嵌入与后扶贫时代搬迁社区治理》，《农村经济》2021年第9期。

张丽芬：《正式制度与社会工作职业的社会认同度：实证检验及其政策意义》，《探索》2018年第5期。

张贤明、张力伟：《社会治理共同体：理论逻辑、价值目标与实践路径》，《理论月刊》2021年第1期。

张艳、曹海林：《社区治理共同体建设的内在机理及其实践路径》，《中州学刊》2021年第11期。

张云飞：《我国生态反贫困的探索和经验》，《城市与环境研究》2021年第2期。

张云昊：《从前现代到现代——共同体变迁的内在逻辑及其启示》，《北京航空航天大学学报》（社会科学版）2006 年第 2 期。

郑寰、程熙：《使农村基层民主运转起来——河南省创新移民新村社会管理工作的调查》，《国家行政学院学报》2014 年第 1 期。

郑娜娜、许佳君：《易地搬迁移民社区的空间再造与社会融入——基于陕西省西乡县的田野考察》，《南京农业大学学报》（社会科学版）2019 年第 1 期。

郑娜娜、许佳君：《易地搬迁移民社区文化治理的实践逻辑——以陕南 G 社区为例》，《云南大学学报》（社会科学版）2020 年第 1 期。

郑瑞强、施国庆：《扶贫移民权益保障与政府责任》，《重庆大学学报》（社会科学版）2011 年第 5 期。

周梦、卢小丽、李星明等：《乡村振兴视域下旅游驱动民族地区文化空间重构：一个四维分析框架》，《农业经济问题》2021 年第 9 期。

周学馨：《影响西部地区农村计划生育村民自治质量的因素分析》，《西北人口》2003 年第 2 期。

朱丽君：《共同体理论的传播、流变及影响》，《山西大学学报》（哲学社会科学版）2019 年第 3 期。

刘润：《"十三五"易地扶贫搬迁任务全面完成 以后续扶持为重心的新阶段开局良好》，《中国经济导报》2020 年 10 月 15 日。

郭军：《定西村的新变化》，《酒泉日报》2008 年 11 月 21 日。

回良玉：《继续发扬"三西"精神 加大扶持力度 着力破除制约片区发展的瓶颈》，《甘肃日报》2012 年 8 月 24 日。

郑万军：《农村空心化治理：让广大农民共享发展成果》，《中国社会科学报》2014 年 1 月 17 日。

公维友：《我国民主行政的社会建构研究》，博士学位论文，山东大学，2014 年。

焦明娟：《扶贫移民社区的治理变迁研究——以宁夏回族自治区 J 社区为例》，硕士学位论文，西北农林科技大学，2020 年。

邱晨曦：《澳大利亚悉尼移民社区发展可持续性策略研究》，硕士学位论文，大连理工大学，2011年。

杨发祥：《当代中国计划生育史研究》，博士学位论文，浙江大学，2004年。

张森：《共同体的形成——对一个陇西移民村庄的社会学考察》，硕士学位论文，西北农林科技大学，2021年。

周雅馨：《走向善治：社区治理体制创新研究——以合肥市F社区"大共治"模式为例》，硕士学位论文，安徽大学，2019年。

《李克强对全国易地扶贫搬迁现场会作出重要批示》，https：//www.gov.cn/guowuyuan/2017-09/17/content_5225787.htm，2017年9月17日。

国家发展改革委：《全国"十三五"易地扶贫搬迁规划》，https：//www.gov.cn/xinwen/2016-10/31/5126509/files/86e8eb65acf44596bf21b2747aec6b48.pdf，2016年10月31日。

国家发展改革委：《易地扶贫搬迁"十一五"规划》，https：//www.ndrc.gov.cn/fggz/fzzlgh/gjjzxgh/200804/P020191104623791819632.pdf#：~：text，2008年4月7日。

国家发展改革委：《易地扶贫搬迁"十二五"规划》，https：//zfxxgk.ndrc.gov.cn/web/iteminfo.jsp?id=1506，2012年7月25日。

国务院：《中国农村扶贫开发纲要（2001—2010年）》，https：//www.gov.cn/zhengce/content/2016-09/23/content_5111138.htm，2001年6月13日。

求是网：《习近平：在决战决胜脱贫攻坚座谈会上的讲话》，http：//www.qstheory.cn/yaowen/2020-03/06/c_1125674761.htm，2020年3月6日。

新华社：《中华人民共和国国民经济和社会发展第十四个五年规划和2035年远景目标纲要》，http：//www.gov.cn/xinwen2021-03/13/content_5592681.htm，2021年3月13日。

新华社：《中共中央　国务院印发乡村振兴战略规划（2018—2022年）》，https：//www.gov.cn/zhengce/2018-09/26/content_5325534.htm，2018年9月26日。

新华社:《中共中央 国务院关于打赢脱贫攻坚战的决定》, https://www.gov.cn/xinwen/2015-12/07/content_5020963.htm, 2015年12月7日。

中共中央 国务院:《中国农村扶贫开发纲要(2011—2020年)》, https://www.gov.cn/gongbao/content/2011/content_2020905.htm, 2020年9月5日。

中国发展改革报社:《960多万搬迁群众的幸福感得到全面提升》, https://www.ndrc.gov.cn/wsdwhfz/202204/t20220408_1321745.html, 2022年4月8日。

中国改革信息库:《国家八七扶贫攻坚计划(1994—2000年)》, http://www.reformdata.org/1994/0425/9448.shtml, 1994年4月25日。

中国改革信息库:《中共中央关于农业和农村工作若干重大问题的决定》, http://www.reformdata.org/1998/1014/4577.shtml, 1998年10月14日。

UNFPA, *Population, Environment and Poverty Linkages: Operational Challenges*, New York: UNFPA, 2001.

Peters R. G., *Governance, Politics and the State*, London: Palgrave Macmillan, 2000.

Agrawal A., Redford K., "Conservation and Displacement: An Overview", *Conservation and Society*, 2009, Vol. 7, No. 1, pp. 1–10.

Bellefeuille G., "The New Politics of Community-based Governance Requires a Fundamental Shift in the Nature and Character of the Administrative Bureaucracy", *Children and Youth Services Review*, 2005, Vol. 27, No. 5, pp. 491–498.

Bovaird T., "Beyond Engagement and Participation: User and Community Coproduction of Public Services", *Public Administration Review*, 2007, Vol. 67, No. 5, pp. 846–860.

Brown L. R., McGrath P. L., Stokes B., "Twenty-two Dimensions of the Population Problem", *Studies in Family Planning*, 1976, Vol. 11, pp. 177–202.

Henry C. Cowles., "The Ecological Relations of the Vegetation on the Sand Dunes of Lake Michigan", *Botanical Gazette*, 1899, Vol. 27, No. 2, pp. 95 – 117.

Janet A. Fisher, Genevieve Patenaude, Patrick Meir, et al., "Strengthening Conceptual Foundations: Analysing Frameworks for Ecosystem Services and Poverty Alleviation Research", *Global Environmental Change*, 2013, Vol. 23, No. 5, pp. 1098 – 1111.

Michael M. Cernea, "The Risks and Reconstruction Model for Resettling Displaced Populations", *World Development*, 1997, Vol. 25, No. 10, pp. 1569 – 1587.

Michael M. Cernea, "Risks, Safeguards and Reconstruction: A Model for Population Displacement and Resettlement", *Economic and Political Weekly*, 2000, Vol. 35, No. 41, pp. 3659 – 3678.

Schmidt – Soltau K., "Conservation – related Resettlement in Central Africa: Environmental and Social Risks", *Development and Change*, 2003, Vol. 34, No. 3, pp. 525 – 551.

Stark O., Bloom D., "The New Economics of Labor Migration", *American Economic Review*, 1985, Vol. 75, No. 2, pp. 173 – 178.

Bird K., McKay A., Shinyekwa I., "Isolation and Poverty: The Relationship between Spatially Differentiated Access to Goods and Services and Poverty", 2010, https://cdn.odi.org/media/documents/5516.pdf.

Cernea M. Social Impacts and Social Risks in Hydropower Programs: Preemptive Planning and Counter – risk Measures (2004 – 10 – 27), https://www.un.org/esa/sustdev/sdissues/energy/op/hydro_cernea_social%20impacts_backgroundpaper.pdf.

International Organization for Migration, Discussion Note: Migration and the Environment [EB/OL] (2007 – 11 – 01), https://www.iom.int/sites/g/files/tmzbdl486/files/jahia/webdav/shared/shared/mainsite/about _ iom/en/council/94/MC_INF_288.pdf.

Jalan J., Ravallion M., "Spatial Poverty Traps?" (1997 – 11 – 03), https://www.researchgate.net/publication/23548923_Spatial_poverty_traps/link/5554859408ae6fd2d81f6c78/download?_tp = eyJjb250ZXh0Ijp7ImZpcnN0UGFnZSI6InB1YmxpY2F0aW9uIiwicGFnZSI6InB1YmxpY2F0aW9uIn19.

Lefebvre H., "The Production of Space", 1991, https://philpapers.org/archive/LEFTPO – 4.pdf.

Scudder T., Colson E., "From Welfare to Development: A Conceptual Framework for the Analysis of Dislocated People" // "Involuntary Migration and Resettlement: The Problems and Responses of Dislocated People", New York: Routledge, 1982, https://doi.org/10.4324/9780429052293.

William J. Burke, Thom S. Jayne, "Spatial Disadvantages or Spatial Poverty Traps: Household Evidence from Rural Kenya", 2010, https://media.odi.org/documents/5506.pdf.

致　　谢

时间如同白驹过隙，几年来课题组经过不断地探索、调研和总结思考，国家社会科学基金项目"'三西'地区扶贫移民社区治理经验研究"已顺利结题。在几年的时光中，从发现问题、提出问题、项目申报、制订计划、具体实施、实地调研、撰写报告……到现在的课题结项，每一阶段我们都面临过困惑，但一路走来实乃受益匪浅。

从2018年7月到2020年10月，课题组成员从社会学的视角设计调查问卷和访谈提纲，赴甘肃、宁夏等地的扶贫移民社区进行实地调查，收集了丰富的第一手资料。在综合分析实地调查资料和文献资料的基础上，形成了20余万字的研究报告和期刊文章。

此调研报告的完成汇集了许多人的心血和贡献，因此，在这里特别感谢实地调查及参与报告撰写的全体成员：李琳、李晗锦、焦明娟、张森、罗博文、周思聪、沙钰洁、樊佳欣、王茹艺、唐诗瑶、黄民杰、李轶星、王倩、王懿凡、李钰肖、郭悦悦、丁雅捷、蒋晓雨、田晨曦、乔鑫、赵梦、宋丹、李红星、卢渊、张岳芬、庞国蓉、郭艳飞等人，尤其要感谢博士研究生田晨曦、乔鑫，硕士研究生赵梦、赵思源、后可欣、徐婧等人后期对最终报告的认真核对与修改完善。此外，调研社区的移民以及工作人员也给予了我们大量的帮助，感谢他们的配合和付出。

虽然，"'三西'地区扶贫移民社区治理经验研究"课题已顺利结束，但是扶贫移民社区治理研究是一个动态发展的议题，仍需持续关注和深入研究。诚请各位专家、读者给予我们宝贵的建议,以便我们后续的研究再上一个台阶。

编者
2024 年 12 月 17 日